北京市哲学社会科学规划办公室
北　京　市　教　育　委　员　会
资助出版

思想政治教育研究书系

SIXIANG ZHENGZHI JIAOYU
YANJIU SHUXI

首都大学生思想政治教育研究基地研究报告（2020）

新时代高校思想政治教育及思想政治理论课教学研究

韩振峰 — 主编

中央编译出版社
CCTP Central Compilation & Translation Press

图书在版编目（CIP）数据

新时代高校思想政治教育及思想政治理论课教学研究／韩振峰主编. —北京：中央编译出版社，2021.4

ISBN 978-7-5117-3944-5

Ⅰ. ①新… Ⅱ. ①韩… Ⅲ. ①高等学校－思想政治教育－研究－中国 Ⅳ. ①G641

中国版本图书馆 CIP 数据核字（2021）第 006177 号

新时代高校思想政治教育及思想政治理论课教学研究

责任编辑 刘 溪 郑永杰
责任印制 刘 慧
出版发行 中央编译出版社
地　　址 北京西城区车公庄大街乙 5 号鸿儒大厦 B 座（100044）
电　　话 （010）52612345（总编室）　（010）52612336（编辑室）
（010）52612311（营销部）　（010）52612315（新技术部）
传　　真 （010）66515838
经　　销 全国新华书店
印　　刷 北京紫瑞利印刷有限公司
开　　本 710 毫米×1000 毫米 1/16
字　　数 210 千字
印　　张 16.25
版　　次 2021 年 4 月第 1 版
印　　次 2021 年 4 月第 1 次印刷
定　　价 75.00 元

新浪微博：@中央编译出版社　**微　　信：**中央编译出版社(ID: cctphome)
淘宝店铺：中央编译出版社直销店(http://shop108367160.taobao.com)　(010)52612322

本社常年法律顾问：北京市吴栾赵阎律师事务所律师 闫军 梁勤
凡有印装质量问题，本社负责调换，电话：(010) 52612317

编委会

主　编　韩振峰

编　者　韩振峰　李效东　郑士鹏　郝露霞　王珊珊
王晓青　闫长丽　赵　伟　安　娜　陶雷韬
田永静　李营辉　胡玉娟　王　震　丁　帅
王　楠

目　录

第一章　新时代大学生思想政治教育研究

一、新时代大学生思想政治教育：认知、认同和践行

思想政治教育贯穿于人类阶级社会的全部历史，大学生思想政治教育在新时代意义重大。高校思想政治教育工作担负着立德树人的重任，新时代加强大学生思想政治教育是复兴所需、责任所系、使命所在，更是形势所迫、时代所要。在新时代，思想政治教育的关键在于构建有效的大学生对思想政治理论和实践的正确认知、情理认同和社会践行体系。观念的力量塑造世界，[①] 世界的历史，尤其是20世纪的历史，一直贯穿着共产主义、法西斯主义和民主的意识形态交锋，这种交锋塑造了20世纪的世界格局。在新时代，思想政治教育工作，尤其是大学生思想政治教育工作，是一个重大的理论和实践问题。实现中华民族的伟大复兴、实现中国特色社会主义的现代化，建设社会主义现代化强国，需要全党思想和意志的统一，“只有全党思想和意志统一了，才能统一全国

---

① 〔美〕斯蒂芬·B. 斯密什：《政治哲学》，贺晴川译，北京：北京联合出版公司2014年版，第3页。

各族人民思想和意志，才能形成改革的强大合力。”①

（一）新时代高校思想政治工作的重要性

1. 高校思想政治教育是贯穿一切工作的生命线

高校思想政治教育工作担负着立德树人的重任。高等教育的宗旨是“为人，为学”。“为人”是“为学”的前提。高校思想政治工作的根本在于做人的工作，“高校思想政治工作关系高校培养什么样的人、如何培养人以及为谁培养人这个根本问题。”②

从党和国家事业发展的全局来看，中国共产党立足于中华民族的千秋伟业，必须培养拥护中国共产党的领导、拥护中国特色社会主义制度、拥护马克思主义的指导地位，为中国特色社会主义事业奋斗贡献的有用人才。在高校的思想政治教育工作中，应该培养具有正确认识的人，大学生应该做到正确认识世界和中国的发展大势，正确认识中国特色和进行国际比较，正确认识时代责任和历史使命，正确认识远大抱负并脚踏实地。

如何培养具有正确认识的人呢？要通过高校教师和其他思想政治工作者的坚持不懈的努力：坚持不懈地传播马克思主义的科学理论，坚持不懈地培育和弘扬社会主义核心价值观，坚持不懈地促进高校的和谐稳定，坚持不懈地培育优良校风和学风。所培养的大学生应该做到“为人民服务，为中国共产党治国理政服务，为巩固和发展中国特色社会主义制度服务，为改革开放和社会主义现代化建设服务。”

2. 新时代加强大学生思想政治教育工作的必要性

目前是决胜全面建成小康社会的关键阶段，也是实现社会主义现代

---

① 《习近平谈治国理政（第一卷）》，北京：外文出版社2014年版，第90—99页。

② 《习近平在全国高校思想政治工作会议上强调：把思想政治工作贯穿教育教学全过程开创我国高等教育事业发展新局面》，载《人民日报》，2016年12月9日，第1版。

化强国的重要阶段。对于大学生来说，这既意味着伟大时代使命的历史担当，又意味着在新的发展阶段要面对和处理各种新形势、新环境、新问题。在新时代，加强思想政治教育，培育新人才，对建设社会主义现代化强国的历史使命意义重大。

(1) 新时代加强大学生思想政治教育是复兴所需、责任所系、使命所在

党的十八大以来，中国特色社会主义进入新时代，这是中国共产党第十九次代表大会上的报告做出的重要论断，这是我国发展的新的历史方位。新时代具有鲜明的单一主题，就是我们要高举中国特色社会主义伟大旗帜，因为新时代是“中国特色社会主义新时代，而不是别的什么新时代。”① 大学生首先需要牢牢把握住新时代的鲜明主题，在面临种种困难和挑战的复杂局面下，勇敢担当起建设社会主义现代化强国和实现中华民族伟大复兴这一伟大的历史任务。当今在校的大学生，即将踏上工作岗位，在此后的 30 多年里，他们将度过人生中最为鼎盛的时期，他们也将投入中国特色社会主义现代化建设的鼎盛时期，他们将是中华民族伟大复兴和中国特色社会主义现代化建设的参与者、践行者、成就者和书写者。他们对 21 世纪中叶实现中华民族伟大复兴的坚定信念和全情投入，对建设中国特色社会主义现代化事业的满心热忱和热切关注，关系到中国特色社会主义事业的兴旺发达，关系到中国共产党治国理政的接续发展，关系到中华民族的繁荣复兴。所以，国家的稳定，中华民族的复兴，首先要建立在对大学生的思想政治教育的基础之上。大学生必须明确自己的历史使命，有坚定的社会责任担当，树立“四个自信”，把自己所学的知识应用到中华民族伟大复兴的历史洪流之中。同

---

① 《习近平在学习贯彻党的十九大精神研讨班开班式上发表重要讲话强调，以时不我待只争朝夕的精神投入工作，开创新时代中国特色社会主义事业新局面》，载《人民日报》，2018 年 01 月 06 日，第 1 版。

时，也应该看到，伟大使命伴随着复杂形势，大学生还需把握和正确认知、对待中国特色社会主义现代化进程中出现的各种新情况、新问题、新挑战，“社会转型期”“矛盾凸显期”“百年未有之大变局”“战略机遇期”又会对大学生所处的经济、政治、文化、社会、生态、党建、国际环境产生各种各样的影响和冲击，制约着大学生的学习、工作和生活状态，高校大学生思想政治教育必须去伪存真、去粗取精，在纷繁芜杂的社会大潮中把握住方向，找准主题，引导好学生，系好大学生人生的“第一粒扣子”。

新时代大学生需要明确把握中国共产党自诞生之日起，领导全国各族人民，努力奋斗，不断进取的历史进程，从而正确把握我们当下的历史方位，在历史前进的逻辑中前进，在时代发展的潮流中发展；大学生需要勇于承担时代大任，投身于社会主义事业的建设征程之中；大学生需要在新时代拿起时代的接力棒，用双手托举起百年复兴梦；新时代大学生应该培养世界格局、国际视野，在更广阔的空间内实现人生价值。

新时代将见证中华民族伟大复兴，不断彰显中国特色社会主义伟大成就，贡献解决人类的中国智慧和中国方案，为大学生成长、成才提供了广阔的舞台和无限机遇。大学生要以理想信念引领历史使命。总而言之，可以概括为以下这句话：心中有信仰，脚下有力量。

（2）新时代加强思想政治教育是形势所迫、时代所要

新时代加强思想政治教育是进行伟大斗争的需要。形势紧迫，必须引导学生认识伟大斗争的意义。我们目前仍然面临着台湾问题与不稳定的周边环境。冷战结束后，世界政治格局日益决定于“文明的冲突”。在冷战后的世界中，国家日益根据文明来界定自己的利益。① 特朗普政

① 杨光斌：《作为世界政治思维框架的文明范式——历史政治学视野的〈文明的冲突与世界秩序的重建〉》，载《学海》，2020年第4期，第35—45页。

府公然提出中国是美国的头号敌人，美国要对中国准备一场“文明的冲突”。2018 年发生的中美贸易摩擦，只不过是西方国家以“文明的冲突”为旗帜对付中国的必然选择。在西方国家公然挑衅中国之际，自由民主主义和马克思主义之间的冲突成为意识形态斗争的主要领域。生存即竞争，意识形态斗争的背后，隐藏的是生存权和发展权的争夺。我们每个人之所以没有陷入你死我活、党同伐异的斗争中，是因为我们每个人都生活在国家的保护之中。在意识形态的斗争中，需要全国各族人民脚踏实地、团结奋斗，推动时代巨轮走向中华民族伟大复兴的目标。坚定大学生的马克思主义信仰、社会主义共同理想，以及对中华民族伟大复兴的信念，成为新时代新形势下的必然选择。

新时代加强思想政治工作是责任所系、使命所在。不同的时代肩负着不同的责任和使命。在新时代，青年大学生是实现中国“两个一百年”目标，在 21 世纪中叶建成社会主义现代化强国的中坚力量。教育兴则国家兴，教育强则国家强。大学生在中国的历史上始终扮演着别的社会阶层无法取代的积极进步的社会角色。他们是中国特色社会主义事业的建设者和接班人，是国家的栋梁和希望。胡锦涛在党的十八大报告中指出：“中国特色社会主义事业是面向未来的事业，需要一代又一代有志青年接续奋斗”。青年大学生是否具有坚定的社会主义理想信念，是否对国家认同，事关未来中国的政治进程，事关未来中国的前途与命运。因此，用马克思主义中国化的最新成果武装大学生，培养和造就一批具有坚定的政治信仰和政治立场，具有敏锐的政治鉴别力，知识丰富的青年马克思主义者，就成为时代赋予高校的一项艰巨的战略任务。马克思主义的政党只有赢得青年，才能赢得未来。

信息化时代的到来为新时代加强思想政治教育提出了新要求。在信息化时代，网络已经成为意识形态斗争的主战场。1998 年 5 月，美国总统克林顿在美国海军学院发表演说时就宣称：“当 21 世纪即将到来的时候，美国的敌人已将战场从物理空间扩展到虚拟空间。”2015 年 3 月，国家网信办公布的“民众信息获得模式调查”显示，中国大学生互联网使用率已经接近 100%。还有调研报告显示，九成以上大学生最主要的信息获取渠道为互联网[①]。“一人一机一世界”，互联网已然成为舆论博弈场。据有关机构统计，至 2002 年，互联网络上英语内容约占 90%，法语内容约占 5%，其他语种的内容只占 5%。目前全部网址中 78% 为英文网址，96% 的电子商务网址也是英文网址。此外，网上 70% 的网址都出自美国，而且绝大多数为英文网址。这说明我们的社会正面临着一种文化上的新殖民主义的挑战。[②] 可以说，政治工作过不了网络关就过不了时代关。在全国高校思想政治工作会议上，习近平同志指出：“要运用新媒体新技术使工作活起来，推动思想政治工作传统优势同信息技术高度融合，增强时代感和吸引力。”在新媒体时代，网络的存在使信息获得非常容易，并且各种各样的信息会干扰和影响大学生的思想，使他们习惯用别人的观点来看问题，在“有问题，百度一下”的理念下疏于思考，信息辨别能力和批判性思考能力明显不足。[③] 对于这种网络时代带来的问题，必须引导学生掌握看问题的正确的方式，比如说，要有正确的价值观，要有正确的方法，还要有理想的引导。思想政治教育是做人的工作，人在哪儿教育就应该在哪儿。如果不能适应新形势，教育就会失语，难以与大学生产生共鸣，这就要求思想政治工作者充分把握信息网络时代思想政治教育出现的新情况、新变化，探索运用青年喜闻乐见的网络化沉浸式交互性的教育方式，利用互联网、大数据等新媒体

---

① 《调查显示：大学生和白领群体互联网使用率已接近 100%》，http：//news. xinhuanet. com/local/2015—03/23/c_1114735867. htm（访问时间：2015 年 03 月 23 日）。

② 陈春萍、宋元林、尹杰钦：《互联网对大学生思想政治教育工作提出的挑战》，载《湖南科技大学学报（社会科学版）》，2002 年第 1 期，第 66—70 页。

③ 董佳：《推进信息网络时代思想政治教育提质增效》，载《解放军报》，2020 年 06 月 22 日，第 7 版。

新技术开办网上课堂，开展微课教育，切实强化教育对象对马克思主义意识形态的认知认同。

（二）新时代大学思想政治教育的三个维度：认知、认同和践行

思想政治教育首先是要做到对思想政治理论和实践的理性认知，在此基础上通过深刻的理性和情感体验，形成对所学理论和实践的情感认同，并最终在学习、工作和生活中践行，做到知行合一。

1. 认知

人们认识客观世界，获得各种各样的知识，主要依赖于人的认知能力。认知能力一般是指智力。在认知心理学中，认知是指人们获得知识或应用信息的过程，它包括感觉、知觉、记忆、思维、想象和语言等。[①] 大学生在学习过程中，不仅要依靠感知觉识记、存储、回忆和再认事物，更要对教育信息进行加工转换，形成概念，进行推理，解决问题，从而把感性认识转换为理性认识。在思想政治教育中，首先要引导大学生建立对思想政治理论和实践的认知，努力给青年深刻的教育体验。而理性认知的形成关键在于“教师、教材和教法”。

青少年阶段是人生的“拔节孕穗期”，青少年的生理和心智逐渐健全，他们的思维进入活跃阶段，对国家政治、道德情怀、明辨是非等具有本能诉求，但也存在这样或那样的困惑，最需要精心引导和栽培。这就需要思想政治工作者不断加强对当代青年认知规律和接受特点的研究，尤其需要发挥思想政治理论课（以下简称“思政课”）传道解惑的优势，为学生提供足够丰富的精神滋养和成长养分。

---

① 彭聃龄：《普通心理学》，北京：北京师范大学出版社2010年版，第2页。

新时代建设好思想政治理论课的关键在教师，关键要发挥教师的积极性、主动性、创造性，要提升教师的自信，教师要把自信传递给学生，让有情怀的人讲有情怀的课程，让有信仰的人讲马克思主义信仰，实现思想政治理论课的特殊要求，不辜负党和国家的期望和重托。思想政治理论课教师要具备政治思维、家国情怀、科学思维、宽广的视野、知行合一、健全的人格，“政治要强”“情怀要深”“思维要新”“视野要广”“自律要严”“人格要正”。

立德树人是思想政治理论课教师的首要职责。比如，在政治要求方面，要善于从政治上看问题，在大是大非面前站稳立场。

深沉的爱国情怀是思想政治理论课教师的必备品质。教师上课时表达的真情实感影响学生的一生。只有打动学生才能吸引学生。

丰富的学识修养是思想政治理论课教师的必备素质。不能仅停留于教师的思想品格修养，而是要强化用真理力量感召学生，以深厚的理论功底赢得学生，这些要求既符合思想政治理论课教学过程的特殊性，同时是对思想政治理论课教师提出的更具针对性和更高的要求。要“坚持价值性和知识性相统一”，在教学中注意把价值观引导寓于知识传授之中。价值性讲的是人们的利益关系是否有积极意义，知识性讲的是事实是否科学。没有知识性，价值性将失去根基支持；没有价值性，知识性则失去方向。思想政治理论课教师要用创新的思维、宽广的视野赢得学生的信任，在上下五千年、纵横几万里的生动深入具体的比较中辨析事理，让学生认识到时代责任和历史使命，自觉把爱国情、强国志、报国行融入每一天的奋斗中。

思想政治理论课教师应该具备高尚且平易近人的人格魅力。教师的人格魅力对学生具有深刻的影响，这种影响甚至是终身的。根据一项2014年对大学生思想政治状况的相关调查，53.59%的学生喜欢平易近人的思想政治理论课教师，21.29%的学生喜欢理论功底深厚的思想政治理论课教师，只有 7.22% 的学生喜欢讲课认真要求严格的老师。[①] 平易近人实际上是一种学生喜爱人格魅力。情怀的力量、人格的魅力、自律的修养更能打动学生的心灵，激发学生坚定、自信、奋进、担当的精神状态；思想政治理论课教师的一言一行具有更明确的示范性，所以教师要做到自律，做到课上课下一致、网上网下一致，自觉弘扬主旋律，积极传递正能量。

除了思想政治理论课教师之外，其他的大学教师和工作人员也应时刻为思想政治教育贡献力量。广大高校教师应做到“四有”，即“有理想信念”“有道德情操”“有扎实学识”“有仁爱之心”。在 2009 年对高校思想政治工作实效性的一项调查研究中，关于高校思想政治工作与形势发展和学生要求的适应度，结果 71.38% 的学生认为基本适应和适应；干部、思想政治理论课教师和其他教师认为适应和基本适应的比例分别是 87.58%、83.34%、67.53%。关于对当前思想政治教育取得的实效，感到满意或比较满意的学生占 62.12%，干部、思想政治理论课教师和其他教师感到满意或比较满意的，分别达到 72.51%、71.39% 和 60.37%。[②] 这说明，对于高校的思想政治工作及思想政治教育的实效性感到不满意的主要群体是学生和非思想政治理论课教师，而非思想政治理论课教师的不满意又会通过非思想政治理论课课堂对学生的态度产生重要的影响。在思想政治理论课的教学过程中，通过和学生的交谈沟通发现，学生经常会引用非思想政治理论课教师的一些观点来驳斥思想政治理论课的某些内容。[③]

---

① 沈壮海、段立国：《2014 年度大学生思想政治状况分析——基于全国 30 所高校的调查》，载《思想政治教育研究》，2015 年第 8 期，第 98—103 页。

② 章小朝、何增光：《关于当前大学生思想政治教育实效性问题的调查与思考——以浙江省部分高校为例》，载《浙江师范大学学报（社会科学版）》，2010 年第 2 期，第 115—121 页。

③ 吴计生、池卫东：《浅析影响高校思想政治教育实效性的原因》，载《教育探索》，2007 年第 11 期，第 96—97 页。

思想政治理论课教材是进行思想政治教育的重要载体。首先，教师要解决的就是学生的认知问题而且必须贯穿教学始终。马克思说过："理论一经掌握群众，也会变成物质力量。理论只要说服人，就能掌握群众；而理论只要彻底，就能说服人。所谓彻底，就是抓住事物的根本。"思想政治教育的魅力，很大程度上正由于其无论在理论逻辑的演绎上还是解释现实问题上，都具有无可比拟的思想性和深刻性，能经得起来自理论思辨和社会实践的检验，并在这种检验中不断彰显自身的深刻与伟大，其中的重要载体是思想政治理论课教材。思想政治理论课教材应该紧扣时代脉搏，坚持不懈地用党的理论创新成果引领教学。经过多年的耕耘建设，思想政治理论课已经形成了比较完善的教材体系。就教材大纲和教材内容而言，思想政治理论课涵盖了历史、思想道德、马克思主义基本原理，以及马克思主义中国化等内容，重点进行基本理论教育，突出讨论"为什么"这一问题，尽量做到内容贴近实际、贴近生活、贴近学生，为大学生的思想政治认知奠定了良好的基础。但是，思想政治理论课教材的内容还存在一些问题。最突出的问题就是教材内容交叉重复的问题。一是与学生在高中期间所使用的思想政治教材，甚至是初中期间所使用的思想政治教材有重复；二是几门课的教材之间有明显的交叉重复；三是研究生的思想政治教材和本科生思想政治教材之间有交叉重复。教学内容的重复出现，学生在学习过程中会有"学过了""没什么新意"等感觉，从而降低了学习的兴趣和积极性。其次，教材的理论性过强，文件和政策语言过多，不能贴近学生的学习和生活实际，某种程度上影响了学生对教材的阅读兴趣。最后，热点难点问题联系不够，反应不及时，学生关注的一些热点和难点在教材上得不到体现，就会导致学生学习动力不足。

针对上述问题，在教学内容和教学方法上应该尽力弥补，想办法解决。首先，思想政治理论课四门课之间应该统筹教学内容和教学体系，而不能各自为政。不同课程之间要互相融合，互相借鉴。其次，促进教材体系向教学体系的转化。2016 年的调查研究结果显示，86.6% 的受访学生对当前大学生思想政治教育的开展效果持肯定性评价。在内容改进方面，大学生认为重点在于密切与现实生活的联系，积极回应社会热点问题，这类回答比重占到 70% 左右。对教学方法的改进，50% 以上的同学认为，增强教学的趣味性，以及加强师生互动交流，案例教学是最主要的方法。[①] 习近平总书记在全国高校思想政治工作会议上指出："做好高校思想政治工作，要因事而化、因时而进、因势而新。……思想政治理论课要坚持在改进中加强，提升思想政治教育亲和力和针对性，满足学生成长发展需求和期待。"[②] 举例来说。在经济利益主导的激励机制下，学生容易接受西方的社会意识形态。在这种情况下，对于学生的主体已内化的知识，需要因势而化。部分大学生在面对单纯的意识形态灌输时，会出现概念化认同、教条化认同，甚至抵触化认同却无法将其内化为内心信仰。因此，提升思想政治理论课实效性，切中肯綮的做法，是抓住大学生自身"接受图式"这个牛鼻子，帮助大学生"主体已内化知识"的去伪存真和提高大学生的"主体认知思维能力"。各高校使用的思想政治理论课统编教材具有极高的科学性、权威性，在运用马克思主义理论的真理力量、逻辑力量帮助学生提高认知思维能力方面具有不可替代的作用，但若要针对具体事件回应学生的思想关切，帮助大学生对"主体已内化知识"去伪存真，则并不能直接从教材中得到答案，而是有赖于授课教师"因事而化"，用鲜活的事例廓清思想迷雾。

在教学过程中要体现时代性，把握规律性，富于创造性。在教学过

---

① 沈壮海、王迎迎：《2016 年度大学生思想政治教育状况调查分析——基于全国 35 所高校的调查》，载《中国高等教育》，2017 年第 11 期，第 45—50 页。

② 《习近平在全国高校思想政治工作会议上强调：把思想政治工作贯穿教育教学全过程开创我国高等教育事业发展新局面》，载《人民日报》，2016 年 12 月 9 日，第 1 版。。

程中要采取有效举措，及时补充时政热点。在笔者的思想政治理论课课堂进行的“我来做时事热评”环节中，80%以上的同学都有意愿参与，50%左右的同学能够积极参与，同学们选择分享的时事热点问题，涵盖了中国特色社会主义事业进程中的政治、经济、文化、社会、生态、党建、国防、外交等各个领域，覆盖面很广，还有很多关系到同学们的生活、工作、学习、社交中的各种问题，与思想政治理论课教材形成了很好的互补，通过同学们的切身实地的感同身受，提升了大学生对思想政治理论课的认知程度。

2. 认同

认同早期作为一个心理学概念出现。20世纪60年代，认同理论被西方学者广泛运用于政治学、社会学、哲学、人类学等人文社会科学研究领域。20世纪90年代，认同理论传入中国大陆。思想政治教育领域的“认同”概念虽然是在其他学科研究的基础上升华凝练而成，但却有着基于自身学科独特性的独到内涵。质言之，思想政治教育领域的“认同”本质上是一种政治认同、国家认同、价值认同与文化认同。

民众对当前政治主体及政治运行系统的认可和赞成，是思想政治教育的重要目的之一。所以，思想政治教育领域的“认同”首先应是一种政治认同，是对一种政治制度、政治体制、政治治理等方面的先进性、合理性、合群众利益性、合民意性、合时代性的认同。① 只有实现政治认同，才能从根源层次实现国家稳定、民族发展和社会进步。

国家认同是思想政治教育的另一个重要目标。国家认同是指一个国家的成员，对所属国家的历史文化传统、国家主权、政治道路、政治主张、道德价值观念的认可而产生的归属感，这种认同以国家为中心，以

① 奚彦辉、李庆华：《思想政治教育“认同”概念的理论探讨》，载《学术论坛》，2015年第4期，第154—159页。

支持认同并在国家有危难时愿意牺牲自我，为之奉献，效忠于这个国家为具体表现。

思想政治教育认同的灵魂是文化认同。文化认同的内容主要包括社会价值规范认同、风俗习惯认同、宗教信仰认同、艺术认同和语言认同等方面。文化认同的类型既包含对外来文化的认同，也包含对自身所属文化的认同。大学生对西方文化的认识较为客观，但对外来文化的认同趋势明显。文化认同受西方的文化冲击比较明显，在思想政治教育中，强化对中华文化的认同成为重中之重。

思想政治教育认同的实质是一种价值认同。价值认同是指个体不断改变自身的价值结构以顺应社会价值规范的过程，它是社会成员对社会价值规范的一种甄别、选择、接受、遵循的心理过程。思想政治教育本质上就是要通过化导宣传及工作实践，促进受教化客体的观念变化与生成，即产生价值认同。价值认同作为在实践基础上形成和发展起来的个体对社会核心价值从内心深处产生的认同，是社会核心价值认同化的过程。

目前，一部分“00后”大学生之所以在理想信念上模糊错位，根本原因是没有把理想信念建立在对科学理论的理性认同上，建立在对历史规律的正确认识上，建立在对基本国情的准确把握上①。教育工作者要敢于直面各种错误思潮和观点，旗帜鲜明地进行剖析和批判，做到解决理论问题和实际问题相结合，教育引导大学生正确看待、辩证认识、理性分析现实问题，引导他们做共产主义远大理想和中国特色社会主义共同理想的坚定信仰者和忠实践行者。

3. 践行

进行思想政治教育的终极目标在于实践。在思想政治教育的过程

---

① 习近平：《推进党的建设新的伟大工程要一以贯之》，载《求知》，2019年第11期，第4—10页。

中，应谋划有效的实践教学，彰显思想政治理论课的实践性和解释力。思想政治理论课不是一般的专业教育或知识教学，它的课程目的和教学目标更多地表现为思想启迪、价值引导和道德涵育。思想政治理论课突出思想性、强化学理性的根本目的，不是为了让学生熟记理论，而是使他们深刻理解并熟练运用理论解决实际问题，并在真正运用中去验证理论，深化对理论的理解和认同。因而，思想政治理论课教学不能是书斋里的学问，不能漠视纷繁复杂的社会现实，更不能坐而论道，疏离丰富多样的社会实践。相反，新时代思想政治教育必须高度重视思想政治理论课的实践性打造，充分挖掘校园、社会、家庭、网络中的教育资源，实现第一课堂与第二课堂优势互补，从而使学生在亲身经历的基础上，通过内在生命与外在世界的融合，生成自己的世界观、人生观、价值观。在调查“你喜欢的思想政治理论课教学方式有哪些”时，大学生较喜欢的授课方式主要为主题班会、辩论赛、看电教片等活动。74.49%喜欢在社会实践活动中接受教育，36.73%不太喜欢“交流座谈”23.47%不喜欢“专题报告”。可见，学生更喜欢在实践中学习，在沟通中理解。学生在思想政治教育活动中的亲自践行能够在行动成功后产生的良性情绪或积极的情感体验，从而建立起对思想政治教育的认同感。

首先，提升思想政治理论课的实践性，要鼓励学生积极主动参与到思想政治教育过程中来。抓住大学生对社会热点、社会难点问题的关注的特点，引导他们正确的认识当代的社会问题。在教育过程中可引入“我来讲思政课”“我来评热点”“我来拍电影”等活动，全面展示思想政治理论在过去、现在和未来的产生背景、理论实质和实践意义。

其次，要开展全员覆盖的社会实践活动，抓住大学生务实理性、自我动力性强的特点，引导学生把自我和功利性转变为深刻的社会动因。比如，让大学生对社会地位的追求转变为社会影响力的提高。社会的影响力高，社会地位就会提高。社会价值大，就业砝码就多，得到的好处就多。这个价值取向的形成，还主要取决于学生投入社会之后，经过充分的社会实践得到的切身体会。

最后，将大学生“双创”活动融入思想政治教育。大学生要以创新精神诠释责任担当。创新是一个民族进步的灵魂，是一个国家兴旺发达的不竭动力。当前我国在核心技术、高端制造设备仍然依赖发达国家。创新是新时代的迫切要求。当前中国要获得国家竞争新优势、赢得未来新发展，就必须依靠创新。我国建设创新型国家的战略目标是，到 2020 年进入创新型国家行列，到 2035 年跻身创新型国家前列，到新中国成立 100 年时成为世界科技强国。大学生作为创新的生力军，是一个富有想象力，拥有创造力的群体。大学生应该自觉树立创新意识，敢于突破陈规，积极探索新思想、新理论。通过强化专业知识学习，拓宽相关专业知识，积极参加科学研究，来提高自己的创新能力。[①] 双创过程中需要创新创业者树立社会主义核心价值观，需要思想政治教育的内容为双创活动引领方向，在课程内容上达到理论与实践的统一。

二、培养大学生成为社会主义建设者和接班人的三重维度

我国大学毕业生人数屡创新高，2020 年毕业的高达 870 万人。大学生是早上七八点钟的太阳，是国家发展的未来，是民族振兴的希望，要紧紧把握大学生的特点，把大学生培养成合格的社会主义建设者和接班人，以便把我们的社会主义建设事业顺利的交接到下一代手中。正如习近平总书记 2018 年 5 月 2 日在北京大学考察时所说：“广大青年既拥有广阔发展空间，也承载着伟大时代使命。青年是国家的希望、民族的未

---

① 黄世虎：《河海大学讲堂：新时代大学生的历史使命与责任担当》，https：//www. sohu. com/a/280393342_798606（访问时间：2018 年 12 月 07 日）。

来。我衷心希望每一个青年都成为社会主义建设者和接班人，不辱时代使命，不负人民期望。对广大青年来说，这是最大的人生际遇，也是最大的人生考验。”把大学生培养成合格的社会主义建设者和接班人，要努力把握三重维度。

（一）培养大学生成为社会主义建设者和接班人的根源维度

社会上的群体众多，为什么重点强调把大学生培养成社会主义建设者和接班人？主要有国家层面、社会层面和大学生自身的特点三个方面的原因。

1. 国家层面：国家性质的内在要求

习近平总书记说：“我国是中国共产党领导下的社会主义国家，这就决定了我们的教育必须把培养社会主义建设者和接班人作为根本任务”①。因此，把大学生培养成社会主义建设者和接班人的根本原因在于我国国家性质是社会主义国家，领导核心是中国共产党，我们培养的大学生必须符合社会主义国家的要求、党的领导的要求和满足社会主义事业的需要，必须培养社会主义的建设者，必然培养社会主义事业的接班人。

（1）社会主义的国家性质要求大学生成为社会主义的建设者和接班人

国家性质决定教育政策，进而决定教育的根本任务。我国是社会主义国家，国家的发展和建设必然由一代又一代的社会主义建设者和的接班人来完成。社会主义教育的根本任务是为社会主义国家培养更多合格优秀的建设者，巩固社会主义制度，维护社会主义政权，为社会主义国家的发展和进步贡献智慧和力量。必须牢牢把握教育的社会主义办学方

---

① 《加强党的领导 办好人民满意的教育》，载《光明日报》，2018 年 9 月 12 日，第 1 版。

向，否则教育就偏离发展的正轨，无法有效地为国家发展建设服务，反而会成为阻碍国家发展的最大障碍。如果一个国家的教育培养目标出了问题，那么国家的未来就会出问题。要始终坚持教育是为了培养社会主义建设者和接班人这一根本任务，使教育能够更好地为社会主义国家的巩固发展稳定服务。大学生作为社会主义教育活动的主要对象之一，必然以培育成为社会主义建设者和接班人作为主要目标。

（2）实现党的最高理想需要大学生成为社会主义建设者和接班人

人是社会发展进步中最具决定性的因素，大学生是社会发展中最积极、最活跃的因子。党的最高理想是实现共产主义，而这一理想的实现要经过较长的时间，通过一代又一代人的不断努力拼搏、接续奋斗才能够实现。因此，高等教育的根本任务必然是培养社会主义的建设者和接班人，使大学生具有坚定的理想信念，坚信共产主义理想必然能够实现；有顽强的奋斗精神，愿意为共产主义理想努力拼搏；有扎实的真才实干，为共产主义事业奉献知识和能力；有无畏的牺牲奉献精神，甘愿为共产主义理想流血牺牲；等等。共产主义最高理想不是随随便便、简简单单就能够实现的，这将是一个漫长而曲折的过程，需要几代人、十几代人甚至几十代人的不懈奋斗。因此，我们的教育必须始终坚持培养社会主义建设者和接班人的办学方向，培养一代又一代具有坚定理想信念、吃苦耐劳、有能力有才干的大学生，向着实现共产主义的伟大理想不断迈进。

（3）社会主义事业要求大学生成为社会主义建设者和接班人

当前，我国正在进行的是中国特色社会主义现代化建设，是社会主义事业，而不是其他什么事业；走的是中国特色社会主义道路，而不是其他什么道路。社会主义现代化建设事业需要一大批社会主义的建设者，社会主义道路的坚持需要一代又一代的接班人的持续努力。习近平总书记说：“坚持好、发展好中国特色社会主义，把我国建设成为社会主义现代化强国，是一项长期任务，需要一代又一代人接续奋斗。广大青年要成为实现中华民族伟大复兴的生力军，肩负起国家和民族的希望。高校要牢牢抓住培养社会主义建设者和接班人这个根本任务，坚持办学正确政治方向，建设高素质教师队伍，形成高水平人才培养体系，努力建设中国特色世界一流大学。”① 社会主义的建设者和接班人除了必须树立共产主义的远大理想之外，还要有中国特色社会主义共同理想，既要有最高理想也要有最低理想，既要有个人理想也要有社会理想，因此，我们培养的大学生必须能把个人理想的实现与中国特色社会主义现代化建设结合起来，为社会主义现代化建设服务，为社会主义事业的发展添砖加瓦，通过一代又一代人的努力，保障我们的社会主义事业不断兴旺发达，把社会主义现代化建设事业不断推向前进。

2. 社会层面：解决现实问题的必然要求

大学生作为青年群体中的生力军，把他们培养成为什么样的人关系到国家前途命运和未来发展方向。当前，受西方社会思潮的影响在大学生教育问题上确实出现了一些问题，如个别学生理想信念薄弱、道德水准低下，甚至培养出某些“精致的利己主义者”，这严重违背了社会主义的办学方向，与社会主义建设事业所需要的真正人才相矛盾。必须及时发现问题进行纠正，保证教育事业始终为人民服务、为中国共产党治国理政服务、为巩固和发展中国特色社会主义制度服务、为改革开放和社会主义现代化建设服务，不管什么时候，始终将把大学生培养成社会主义建设者和接班人作为教育的主要目标。

(1) 大学生是意识形态斗争的焦点

冷战虽然已经结束多年，但意识形态斗争并没有结束，资本主义国

---

① 《习近平出席全国教育大会并发表重要讲话》，http://news.cctv.com/2018/09/10/ARTIUajnxrbuvLrvvXC7JBpX180910.shtml（访问时间：2018 年 9 月 10 日）。

家从来没有放弃对社会主义国家的和平演变和渗透。多年来，虽然没有直接正面的冲突，但意识形态斗争依然暗潮汹涌，更多转向了那些不易察觉的领域，其中，大学生由于三观尚未完全确立、理想信念尚不坚定成为最容易渗透成功的群体。西方资本主义国家将高等院校作为意识形态斗争的最为重要领域，通过各种隐秘的途径，如电影、电视剧、游戏、电视节目、运动项目、食物、服饰等向大学生进行灌输、渗透、洗脑，使他们接受西方的生活方式、价值观念，增加对资本主义国家的认同感，转而反对社会主义中国。因而，必须加强对教育中的意识形态问题的重视，确保将大学生培养成为社会主义的建设者和接班人，为社会主义的建设和发展服务和贡献力量。坚决杜绝西方“普世价值”通过各种方式和途径进入校园，潜移默化影响青年学生，保证校园的阳光和纯洁，以社会主义核心价值观来培养和引导大学生树立正确的世界观人生观和价值观，防止被西方资本主义价值观左右。

（2）大学生是发展科学技术的关键

当前，世界各国的竞争更多的是以经济和科技实力为中心的综合国力的竞争，其中科技的竞争尤为关键，甚至一国科技的发展状况直接决定国家的未来发展潜力。世界各国都在加大对科技的扶持和投入力度，全力推动科技发展和进步。科技振兴关键在人才，而人才的培养主要靠教育，尤其是高等教育，要培养出能够应对世界科技挑战，引领世界科技发展，以科技发展推动国家进步的优秀人才，考验教育能力和教育水平。世界科技实力的较量要求大学生必须做到吃苦耐劳，甘于钻研科学技术，努力成为社会主义建设者和接班人，推动我国的科技实力和科技竞争力不断增强，在国际竞争之中拔得头筹，并以科技推动经济发展、社会进步、国家富强，保证我们在国际竞争之中始终立于不败之地，以早日实现中华民族伟大复兴。

(3) 大学生是应对经济全球化的主力

经济全球化是世界未来发展不可逆转的趋势。中国也积极参与到经济全球化的发展进程之中，共享世界其他国家的发展成果和建设成就，与整个世界的交往日益频繁。同时，在“一带一路”倡议的背景下，大力发展与沿线国家的经济贸易文化往来，交流逐年增多，交往日益密切。同时，中国通过多年努力发展正在不断走近世界舞台中心，努力构建人类命运共同体，将承担起更多的国际责任，在国际社会中扮演不可或缺的角色，此次抗击新冠肺炎疫情可见一斑。面对这样的情况，我们在与外界交流的过程中，能否进行良好的交流，能否顺利地平衡双边关系，能否有效地维护国家的主权和利益，考验着相关从业人员的能力和素质。因此，这就要求在大学生培养中要始终坚持以经济全球化发展为导向，面向世界、面向未来，培养他们成为拥有坚定的理想信念，热爱祖国和人民，坚决维护国家主权、利益和尊严，专业知识扎实，掌握谈判技巧，交往能力较强，能够妥善处理复杂国际关系，协调各方利益关系的社会主义建设者和接班人。

3. 个人层面：大学生自身特点的本质要求

大学生自身拥有许多的特点，这成为培养他们成为社会主义建设者和接班人的重要依据。首先，大学生是整个青年群体中的佼佼者，是国家发展建设的主力军，是社会主义发展建设的中流砥柱，民族复兴的重任和社会主义现代化实现要依靠他们，社会主义建设事业以后要交到他们的手中。其次，当代大学生，尤其是“00后”大学生是在21世纪出生成长起来的，他们享受了改革开放的巨大成果，从小受到系统的思想政治教育，对党、国家和社会主义具有很深的感情，应了解他们发展成长的历史，认同他们的所作所为。大学生所具备的良好思想政治基础使他们成为社会主义建设者和接班人成为可能。最后，大学生经过我国教育体系多年的磨炼和培养，普遍具备比较坚定的信仰、扎实丰富的学识、吃苦耐劳的精神、坚韧不拔的意志、诚信友善的品格、奋勇争先的干劲、积极向上的态度等，这是合格的社会主义建设者和接班人所必须具备的品质。

（二）培养大学生成为社会主义建设者和接班人的价值维度

社会主义建设者和接班人的价值取向如何？是否能够培养大学生成为这样的人？这是问题的关键。正如习近平总书记强调的，“党的十八大以来，我们围绕培养什么人、怎样培养人、为谁培养人这一根本问题，全面加强党对教育工作的领导，坚持立德树人，加强学校思想政治工作，推进教育改革，加快补齐教育短板，教育事业中国特色更加鲜明，教育现代化加速推进，教育方面人民群众获得感明显增强，我国教育的国际影响力加快提升，13 亿多中国人民的思想道德素质和科学文化素质全面提升。”①

1. 理想信念坚定是大学生成为社会主义建设者和接班人政治价值

思想状况如何是衡量受教育者是否能够成为社会主义建设者和接班人的重要标准。大学生只有具备坚定的信仰，高远的理想，为国家为人民服务的奉献精神才能成为社会主义建设者和接班人。

（1）大学生要以马克思主义为根本信仰

马克思主义是党和国家发展建设的根本指导思想，曾经指导我们取得了革命、建设和改革开放的伟大胜利，又指导社会主义现代化建设取得了丰硕的成果，必须继续坚持马克思主义在各方面的指导地位，尤其要发挥其在教育领域的指导作用。要加强对大学生的马克思主义理论教育，用马克思主义武装头脑，教育他们坚定马克思主义的基本立场，运

---

① 《习近平出席全国教育大会并发表重要讲话》，http：//news. cctv. com/2018/09/10/ARTIUajnxrbuvLrvvXC7JBpX180910. shtml（访问时间：2018 年 9 月 10 日）。

用马克思主义基本原理，即立场、观点和方法来观察世界、认识世界，分析问题和处理问题。要把握马克思主义的实质和精髓，反对用教条主义对待马克思主义，让大学生切身感受到马克思主义的真理力量，对世界和中国的发展趋势形成科学正确的认识，为他们的成长成才打下坚实的基础。要坚信马克思主义的真理性和科学性，并将其运用到实际工作和生活之中。把马克思主义作为终身的信仰是把大学生培养成社会主义建设者和接班人的根本要求。

（2）大学生要树立共产主义的远大理想

中国共产党的最终理想是实现共产主义。大学生必须将实现共产主义作为自己为之奋斗的目标。就像习近平总书记说的："要在坚定理想信念上下功夫，教育引导学生树立共产主义远大理想和中国特色社会主义共同理想，增强学生的中国特色社会主义道路自信、理论自信、制度自信、文化自信，立志肩负起民族复兴的时代重任。"① 既要仰望星空，又要脚踏实地，把理想和现实紧密结合起来，既要坚持共产主义的远大目标，又要兢兢业业地完成好中国特色社会主义的建设任务。大学生必须始终坚持将共产主义理想作为自己一切行动的指南，不能偏离共产主义的前进方向，同时为实现中国特色社会主义的共同理想而努力奋斗，最终在实现中国特色社会主义共同理想的基础上，向着共产主义的方向不断迈进。

（3）大学生要坚守爱国主义的基本立场

始终坚持爱国主义立场是对大学生的基本要求。古今中外任何一个国家都是按照本国的发展需要来培养自身事业的接班人的，教育都是在为自己国家发展提供有效服务的。我国的社会主义教育就是要为社会主

① 《习近平出席全国教育大会并发表重要讲话》，http：//news. cctv. com/2018/09/10/ARTIUajnxrbuvLrvvXC7JBpX180910. shtml（访问时间：2018 年 9 月 10 日）。

义中国培养建设者和接班人，就是要教育大学生爱祖国、爱人民、爱党、爱社会主义，“要在厚植爱国主义情怀上下功夫，让爱国主义精神在学生心中牢牢扎根，教育引导学生热爱和拥护中国共产党，立志听党话、跟党走，立志扎根人民、奉献国家。”① 让爱国主义深深扎根在每个大学生的心中，一个人只有深爱自己的祖国和人民，才能够把自己的知识、技能、才干奉献给自己的祖国。要加强培养大学生的爱国情感，增强他们对祖国的认同感，给他们更多的机会了解党、认识祖国、深入人民，将个人发展与党的发展、国家的前途、人民的命运紧紧联系在一起。只有具有强烈的爱国主义精神的大学生才是合格的社会主义建设者和接班人。

2. 良好的道德品质是大学生成为社会主义建设者和接班人的道德价值

有学问而无道德，如一恶汉；有道德而无学问，如一鄙夫。要求大学生具备良好的道德品质是成为社会主义建设者和接班人最基本的要求。“要在加强品德修养上下功夫，教育引导学生培育和践行社会主义核心价值观，踏踏实实修好品德，成为有大爱大德大情怀的人。”② 要努力做到诚信友善、乐观坚毅、自强不息。

(1) 诚信友善是基本要求

如果说大学生的专业水平决定他能“走多高”，那么大学生的道德品质则决定了他最终能够“走多远”。培养大学生具备良好的道德品质是社会主义教育的最基本的任务之一。而在所有的道德品质之中，诚信

---

① 《习近平出席全国教育大会并发表重要讲话》，http://news.cctv.com/2018/09/10/ARTIUajnxrbuvLrvvXC7JBpX180910.shtml（访问时间：2018 年 9 月 10 日）。

② 《习近平出席全国教育大会并发表重要讲话》，http://news.cctv.com/2018/09/10/ARTIUajnxrbuvLrvvXC7JBpX180910.shtml（访问时间：2018 年 9 月 10 日）。

友善是一个人立身于世的最基本要求。要培养广大青年学生诚实待人、信守承诺、与人为善、爱岗敬业，只有具备这样的品质，才能使他们在未来走向工作岗位后能够接受各种风险的考验，能够成为合格的社会主义劳动者。无法做到这几点的人，将无法在社会中立足，最终也将会被社会所淘汰。大学生必须具备良好的道德品质，才能够承担起社会主义建设的重任，才有资格担任领导社会主义发展的任务，最终成为合格的社会主义建设者和接班人。

（2）乐观坚毅是决定要素

社会主义建设事业不是轻轻松松，敲锣打鼓就能完成的，而是要经历无数的艰难困苦、无数的艰辛曲折才能够取得成功的。因此培养大学生成为社会主义的建设者和接班人要求他们必须具有乐观坚毅的意志品质，敢于迎难而上，勇于直面问题，有面对困难永不言弃的革命乐观主义精神。要坚信我们的社会主义事业一定能够取得成功，但道路可能是曲折的，要做好迎接各种艰难险阻挑战的准备，“不打无把握之仗”，把建设发展的主动权牢牢掌握在自己的手中。在平时，多多磨炼意志，敢于承担艰苦的任务，做到不怕苦、不怕累、不怕难，不轻言失败，不轻言放弃，铸就钢铁般的意志品质，应对各种艰险挑战。

（3）自强不息是根本保证

自强不息、厚德载物，美好生活是奋斗出来的，中国特色社会主义事业也需要全体社会主义建设者和接班人的不懈奋斗才能实现。正如习近平总书记所说：“要在培养奋斗精神上下功夫，教育引导学生树立高远志向，历练敢于担当、不懈奋斗的精神，具有勇于奋斗的精神状态、乐观向上的人生态度，做到刚健有为、自强不息。”① 大学生必须具有奋

---

① 《习近平出席全国教育大会并发表重要讲话》，http：//news. cctv. com/2018/09/10/ARTIUajnxrbuvLrvvXC7JBpX180910. shtml（访问时间：2018 年 9 月 10 日）。

斗精神和担当精神，甘愿为社会主义的建设和发展而不断努力、不懈奋斗，树立高远目标，乐于钻研，勤于学习，将个人奋斗目标与国家的发展事业结合起来，在实现个人发展的同时为国家的发展进步做出自己的贡献，最终成为合格的社会主义建设者和接班人。

3. 学识技术扎实是大学生成为社会主义建设者和接班人的知识价值

习近平总书记也语重心长地指出："社会主义建设者和接班人，既要有高尚品德，又要有真才实学。"① 我们不培养滥竽充数的假冒者，也不培养"嘴尖皮厚腹中空"的浮夸者，而要培养脚踏实地，具备真才实学、真才实干的社会主义建设者。大学生只有具备真才实学才能成为社会主义的建设者和接班人。

（1）大学生要具备深厚的知识技能

知识技能是安身立命的根本，也是成为社会主义建设者和接班人的前提和基础。大学生必须具备深厚的理论知识和高超的专业技能，有高超的创造能力和积极的创新精神，才能推动科技创新、经济发展、社会进步，才能为社会主义事业添砖加瓦，才能更好地推动中国特色社会主义事业向前发展。因此，广大青年学生要牢记使命，不负重托，努力学习，刻苦钻研，将青春和热血用于获取知识和提高技能的正途。防止沉迷游戏、恋爱等不能自拔，荒废光阴。学校要合理为大学生增负，让他们在最好的时光汲取更多的知识养分，练就成熟的技能，为日后的发展打下良好的基础，成为合格的社会主义建设者和接班人。

（2）大学生要具备正确的价值观

大学生必须拥有正确的价值观，明辨是非，分得清对错，对任何

---

① 习近平：《在北京大学师生座谈会上的讲话》，https：//baijiahao. baidu. com/s? id = 1599396600047589234&wfr = spider&for = pc，（访问时间：2018 年 5 月 3 日）。

事情能够持有符合社会主流价值的取向，客观科学正确的判断；大学生必须具备高级的审美观，对于什么是美，什么是丑有正确的认识，带动社会主流的审美倾向向着科学健康正确的方向发展。杜绝“审丑”现象，对社会上的一些“审丑”文化要敢于仗义执言，防止其流传，毒害他人，因而，“要全面加强和改进学校美育，坚持以美育人、以文化人，提高学生审美和人文素养”①；大学生要树立正确的劳动观，要热爱劳动和劳动者，尊重劳动和劳动者，能够通过自身的劳动来获取合理合法的收入。因此，“要在学生中弘扬劳动精神，教育引导学生崇尚劳动、尊重劳动，懂得劳动最光荣、劳动最崇高、劳动最伟大、劳动最美丽的道理，长大后能够辛勤劳动、诚实劳动、创造性劳动”②。

（3）大学生要提升全面的综合素质

大学生需要具备全方位的能力，注重综合素质的提升，努力培养自己成为综合性人才。未来国际社会的较量是综合实力的较量，也是综合性人才的较量。单一素质的人才已经不能满足社会对人才的需要，因此，学校要注重对学生全方位的培养，除专业的知识和技能外，还要让学生有多方位的涉猎，要在增长知识见识上下功夫，增长见识，丰富学识，沿着求真理、悟道理、明事理的方向前进；要在文化修养上下功夫，增长文化水平，增加文化内涵，提升欣赏能力；要在增强综合素质上下功夫，教育引导学生培养综合能力，培养创新思维。

---

① 《习近平出席全国教育大会并发表重要讲话》，http：//news. cctv. com/2018/09/10/ARTIUajnxrbuvLrvvXC7JBpX180910. shtml（访问时间：2018 年 9 月 10 日）。

② 《习近平出席全国教育大会并发表重要讲话》，http：//news. cctv. com/2018/09/10/ARTIUajnxrbuvLrvvXC7JBpX180910. shtml（访问时间：2018 年 9 月 10 日）。

4. 过硬的身心素质是大学生成为社会主义建设者和接班人的健康价值取向

良好的身心素质是从事一切社会实践活动的基础，没有过硬的身心素质做依托，再高超的才能也没有施展的基础。必须强化对大学生的身体素质和心理素质的要求，做身体健康、心理同样健康的社会主义建设者和接班人。

（1）身体健康是基础

身体是革命的本钱，同样也是建设的本钱。身体健康在人的发展中始终是处于第一位的，没有健康的身体，其他一切都是不可能实现的。高等学校的教育体系必须重视大学生的健康问题，"要树立健康第一的教育理念，开齐开足体育课，帮助学生在体育锻炼中享受乐趣、增强体质、健全人格、锤炼意志。"[①] 近些年，许多青年学者和科学家因为各种各样的身体原因而离世，他们正当壮年，是为社会和国家的发展能够做出最大贡献的时期，但因为身体素质较差而不幸离开，这不得不让人扼腕叹息。要大力重视提高大学生的身体素质，保证体魄健康，培养能够为国家健康工作五十年的社会主义建设者和接班人。

（2）心理健康是关键

身体健康是基础，但心理健康的问题也绝对不容忽视。近些年来，出现了越来越多的大学生罹患心理疾病的状况，有的问题十分严重，个别甚至有自杀的倾向。要对他们的心理健康问题有更多的关注，及时进行疏导，防止意外事件发生。社会主义的建设者和接班人必然要同时具备过硬的身体素质和健康的心理素质，才能更好地担负起社会主义现代化建设的重任。

---

① 《习近平出席全国教育大会并发表重要讲话》，http：//news. cctv. com/2018/09/10/ARTIUajnxrbuvLrvvXC7JBpX180910. shtml（访问时间：2018 年 9 月 10 日）。

（三）培养大学生成为社会主义建设者和接班人的方法维度

十年树木，百年树人。培养和铸就一代又一代的社会主义建设者和接班人是一个长期的过程，必须制定长期的政策导向，推进教育系统改革，立足社会主义发展方向，植根中国大地，不断提升我们的教育教学水平，为国家和社会培养合格的人才。

1. 培养大学生成为社会主义建设者和接班人要以正确政治方向为引领

培养大学生成为社会主义建设者和接班人必须始终坚持正确的政治方向。首先，用马克思主义来武装全体学生。始终坚持以马克思主义理论来教育全体学生，增加马克思主义相关课程的课时和学分，提高学生对马克思主义理论学习的要求，运用先进的教育方式和教育理念，使马克思主义真正实现入脑、入心，使大学生做到真学、真懂、真会，并指导学生在实践之中运用马克思主义的立场、观点和方法观察和处理问题，坚信马克思主义的科学性和真理性，教育他们坚定共产主义的远大理想和中国特色社会主义的共同理想，真正做到内化于心、外化于行。其次，坚持党对高等教育事业的领导。中国共产党是社会主义事业的领导核心，更是高等教育事业的领导核心，坚持党管教育，确保高等教育的发展沿着社会主义的方向不断迈进。高校的党政负责人要熟悉教育、关心教育、研究教育，掌握教育发展的规律，用科学规律指引教育发展；高等学校党组织要抓好学校的党建工作，认真贯彻落实党的教育方针。思想政治工作是学校各项工作的生命线，要培养一支掌握思想政治工作规律，能做好、会做好思想政治工作的政工队伍，把学生的思想政治工作做好。最后，要大力培育和践行社会主义核心价值观。以社会主义核心价值观武装全体学生的头脑，通过教育、参观、实践等多种形式，使社会主义核心价值观深入学生内心，做核心价值观的真正践行者，形成良好的生活习惯，培养优秀的道德品质。少年强则国强，少年雄于地球则国雄于地球。就像习近平总书记所说："要坚持不懈培育和弘扬社会主义核心价值观，引导广大师生做社会主义核心价值观的坚定信仰者、积极传播者、模范践行者。要把中国特色社会主义道路自信、理论自信、制度自信、文化自信转化为办好中国特色世界一流大学的自信。只要我们在培养社会主义建设者和接班人上有作为、有成效，我们的大学就能在世界上有地位、有话语权。"①

2. 培养大学生成为社会主义建设者和接班人要以基本国情为根基

把大学生培养成为社会主义的建设者和接班人必须始终扎根中国大地，从社会主义现代化建设的实际需要出发，培养符合中国国情的有用人才。首先，人才培养需要立足国情。从当前我们所处的社会主义初级阶段这个最大的国情出发，从初级阶段的根本任务、基本路线、主要矛盾等实际情况出发，确定教育目标、确立教育制度、制定教育政策，保证教育活动不脱离国家的发展实际，不超越也不滞后于社会各方面的发展。其次，教育方式要符合大学生受教育的规律和特点。教育方式的选择要从中国的实际出发，根据大学生的学习特点和认识规律选择合理有效的教育方式，不要盲目照搬照抄西方的教育教学方式。同时，发挥大学生在教育和受教育过程中的优势和特长，做到扬长避短，最大限度地激发学生的学习潜能，培养更多有多方面特长的优秀人才。最后，要从中国优秀传统文化中汲取教育经验和智慧。中国历来极为重视教育，在几千年的历史发展进程中，积累了丰富的教学资源、教学方法和深刻的教育理念。充分发挥老祖宗留给我们的宝贵教育财富，丰富教育内容、

---

① 习近平：《习近平出席全国教育大会并发表重要讲话》，http：//news. cctv. com/2018/09/10/ARTIUajnxrbuvLrvvXC7JBpX180910. shtml（访问时间：2018 年 9 月 10 日）。

拓展教育形式、深化教育内涵，为实现教育培养目标而积极行动、不懈努力。

3. 培养大学生成为社会主义建设者和接班人要以思想政治教育为抓手

思想政治教育是培养大学生成为社会主义建设者和接班人的主战场，要充分发挥思想政治教育的作用，不断提升培养效果和水平。首先，充分发挥思想政治理论课对大学生培养的主要渠道的作用。思想政治理论课的重要任务之一就是培养大学生成为社会主义的建设者和接班人。要发挥思想政治理论课主渠道的作用，不断健全完善教材体系建设，丰富教学内容，做到知识性和趣味性相结合、理论性和实践性相统一；不断培育思想政治理论课教师队伍，完善培养体系，提升教师地位，加强对教师的要求，健全培训机制，培养一支立场坚定、知识牢固、技能高超、品德高尚、充满活力的思想政治理论课教师队伍。其次，充分发挥思想政治工作对大学生积极影响的作用。大学生的思想政治工作对培养大学生成为社会主义的建设者和接班人同样重要。习近平总书记在全国高校思想政治工作会议上的讲话强调："思想政治工作从根本上说是做人的工作，必须围绕学生、关照学生、服务学生，不断提高学生思想水平、政治觉悟、道德品质、文化素养，让学生成为德才兼备、全面发展的人才。"要不断建立健全思想政治教育工作机制，完善制度建设，注重人才培养，健全体制机制，把思想政治教育工作做深做细做实，对大学生的教育取得实实在在的效果，提升思想政治教育工作的实效性。最后，强化思想政治教育宣传对大学潜移默化的作用。宣传工作是培养大学生成为社会主义建设者和接班人的有益手段。要充分发挥各主流媒体的宣传作用，以大学生喜闻乐见的方式，强化内容宣传效果。把握大学生认知的规律，利用新媒体受众广、传播快、大学生喜欢的特点，加强宣传工作。

三、新时代大学生奋斗精神培育研究

奋斗精神是中华民族的优秀传统美德，是中国共产党取得革命与改革胜利的宝贵精神财富，更是新时代大学生为实现中华民族伟大复兴中国梦矢志奋斗的精神动力。中国特色社会主义进入新时代，习近平总书记强调，“要培养担当民族复兴大任的时代新人”，新时代要有时代新人来担当时代重任，要有时代新人凝聚成社会主义的接班人和建设者。

新时代大学生是勇担时代新人使命的青年一代，理应志存高远、勇于奋斗，以奋斗精神助力奋斗道路，接力新时代中国特色社会主义事业。习近平总书记在全国教育会议上强调：“要在培养学生们奋斗精神上下功夫，要教育引导学生树立高远志向，历练敢于担当、不懈奋斗的精神，具有勇于奋斗的精神状态、乐观向上的人生态度，做到刚健有为、自强不息”①。

培育时代新人要把奋斗精神作为培育的重要内容，时代新人作为肩负民族复兴重任的一代，有责任将奋斗精神矢志不渝地传承下去，在奋斗中创造社会价值，也在奋斗中实现自我价值，紧跟时代步伐，不断进步，在奋斗中造就幸福人生！

（一）新时代大学生奋斗精神培育的价值

新时代是奋斗者的时代，大学生是新时代的接班人和中坚力量。党的十九大报告指出，“青年一代有理想、有本领、有担当，国家就有前途，民族就有希望。”② 中国特色社会主义进入新时代，是中国共产党带

---

① 习近平：《坚持中国特色社会主义教育发展道路 培养德智体美劳全面发展的社会主义建设者和接班人》，载《人民日报》，2018 年 09 月 11 日，第 1 版。

② 习近平：《决胜全面建成小康社会 夺取新时代中国特色社会主义伟大胜利——在中国共产党第十九次全国代表大会上的报告》，载《人民日报》，2017 年 10 月 28 日，第 1 版。

领中国人民决胜全面建成小康社会、全面建设社会主义现代化强国的新时代，更是需要奋斗精神的新时代。新时代大学生要时刻秉持“为人民谋幸福，为民族谋复兴”的初心和使命，承接好中国特色社会主义发展的“接力棒”。因此，新时代大学生奋斗精神培育具强烈的时代价值和深远意义。

1. 培育奋斗精神是实现中华民族伟大复兴社会价值的强大动力

中国共产党的历史是一部奋斗史，在滚滚历史长河中正是由于具有奋斗精神的先进分子的艰苦努力，才为当今时代的发展打下深厚的基础。在新的历史方位中，我国经济的发展成就瞩目，人民生活水平显著提高，社会主要矛盾也发生了变化，越是在这个时候越不能遗忘奋斗精神的优良传统。特别是新时代的大学生，作为中国特色社会主义建设与发展的接班人和主力军，应当用青春力量服务社会，在实现中华民族伟大复兴中国梦的征程中砥砺前行。

习近平总书记指出，“在高校学习的大学生都是20岁左右，到2020年全面建成小康社会时，很多人还不到30岁；到本世纪中叶基本实现现代化时，很多人还不到60岁。也就是说，实现‘两个一百年’奋斗目标，你们和千千万万青年将全过程参与。……希望大家努力在实现中国梦的伟大实践中创造自己的精彩人生。”① 现如今，我国“两个一百年”奋斗目标尚未完全实现，急需新时代大学生挑起重担，昂扬向上。在新时代要培育好大学生的奋斗精神，将奋斗精神贯彻到实现伟大中国梦的伟大实践中，要高扬新时代奋斗精神，以奋斗精神展现大学生积极的精神面貌，使新时代大学生勇担时代重任，为实现中华民族伟大复兴注入强大生命力。

---

① 《习近平谈治国理政（第一卷）》，北京：外文出版社2014年版，第175—176页。

2. 培育奋斗精神是实现全面建成小康社会的迫切需要

中国特色社会主义新时代是青年人奋斗的时代，中国正处于全面建成小康社会的关键时期，青年大学生是全面建成小康社会的生力军。2020 年，是全面建成小康社会和“十三五”规划收官之年，千百年来困扰中华民族的贫困问题即将全面解决，我国现代化建设第一个百年奋斗目标就要实现。这是中华民族伟大复兴征程上的一个重要里程碑，也是人类发展史上的一个伟大传奇。① 因新冠肺炎疫情的影响，如期实现全面建成小康社会的目标变得更为艰巨。在复杂的形势中，新时代大学生应该肩负时代使命，迎难而上，用奋斗精神迎接挑战，助力我国发展目标的实现，更要永葆初心，奋力前行，积极投身于社会主义实践中去，利用自己所学的专业知识服务社会，发挥自己的聪明才智，以昂扬的姿态砥砺前行。美好的未来需要用辛勤的汗水和奋斗的勇气去拼搏，无数革命先辈和仁人志士通过一代代人矢志不渝的奋斗才建立了新中国。身处中国特色社会主义新时代的今天，要实现“两个一百年”的宏伟目标，要实现中华民族伟大复兴“中国梦”的宏伟蓝图，在全面建成小康社会的决胜之际，奋力夺取全面建成小康社会的伟大胜利，更需要包括新时代大学生在内的中华儿女，用奋斗的青春书写新时代新篇章。

3. 培育奋斗精神是实现新时代大学生自我价值的内在要求

新时代大学生要做到实现社会价值和自我价值的统一。实现自我价值不是一蹴而就的，不是安于现状就能得来的，是需要奋斗而来的。大学生处于世界观、人生观、价值观构筑的关键时期，若能把握住该时机，养成端正、昂扬的人生态度，在今后的人生道路上也会受益匪浅。大学生作为时代蓬勃发展的受益者要抓住大好时机，在物质和文化资源

① 中共国家发展改革委党组：《奋力夺取“双胜利”确保如期全面建成小康社会》，载《中国经济导报》，2020 年 03 月 17 日，第 2 版。

都丰富的今天，要把奋斗精神贯彻到学习以及日常生活中，把奋斗精神继续发扬光大。习近平总书记曾对广大青年说：“只有进行了激情奋斗的青春，只有进行了顽强拼搏的青春，只有为人民作出了奉献的青春，才会留下充实、温暖、持久、无悔的青春回忆。”① 大学生要在奋斗中放飞青春梦想，成就精彩人生。在人生最富有热血的岁月中扎实基本功，明确理想目标，奋斗拼搏，充实完善自我。只有奋斗才能跟得上时代发展的脚步，才能在奋斗中发展自我，以更加昂扬的姿态实现自我价值，创造无悔青春。每个新时代的大学生都是国家和集体的名片，大学生群体的昂扬向上的奋斗精神既影响着社会风尚的良好运行，更关系到推进国家治理现代化目标的实现。新时代的大学生只有不断提升自己的奋斗精神和顽强意志，才能为国家的发展提供源源不断的精神动力，成为为中国特色社会主义事业奋斗的朝气蓬勃的富有创新精神的大学生。大学生只有培养好奋发向上的精神，才能在新时代的征程中不断建功立业。

4. 弘扬中国共产党艰苦奋斗精神的现实需求

新时代培育奋斗精神要重视时代需求。中国共产党在革命战争年代，带领中华民族为建立新中国而奋斗并夺取了胜利；在改革开放的时代，带领中国人民在中国特色社会主义道路上阔步前进，取得了社会主义建设的举世瞩目的成就，这很大程度上源于广大人民群众对中国共产党奋斗精神的认同。中国共产党依靠艰苦奋斗精神发展成立和壮大，在艰难困苦中创造辉煌，依靠顽强的奋斗精神克服艰难险阻，创造了“中国奇迹”。毛泽东同志曾指出：“中国的革命是伟大的，但革命以后的路更长，工作更伟大、更艰苦。这一点现在就必须向党内讲明白，务必使同志们继续保持谦虚、谨慎、不骄不躁的作风，务必使同志们继续保持

① 《习近平谈治国理政（第二卷）》，北京：外文出版社2017年版，第54页。

艰苦奋斗的作风。”① 邓小平同志也强调指出：“艰苦奋斗是我们的传统，艰苦朴素的教育今后要抓紧，一直要抓六十至七十年。”② 伟大的革命和建设事业产生崇高的时代奋斗精神，反过来时代奋斗精神进一步推动伟大事业的发展。中国共产党的历史使命与宗旨，决定了中国共产党的艰苦奋斗的政治本色，决定了艰苦奋斗始终是中国共产党领导人民进行革命和建设的强大精神力量和精神支柱。③ 正是这样的奋斗精神鼓舞着中国共产党领导广大人民群众战胜一个个艰难险阻，取得了一个又一个的胜利。革命时代的老一辈无产阶级之所以能凭借着坚韧不拔的意志和坚定不移的毅力克服重重困难，其根本就在于艰苦奋斗的精神时刻激励着革命先辈不断努力去实现民族复兴和国家富强的历史任务与雄心壮志。奋斗精神是中国共产党一直以来战胜困难和取得胜利的最重要法宝，更是革命先辈留存下来的精神财富，新时代大学生不仅要成为奋斗精神的继承者，更要成为新时代奋斗精神的发扬者。

新时代需要奋斗精神，新时代大学生奋斗精神的培育具有深厚的价值意义，无论是为实现中华民族伟大复兴提供强大动力，为如期实现全面建成小康社会目标提供刚需，还是为实现大学生自我价值提供内在需求，都需要奋斗精神的支撑。因此，深入探究新时代大学生奋斗精神培育的现状和路径具有重要意义。

（二）新时代大学生奋斗精神的现状

奋斗精神是中华民族和中国共产党的优良传统，新时代大学生对奋斗精神具有较强的认同感，但是奋斗精神意识淡薄、奋斗意志不坚、奋

① 《毛泽东选集（第四卷）》，北京：人民出版社 1991 年版，第 1439 页。

② 《邓小平文选（第三卷）》，北京：人民出版社 1993 年版，第 306 页。

③ 徐香华、柳礼泉：《新时期弘扬艰苦奋斗精神的几点思考》，载《湖南社会科学》，2006 年第 5 期，第 59—61 页。

斗精神践行较为敷衍的消极现象都是不容忽视的。

1. 新时代大学生奋斗精神的积极表现

大学生是国家培养的具有高素质、高水平的人才，具有较高的精神境界。新时代大学生在践行奋斗精神中展现出了许多积极表现，主要表现在对奋斗精神总体认同度较高，能够构建较为系统的人生观、世界观和价值观。

新时代大学生在践行奋斗精神中展现出了许多积极表现，主要表现在对奋斗精神总体认同度较高，能够构建正确且系统的人生观、世界观和价值观。特别是社会主义核心价值观对大学生潜移默化的影响及高校对大学生奋斗精神的培育，取得了显著的成效，大学生对奋斗精神具有较高的认同感。在社会主义革命和建设时期，无数青年志士抛头颅洒热血，为中国发展的前途命运不惜一切前赴后继。新时代以大学生为主体的青年人仍不忘传承奋斗精神，响应国家号召用青春扎根基层，助力扶贫攻坚，为人民谋幸福。在新冠肺炎疫情阻击战中，新时代大学生不惧生命危险用青春力量冲锋在抗疫第一线，用奋斗精神书写美丽人生，展现了青年大学生葆有强国之心、砥砺前行、奋发有为的精神面貌。

大学生生活在物质与文化资源富足的新时代，随着中国特色社会主义进入新时代，我国社会生产力显著提高，人民生活水平不断提升，生活条件的优越性不断增强。新时代大学生对于奋斗精神的认识和践行相对比较浅显，一些大学生产生了对奋斗精神认知与践行的消极现象。

2. 新时代大学生奋斗精神的消极表现

当代大学生出生于和平年代，物质资源极大丰富，普遍成长于衣食无忧的家庭。由于外部环境的改变和新时代大学生对于奋斗精神理性认知的层次不齐，新时代大学生奋斗精神从思想上和实践上都显现出不同程度的消极现象。

（1）一些大学生奋斗意识薄弱、奋斗意志不坚

党中央多次强调新时代培育大学生奋斗精神的重要性，高校积极开展思想政治教育，将奋斗精神作为教育的重要内容。总体上大学生对奋斗精神具有一定程度上的认知，但是仍有部分大学生认为奋斗精神是中国共产党在困难时期的思想引领，认为其是特殊时代下的产物，在新时代重提奋斗精神已经不合时宜了，或者认为奋斗精神与自己无关。

首先，从家庭方面而言，优越的家庭生活环境使大学生从小缺乏对奋斗精神的实践体验。大学生通过家庭的给予在很大程度上得到了物质上的满足，在成长过程中较为顺利，经历的磨难相对较少，这就使一些在温室里成长的大学生奋斗意识薄弱，缺乏理想信念和奋斗目标，缺乏敢为人先的奋斗拼搏精神，遇到失败挫折容易灰心丧气，缺乏奋斗意志，遇到困难险阻容易丧失信心，缺乏对奋斗意志的坚守。

其次，从社会风气而言，社会主义核心价值观深入人心，但也有不良风气的蔓延。特别是互联网信息的鱼龙混杂和高速传播，尚未完全形成理想信念和坚定价值观的大学生容易受到大环境的影响。如网络中的炫富与攀比行为，使大学生容易产生不劳而获的虚拟感受；如“佛文化”“宅文化”“丧文化”的流行，使大学生崇尚安于现状的舒适圈，没有奋斗目标，迷失颓废，生活中得过且过，萎靡不振，追求享受，学习中应付差事，不求上进。从大学生思想层面而言，没有坚定的理想目标，奋斗意志不坚定，容易动摇和半途而废等问题是当代大学生客观存在的现象。

（2）一些大学生奋斗精神学习动力不足、践行不力

奋斗精神是中国共产党的优良传统，党中央着力树立奋斗榜样，高扬奋斗精神，高校响应中央指示始终把大学生奋斗精神的培育作为思想政治理论课的重要内容。尽管如此，部分大学生仍对奋斗精神采取消极态度，表现出对奋斗精神践行敷衍的现象，不能在实践中深入贯彻奋斗

精神。

第一，有些大学生对奋斗精神的学习动力不足。一些大学生把奋斗精神的宣传与教育当作枯燥乏味的空洞说教，存在一定的排斥心理，对于奋斗精神的理论素养不足，流于表面地应付学习任务，并未真正做到内化于心，外化于行。有的大学生认为社会主义革命时期具有奋斗精神的青年典型榜样不切实际，离自己的生活较远，具有不可效仿性；而对于新时代优秀奋斗青年的榜样精神则学习力度不够，尚未上升至理论与思想层面，仅保持“三分钟”热度的精神，在自身的学习与生活中并未真正地融入奋斗精神实质。

第二，一些大学生对奋斗精神的践行不力。高校假期社会实践活动深入农村，其初衷是忆苦思甜，培育艰苦奋斗的精神。而有些大学生在实际的践行过程中流于形式主义，仅仅满足于获得实践学分而走过场，或者拿着实践经费不作为，或者出现实践报告东拼西凑的不良现象。从大学生社会实践的侧面可以看出部分大学生奋斗精神缺失，在践行过程中存在敷衍的现象。

总的来说，新时代大学生存在奋斗意识薄弱，奋斗意志不坚，奋斗精神践行敷衍的消极现象。高校大学生奋斗精神弱化的原因主要表现在三个方面：首先，大学生奋斗精神的培育不到位，部分高校并未重视开展关于奋斗精神的系列教学活动，在一定程度上对于奋斗精神的重要性有所忽视，从而使部分大学生对于新时代奋斗精神缺乏共鸣，培育的效果并不理想，同时，在培育奋斗精神的过程中并未有针对性地进行深入分析和引导，导致大学生对于奋斗精神的认同率较低。倘若新时代大学生奋斗精神的培育离开中国特色社会主义的现实，远离大学生身边的生活，就不能解决大学生的精神困惑，进而导致奋斗精神无法入脑入心，践行实际行动更无从谈起。其次，家庭观念影响下的大学生个体价值有所弱化。中国特色社会主义进入新时代，随着家庭各方面物质生活水平的提高，大多数家庭都尽量满足大学生各方面的需求，当诸多需求得到满足后，部分大学生在潜意识中便会产生即使不通过自身的努力也可以实现自己的需要的意识，这样，奋斗精神往往会被忽视，大学生自身对于奋斗的需求也会相应地较少，从而导致一些大学生在艰难困苦面前缺乏奋发向上的精神与动力，进而影响了奋斗精神的培育。最后，一些不良的社会风气的影响。社会上的一些贪图享乐的错误思想观念和意识，把享受安逸的生活作为价值追求，一定程度上减弱了大学生对奋斗精神的认同，使部分大学生在日常的学习与生活中缺乏对社会的责任感和对生活的坚定理想信念，从而不利于大学生奋斗精神的培育。在全面建成小康社会和“十三五规划”的收官之年，新时代大学生作为国家发展的人才储备军和主力军，应该用奋斗精神书写青春华章，积极投身于新时代中国特色社会主义建设的伟大实践中去，创造社会价值，实现人生价值。

（三）新时代大学生奋斗精神培育的路径

新时代大学生作为国家发展的人才储备军和主力军，理应用奋斗精神书写青春华章，积极投身于新时代中国特色社会主义建设的伟大实践中去，创造社会价值，实现人生价值。新时代大学生虽然对奋斗精神具有较强的认同感，但是奋斗精神意识淡薄、奋斗意志不坚、奋斗精神践行不力的消极现象仍然不容忽视。立足于全面打赢脱贫攻坚战的收官之年和全面建成小康社会目标的实现之年，从个人层面、家庭层面、高校层面和社会层面探寻培育新时代大学生奋斗精神的路径具有重大的理论和现实意义。

1. 个人层面：发挥主观能动性，自觉孕育奋斗精神

新时代大学生作为国家重点培育的人才，要不断加强自我修养，提高勇于奋斗的自觉性，增强奋斗精神认同感，同时积极发挥主观能动

性，勇担时代大任，争做新时代的奋斗者，为祖国伟业贡献力量。

（1）大学生应志存高远，增强对奋斗精神的认同感

新时代的发展需要青年一代为之添砖加瓦，需要青年一代为之脚踏实地地奋斗。新时代大学生应该坚定理想信念，发扬奋斗精神，积极投身于新时代中国特色社会主义的建设中去。新时代大学生作为社会主义的接班人，应该自觉抵制不良风气和错误思想的影响。一是在学习中要扎实基本功，增强理论知识水平，练就自身的过硬本领，积极响应国家和高校提倡的奋斗精神，加强奋斗精神的学习。二是在生活中要不懈奋斗，以奋斗精神贯穿于生活的方方面面，不做安于现状的享受者。新时代大学生要发挥好其在培育奋斗精神中的主体作用，自觉发挥主观能动性，增强对奋斗精神的认同感，并在实践中彰显奋斗精神的价值。

（2）大学生应脚踏实地，争做新时代奋斗者

新时代大学生在增强奋斗精神认同感的同时还需要把理论付诸实践，成为为新时代发展而身体力行的奋斗者。习近平总书记指出："广大青年要牢记'空谈误国、实干兴邦'，立足本职、埋头苦干，从自身做起，从点滴做起，用勤劳的双手、一流的业绩成就属于自己的人生精彩。"① 践行奋斗精神不是纸上谈兵，需要新时代大学生脚踏实地有所作为。一是要秉持奋斗精神，树立理想目标，不沉迷于安逸，勇于挑战，在实践中不断超越自我，完善自我。二是要外化奋斗精神，牢记时代使命，根植于人民群众最需要的地方，为中华民族伟大复兴而不懈奋斗，脚踏实地地在实现伟大中国梦的路程中成就精彩人生。

2. 家庭层面：加强新时代大学生奋斗精神的奠基性教育

父母是大学生的第一任老师，家庭是大学生成长的第一课堂。家庭

---

① 《习近平谈治国理政（第一卷）》，北京：外文出版社2014年版，第52页。

的教育理念和家庭的教育环境都在潜移默化地影响大学生的成长轨迹，并贯穿于大学生发展的始终。家庭教育对大学生价值观形成具有重要的影响作用，因此要重视家庭教育在培育新时代大学生奋斗精神中的基础性作用。

（1）转换家庭教育理念，潜移默化地塑造奋斗品格

家庭教育是教育的基础，家庭教育理念对大学生价值观的形成产生潜移默化的影响。由于社会大环境的影响，生活条件日益优越，经济水平日益提高，大多数家长竭尽所能满足大学生的物质需求，重物质生活而轻精神引导，有时甚至出现过度溺爱的现象。物质上的满足容易使大学生在潜意识中思想懈怠，行动懒散。因此，新时代迫切需要家庭转换教育理念，权衡给予物质生活和精神生活的比重，过度的物质给予只会使大学生丧失奋斗精神。在家庭环境中，家长理应转换家庭教育理念，不断正面引导大学生养成良好的奋斗习惯，进行社会主义核心价值观教育，在潜移默化中塑造奋斗品格，将奋斗精神贯穿于家庭教育之中，健全大学生的思想品格，引导大学生靠奋斗书写青春华章，使大学生成长为用青春为社会贡献力量，靠奋斗勇担时代重任的新时代奋斗者。

（2）改善家庭教育环境，春风化雨砥砺奋斗精神

家庭教育环境是新时代大学生奋斗精神培育的重要空间，良好的家风和家教对大学生奋斗精神的养成起着至关重要的作用。一是要营造良好的家庭氛围。良好的家庭氛围可以使大学生与家长形成良性的互动，有助于大学生更好地接受家庭教育，促进身心健康发展。慵懒的家庭氛围会使大学生"近墨者黑"，难以养成积极向上、勇于拼搏的精神品格。二是要营建良好的家庭文化环境。物质生活与文化生活"两手抓两手都要硬"。家长要树立正确的价值观，具有良好的文化素养，做好大学生的榜样，注重言传身教的作用。注重形成严谨的家教和符合社会主义核

心价值观的家风，使大学生在耳闻目染中将奋斗精神植根于心。

3. 高校层面：引导新时代大学生树立正确的奋斗观

高校是大学生生活的主体空间，对大学生奋斗精神的培育起着关键的作用。高校应以提高高校思想政治课质量，丰富奋斗精神教育的内容为切入点，完善大学生奋斗精神的理论学习，在此基础上拓宽奋斗精神的培养渠道，把理论知识运用于实践，实现知行合一。要充分运用好高校教育的主阵地，在对大学生进行奋斗精神理论培育的过程中提高大学生对奋斗精神认同感，强化奋斗精神实践，通过理论学习和实践学习两方面，促进新时代大学生对奋斗精神的深入认知和践行，进而形成大学生奋斗精神的认知学习和实践学习辩证统一的局面。

（1）丰富奋斗精神教育的内容，深化大学生对奋斗精神的认知

高校作为立德树人的关键平台，要深刻把握党中央关于培育大学生奋斗精神的新要求，把奋斗精神纳入思想政治教育的课程体系中，帮助大学生树立正确的奋斗观。有些高校在积极响应国家关于培育奋斗精神的号召的同时，在进行奋斗精神教育时教育模式相对单一，往往流于表面，浮于形式，无法增强大学生对奋斗精神的认同感。所以高校在进行奋斗精神教育的时候应该避免形式主义的空洞说教，要结合新时代大学生实际情况对症下药，结合时代的发展要求丰富奋斗精神的教育内容。

在大学生奋斗精神培育的过程中要结合好大学生的特性和需求，运用好高校这个教育平台。一是明确奋斗精神的必要性。高校在全面深化改革、打造一流学科的过程中，要把培育新时代大学生奋斗精神贯穿于高校人才培养的“三全育人”的过程中，不断完善立德树人的教学体系。奋斗精神既是一种民族精神，也是革命精神，更是一种时代精神。新时代大学生是社会主义的建设者和接班人，肩负着民族复兴的大任，

要有驰而不息的奋斗精神。① 二是加强理论课的双向互动。思想政治理论课是高校对大学生落实立德树人根本任务的关键课程，但是目前一些思想政治理论课重灌输轻互动的现象，形式相对单一。高校要充分利用打造“金课”的过程，培育思想政治理论课的精品课程，要注重发挥学生的自主性，在互动中启发学生对教育内容的思考，积极主动地将奋斗精神纳入学习体系之中。三是强化榜样示范作用，组织大学生寻找身边的“最美奋斗者”。树立身边的榜样并让榜样为大学生讲述亲身经历和感受，这样可以使大学生接受更加贴近生活和更加直观的教育。四是充分发挥高校“第二课堂”的作用。利用高校所在城市的历史文化资源和革命文化资源，将新时代大学生奋斗精神作为高校思想政治教育的重要内容，构建一批高校党校的党史党建的精品课程。此外，除传统课堂教育外可开展关于奋斗精神的“征文比赛”“演讲比赛”“情景剧比赛”等，用较为活泼的方式调动大学生的积极主动性，使同学们参与其中，无形中加强大学生对奋斗精神的理解。五是依托高校校园文化，振奋大学生的奋斗精神。校园文化是大学生展示新时代精神风貌的舞台，同时是大学生思想政治素质和人文素质塑造的影响因素。其一要利用现代媒体传播奋斗精神，要发挥校园新闻网、微博、微信、校园广播、抖音、快手等媒体，深入宣传新时代大学生奋斗精神的典型代表，把奋斗精神形象化、人格化和具体化，倡导学生弘扬感受榜样的力量，让奋斗精神成为校园文化的风尚。其二要利用校园的自然环境和人文环境，依托校园文化的底蕴厚植奋斗精神的土壤，将新时代奋斗精神物化到校园建筑、雕塑、书画、绿化等校园景观之中，进而发挥校园文化中所蕴含的奋斗精神的文化成果。

---

① 彭蓉：《培育时代新人要在培养奋斗精神上下功夫》，载《北京教育（德育）》，2019年第4期，第69—73页。

（2）拓宽奋斗精神培养渠道，强化奋斗精神实践

高校在强化大学生对奋斗精神的认同感的同时，亦要丰富教育形式，拓宽奋斗精神的培育渠道，加强实践锻炼。一是组织大学生进行理论宣讲。大学生把在高校中学习的理论知识以理论宣讲的形式面向其他群体进行讲述，使大学生成为教育主体。这样可以在宣讲过程中加深对奋斗精神的领悟，提高大学生的实践能力，弥补课堂教学的局限性。二是组织大学生进行社会实践。课堂理论的过度灌输会使大学生产生抵触心理，组织社会实践可增强培育大学生奋斗精神的有效性。可有组织的引领大学生深入农村开展社会调研，准确把握国情和民情，激励其奋斗精神。组织大学生在假期前往山区、边远地区、革命老区开展“三下乡”服务，通过亲身实践，实地感受脱贫攻坚与发扬奋斗精神的内在联系，厘清幸福生活与奋斗精神的辩证关系。[①] 三是组织大学生进行实地参观学习，如革命老区、教育基地等，使大学生在参观学习中达到培育奋斗精神的目的。在实践中贴近最真实的生活，体会当今依旧要讲奋斗精神以及讲好奋斗精神的重要性和时代紧迫性。四是组织策划积极展现大学生奋斗精神的志愿服务活动，让大学生在博物馆、纪念馆、革命遗址等担任志愿者，在身临其境地体会革命先辈奋斗精神的同时，成为新时代奋斗精神的传播者和弘扬者。

高校在对大学生进行奋斗精神理论培育的过程中，要实现大学生奋斗精神认知与奋斗精神实践的兼顾，提高大学生奋斗精神的认同感，但要知道理论要转化为实践，认知教育还要回到实践中进行检验。所以要把握好高校这一教育主阵地，形成大学生奋斗精神的认知学习和实践学习的辩证统一局面。

---

① 游敏惠、覃优军、何晗：《新时代大学生奋斗精神培育研究》，载《重庆邮电大学学报（社会科学版）》，2019 第 5 期，第 8—13 页。

4. 社会层面：保障新时代大学生奋斗精神的正确导向

习近平总书记指出："各级党委和政府、各级领导干部以及全社会都要充分信任青年、热情关心青年、严格要求青年、关注青年愿望、帮助青年发展、支持青年创业"①。这集中体现了党中央对青年工作的高度重视，同时指出了在社会层面为青年人的健康成长提供优良环境的时代责任。大学生是青年的主体组成部分，因此，应充分发挥社会在培育新时代大学生奋斗精神中的引领和保障作用。社会是培育奋斗精神的大课堂，社会教育具有广泛性，社会的核心价值导向和风气会对大学生产生重要的影响。当今社会仍存在一些有悖于核心价值观的错误观念和不良风气，对于价值观尚未成熟的大学生来说具有极大的负面作用。充分发挥社会大课堂的教育作用，正确引导舆论方向，营造良好的社会风气，为新时代大学生奋斗精神的培育营建优良的社会大环境，搭建有利于大学生成才成长的良好学习平台。

（1）把正舆论导向

在互联网时代，网络信息传播力度大，内容涵盖广泛，为大学生拓宽知识面提供了有力的平台。但现如今还存在不良信息和负面信息的传播，容易对大学生造成危害，影响其价值观的积极确立。所以在社会大环境中，要把正舆论导向，各类新闻媒体要通过出版主流文化读物、利用影像资料等方式，全方位、多角度、立体化地诠释新时代奋斗精神的内涵，加强符合社会主义核心价值观的宣传教育。可通过主流媒体宣传真善美，借用主流媒介树立典型榜样，挖掘有关奋斗的故事，积极弘扬奋斗精神和高扬社会主义主旋律。同时，还要对社会舆论进行严格把控，对有违奋斗精神的人和事坚决打击，杜绝不良舆论的传播和蔓延，

---

① 习近平：《在纪念五四运动100周年大会上的讲话》，载《人民日报》，2019年05月01日，第2版。

确保社会引导方向的正确性。

（2）清新社会风气

当前社会中出现了不良风气的倾向，大学生铺张浪费、过度消费、盲目攀比等现象都是奋斗精神缺失的表现。复杂的社会环境使大学生产生想要安于现状，不劳而获的心理，认为奋斗不如坐享其成。不良风气的蔓延使尚未完全成熟的大学生在社会的大环境中迷失自我。一方面通过借用主流媒介树立典型榜样，挖掘有关奋斗的故事，加强社会引导力；开展有关奋斗精神的主题活动，将奋斗精神融于社会大环境中，使奋斗精神成为人们追求的精神常态。另一方面集各方合力，形成党委统一领导、党政齐抓共管、职能部门组织协调的育人大格局，促进奋斗精神无处不在、无时不有。① 通过整合和优化各地方的优质社会教育资源，积极利用爱国教育基地、历史文化古迹、博物馆、艺术馆等优质的思想政治教育资源，拓展其所包含的奋斗精神的时代内涵，并为高校大学生的实践与学习提供充足的条件。此外，社会文艺工作者以弘扬新时代奋斗精神为主题创作影视、音乐、舞蹈等各类文化艺术作品，打造弘扬奋斗精神的原创文艺精品，并推动“艺术进高校校园”的系列活动，将奋斗精神延伸到高校校园的每一个寸土地、每一位大学生的心田。清新社会风气，营造奋斗精神的社会大环境，使奋斗精神在全社会蔚然成风。

大学生作为新时代发展的中坚力量，要努力用奋斗精神扬起青春之帆，肩负起时代赋予的使命。正确认识新时代大学生奋斗精神的消极现象，积极探寻新时代大学生奋斗精神的培育路径，增强新时代大学生奋斗精神的培育成效。通过弘扬奋斗精神主旋律，促进新时代大学生为中华民族伟大复兴不断奋斗的社会价值的实现和自我价值的实现，使新时

---

① 游敏惠、覃优军、何晗：《新时代大学生奋斗精神培育研究》，载《重庆邮电大学学报（社会科学版）》，2019 第 5 期，第 8—13 页。

代大学生成长为一群志存高远、脚踏实地、树立了奋斗意识、奋斗意志坚定、砥砺奋斗实践的时代弄潮儿。

四、新时代青年社会责任培养研究

青年在我国革命、建设和改革的伟大历程中，为民族的独立与复兴做出了不可替代的贡献。青年运动是我国近代史册上最为光辉的一页，充分证明了青年不可撼动的崇高历史地位。青年之所以能成为一个时代最具革新创造精神的先进群体，关键在于青年拥有着强烈的社会责任，正是因为这种强烈的社会责任，使我国的近现代史的进程时刻保持着前进与发展的强大生命力。社会责任是维系社会秩序，引导人们在共同意志的基础上，协力推进社会发展的精神保障，也是人们融入社会、建设社会的动力牵引。在党的十九大报告中，习近平总书记强调指出："强化社会责任意识、规则意识、奉献意识。"① 新时代青年具有时代新人的鲜明特质，其社会责任关系到国家与民族的前途和命运。习近平总书记在纪念五四运动一百周年的讲话中进一步强调："新时代中国青年要担当时代责任。时代呼唤担当，民族振兴是青年的责任。"② 随着中国特色社会主义进入新时代，经济社会的快速发展为青年承担起社会责任提供了无限的机遇。新时代青年作为推进民族伟大复兴的主体力量，尤其要具有坚定、崇高的社会责任。在当前复杂的内外环境下，部分青年出现了社会责任弱化，对时代新人的标准认同偏低，理想信念动摇、社会责任担当意识薄弱等问题，在一定程度上对青年全面健康发展产生了较大

---

① 习近平：《决胜全面建成小康社会 夺取新时代中国特色社会主义伟大胜利——在中国共产党第十九次全国代表大会上的报告》，北京：人民出版社2017年版，第43页。

② 习近平：《在纪念五四运动100周年大会上的讲话》，北京：人民出版社2019年版，第8页。

的负面影响，同时也影响到时代新人目标的实现。中共中央、国务院印发的《新时代公民道德建设实施纲要》进一步明确了培养和造就担当民族复兴大任时代新人的要求，也表明了责任教育已经成为当前我国公民道德建设的重要内容。在新的历史起点上，培养新时代青年的社会责任，是一项极其重要的任务，也是促进新时代青年自觉担当社会责任，融入追寻伟大“中国梦”时代潮流的必然选择。

（一）社会责任的内涵

社会责任是社会主体在生产生活实践中，在不断调节自我及外界的关系中，形成的关于价值评判及言行自律的精神素养，体现着主体的道德品格及社会心态，是道德情感、自我需求、社会共识的结合体。社会责任的产生，其根源在于人们对社会集群及社会资源的本能需求，正是由于人的生存对社会资源的合理汲取，并对社会做出积极的回馈，才形成了与之相对应的社会责任。社会责任也在人的丰富社会经验及复杂需求的共同作用下，体现出了丰富的内涵。

1. 马克思、恩格斯的社会责任思想

关于社会责任，在马克思看来，处于社会集群中的人是有使命和任务的。马克思认为：“这个任务是由于你的需要及其与现存世界的联系而产生的。”① 在这里，马克思阐明了人、需要、世界之间的逻辑关联，人与世界之间的关系以人的需要的形式得到了充分的体现。马克思强调了人对社会的需要，而社会赋予人的使命和任务就是人们所要承担的社会的、历史的、世界的责任。这表明，无论人对自身肩负的社会责任是否了解、是否认同，社会责任都是客观存在的，其与人对社会的需要相伴相生，受社会关系的制约，受人与世界关系的影响。然而，社会责任

---

① 《马克思恩格斯全集（第三卷）》，北京：人民出版社2006年版，第329页。

的本源归根结底是人对社会的需要或是社会关系的作用，是十分复杂的问题。从马克思关于社会责任的观点中可以了解到，人与社会之间的关系是社会责任形成的前提条件，社会责任形成的客观基础是人的需要及社会关系的共同作用。社会满足了人的生存及发展的需要，一个人只有在全面参与社会生活并做出值得他人认同的贡献，才能够使自身对社会的需要得到满足。这表明，社会责任是满足人们对社会需要的必要条件和要素，人的生存与发展的需要必须要通过社会关系的有序运行才能最终实现。可见，在马克思的社会责任观点中，社会关系的客观存在是形成社会责任的重要基础。

在恩格斯看来，社会责任形成的重要基础是人的自我意识的发展。恩格斯强调人与动物之间的思维差异，认为动物对世界的影响是无意的、偶然的，但人则是有意识、有目的的。恩格斯指出："人离开动物愈远，他们对自然界的作用就愈带着经过思考的、有计划的、向着一定的和事先知道的目标前进的特征。"① 恩格斯所强调的人的这种自我意识及人与动物的差别，其核心主旨突出的是人的社会属性，强调的是人作为社会集体的一部分，在主观能动性的促进下，共同对自然界进行改造，这是与动物有着本质区别的。在生产力低下的社会环境中，人们只有彼此承担责任，以集体的力量对抗自然界的挑战，才能保证人的生存及繁衍。社会分工的产生使人与人之间的社会关系更加紧密，随之出现了更加具体的个人利益与集体利益的区分，并由此而引发了一系列的矛盾，此时尤其需要一种一致认同并自觉遵守的约定，来有效地调节社会关系，社会责任随即产生，人的自我意识及对社会的期望共同作用产生了社会责任。恩格斯指出："没有一个人负责，因为不负责的国王将自己担负一切的责任。"② 强调了失责所带来的难以预计的后果，也表明了

① 恩格斯：《自然辩证法》，于光远等译，北京：人民出版社1984年版，第303页。
② 《恩格斯军事论文选集（第五分册）》，曹汀译，北京：人民出版社1950年版，第155页。

只有在人人担责的社会中，才能有稳定与繁荣。随着生产力的不断发展，调节人与人之间关系的自我意识也不断发展，责任也就会随之更加复杂化、多元化。因此，恩格斯强调的人“经过思考的、有计划的”活动所承载的自我意识是社会责任产生的必要条件。

2. 中国共产党的社会责任思想

中国共产党关于社会责任的思想继承和发展了马克思主义的责任观，在领导中国人民进行革命、建设和改革的过程中，形成了内容丰富、涉及范围广泛、紧密结合时代需求的社会责任教育思想。从“三大纪律八项注意”到新时代的《中国共产党问责条例》等一系列规章制度的颁布，均彰显了中国共产党对民族与国家、对全党全国人民深沉的责任情感。

早在新民主主义革命时期，毛泽东便将青年的社会责任教育与革命事业的发展充分结合起来，强调青年所构成的革命队伍是反帝反封建的一个方面军，而且是一个重要的方面军。毛泽东认为，世界是属于青年的，青年“好像早晨八九点的太阳，希望寄托在你们身上。”① 毛泽东强调青年要全面发展，对青年的教育要以使其“成为有社会主义觉悟的有文化的劳动者”② 为目标。改革开放之后，我国社会发生了深刻的变革，外来文化的强势冲击与市场经济的艰难起步，一系列的风险和困难摆在党的面前，邓小平围绕国家发展的大局需要，充分把握了新发展阶段将引发的人的精神思想的变化，科学地预判了社会价值领域的潜在风险，及时地强调了青年社会责任教育的重要性。1978 年 3 月，邓小平指出：“青年一代的成长，正是我们事业必定要兴旺发达的希望所在。”③ 并提

---

① 《毛泽东选集（第二卷）》，北京：人民出版社 1991 年版，第 566、530 页。

② 中共中央文献编辑委员会：《毛泽东著作选读（下）》，北京：人民出版社 1986 年版，第 780 页。

③ 《邓小平文选（第二卷）》，北京：人民出版社 1994 年版，第 95 页。

出了青年培养的新目标，即“有理想、有道德、有文化、有纪律”①，并建议对青年进行包括理想、道德、知识及法制等多方面的教育。“四有新人”教育目标的提出，为继续培养青年奠定了扎实的基础。江泽民继承了毛泽东及邓小平的青年社会责任教育思想，认为青年“是我们事业的希望。”② 并提出了“赢得青年，才能赢得未来”③ 的科学论断。进入21世纪以来，胡锦涛将青年社会责任教育融入了科学发展观之中，提出了青年社会责任教育在21世纪的目标，及以立德树人为核心，“努力培养德智体美全面发展的社会主义建设者和接班人”④ 更加强调了青年社会责任教育中的人本精神，提出了“四个新一代”的青年成才目标。

党的十八大以来，习近平总书记进一步继承和发展了马克思、恩格斯及中国共产党的青年社会责任教育思想，形成了系统丰富的关于青年社会责任教育的重要论述。习近平总书记在党的十九大报告中提出了对青年无限的厚望，鼓舞了青年的奋斗热情，更激励着青年勇敢担当时代责任。习近平总书记指出：“青年一代有理想、有本领、有担当，国家就有前途，民族就有希望。”⑤ 高度强调对青年开展理想信念教育，引导青年自觉践行社会主义核心价值观，从国家、社会及个人三重逻辑，为青年社会责任培养建立了科学的架构。在学校思想政治理论课教师座谈会上的讲话中，习近平总书记指出：“必须培养一代又一代拥护中国共产党领导和我国社会主义制度、立志为中国特色社会主义事业奋斗终生

---

① 《邓小平文选（第三卷）》，北京：人民出版社1994年版，第110页。

② 共青团中央、中共中央文献研究室：《毛泽东、邓小平、江泽民论青少年和青少年工作》，北京：中国青年出版社、中央文献出版社2000年版，第235页。

③ 江泽民：《在纪念中国共产主义青年团成立八十周年大会上的讲话》，载《人民日报》，2002年5月16日，第1版。

④ 胡锦涛：《切实加强和改进大学生思想政治教育工作》，见中共中央文献研究室：《十六大以来重要文献选编（中）》，北京：中央文献出版社2006年版，第640页。

⑤ 习近平：《决胜全面建成小康社会 夺取新时代中国特色社会主义伟大胜利——在中国共产党第十九次全国代表大会上的报告》，北京：人民出版社2017年版，第70页。

的有用人才。"[①] 以建设中国特色社会主义为宏远志向，恰恰是青年拥有神圣社会责任的体现。习近平总书记关于青年社会责任教育的重要论述，不仅从国家和民族层面阐释了社会责任的宏观意义，更从微观角度阐述了社会责任的道德伦理。"明大德、守公德、严私德"成了包括青年在内的全体社会成员共同遵循的道德标准。习近平总书记十分重视磨炼青年过硬的本领，并主张增强青年践行社会责任的实践能力，从世界视野上分析了青年对构建人类命运共同体的责任，将中国共产党关于青年社会责任培养的思想上升到了新的高度，为在新时代、新起点上加强青年社会责任培养提供了现实依据。

3. 中华优秀传统文化中的社会责任思想

在中华民族数千年来的历史更迭中，无论哪一学派的思想体系均包含了丰富的社会责任内容。诸子百家熠熠生辉，先哲们在和谐共生中探索着社会责任的本源。"行修言道，礼之质也"，儒家文化倡导的"礼"是对人自我修身的本质要求，一个人主动担当社会责任，是从自我出发，对社会伦理与道德伦理的深刻理解和躬身践行。中华优秀传统文化讲求修业必先修德，对人才的评价往往以德和才为标准，使"修齐治平"成了众所认同的社会责任伦理。从先秦儒家哲人到近代爱国人士，他们共同传承着中华民族独有的社会责任思想。"先天下之忧而忧，后天下之乐而乐""天下兴亡匹夫有责""天下大同"等经典的责任思想，无不与国家和社会的发展紧密相连。那些为后世人所称颂的历史人物，往往都是"修齐治平"的楷模，是社会责任的绝佳体现。曾子言"士不可不弘毅，任重而道远"，深刻表明了越是优秀的社会群体，越是担负着艰巨而长久的责任，也表明了先进群体要更具有坚定的担责意志。

---

① 习近平：《用新时代中国特色社会主义思想铸魂育人 贯彻党的教育方针 落实立德树人根本任务》，载《人民日报》，2019 年 03 月 19 日，第 1 版。

中华优秀传统文化强调“止于至善”，以“仁义礼智信”为社会责任的标杆，以“仁者爱人”思想调节社会关系，以“内省”“慎独”约束社会个体，凸显出了人在“修己”基础上的对社会、国家及民族的责任。

回顾历史，我国历代英杰在可歌可泣的报国实践中，在对人民表达的深厚情感中，淋漓尽致地阐释了社会责任的深刻内涵。他们情系民族、胸怀天下，在崇高的社会责任与使命感的激励下，为国家和人民做出了载入史册的伟大贡献。例如屈原在被放逐之际仍创作《离骚》表达对国家命运的忧思，再如南宋文天祥，为民族大义慷慨赴死，留下“人生自古谁无死，留取丹心照汗青”的壮丽诗句。这些历久弥新的中华优秀传统文化是新时代青年社会责任培养的宝贵资源与思想源流。

4. 西方国家的社会责任思想

社会责任作为人类共同的精神素养，同样是西方思想家们探讨的一个重要问题。在西方哲学思想发展中，古希腊哲学关于社会责任的描绘，包括基督教传统的社会责任及古希腊城邦制条件下的社会责任思想，对社会责任进行了等级和层次的划分。西方哲学家将社会责任及人的行为后果进行了关联研究，厘清了人类的活动与社会责任之间相互作用关系，这种紧密的逻辑构成了共和主义和社群主义的理论基础。在基督教的文化信仰中，强调了社会责任的本源是《圣经》，在基督教早期的教徒制度中，强调了基督教徒肩负着“特殊的责任”。在基督教不断壮大发展之后，尤其是《米兰敕令》颁布以后，基督教徒的特殊责任开始逐渐演变成了为人们所共同恪守的社会责任，逐步建立起了社会责任的基本框架。《圣经》中强调的“永生”与“善行”，也成了一种普遍的社会责任与规约。在文艺复兴时期，人文主义思想广泛传播，人文思想的强大时代影响力使思想者和普通人开始重新思考社会责任的内涵及在此基础上的外延。思想者们试图从哲学的角度来钻研社会责任的内涵。进入20世纪，西方思想界关于社会责任形成了新的观点。

一是公共主义视角下的社会责任思想，以“公共善”为思想主旨，注重以实践养成的方式提升人们的道德能力，强调培养公民的爱国、爱社会的责任之心。正如苏格拉底曾将人比作牛虻，而将国家比喻成骏马，硕大的骏马只有被牛虻“叮叮它”，才能焕发出生机与活力，这个比喻强调的正是每一位社会成员对国家和社会发展所要承担的必然责任。二是自由主义视角下的社会责任思想。以自由为思想主旨，强调的是满足人们对权利的诉求，主张培养人们的权利意识，并在此基础上进行社会责任教育，使人们深刻了解自我行为管理及约束是参与社会公共生活的必。三是社群主义视角下的社会责任思想，社群主义的哲学基础是新集体主义，强调政府部门在公民社会责任培养中承担的重要责任，社会责任的提出及践行需匹配国家法律，评价社会责任践行情况的标准是是否满足了公共利益。社群主义视角下的社会责任思想，反对新自由主义将个人视为理解和分析社会制度的基本变量，其思想核心在于增强人们对社会的归属感和认同感，其目的是培养出具有一定社会责任思想及践行能力的道德型公民。四是多元文化主义视角下的社会责任思想。这一思想更多地体现出了对社会弱势人群的关怀，强调对差异性文化的尊重，侧重于培养人们解决文化冲突和矛盾的能力。其以西方国家的文化交融的环境为背景，将社会责任的内涵更加具象地融入了人们对文明发展的责任。随着时间的推移，各国日益重视社会责任的培养，将培养责任型公民作为公民教育的核心内容。特别是对青年的社会责任教育，更贯穿于公民教育的始终，并依靠媒体话语的力量，加快了社会责任文化的传播，使人们更加深层次地理解社会责任的内涵及价值。借助舆论的导向作用，成功建立起了人与社会之间深层次的逻辑关联及社会成员之间的责任关系，使责任型公民成了人们作为一个完整、合格社会人的鲜明标志。

从不同思想家、不同国家及不同历史年代中关于社会责任内涵的探讨，可以了解到，青年社会责任是整体社会责任的重要分支，包含了丰富的对自我和他人的责任、对家庭和社会的责任、对国家和民族的责任及对全球和生态的责任。随着时代的发展，青年的社会责任进一步包含了新媒体的责任，其主要原因在于新媒体是青年践行社会责任的新兴渠道和载体，也是考验青年是否具有严格自律精神、能够担当自我责任的重要尺度。青年社会责任指的是青年在对世界、民族、国家、社会、家庭及自我责任深刻认识的基础上，所产生的道德责任情感。

（二）新时代青年社会责任存在的问题

新时代青年担负着神圣的历史使命，认同并践行着社会主义核心价值观，关心民族与国家的命运，无数青年在大众创业、万众创新中斩获佳绩。大量青年奋斗的经历与成果，充分地表明了青年社会责任的主流是积极的，是符合新时代发展需要的。在网络信息时代中，网络新媒体复杂的话语洪流引发了巨大的信息浪潮，部分青年的社会责任由于受到复杂信息的干扰，而出现了一定程度的弱化和偏颇。基于此，如何全面把握新时代青年社会责任存在的突出问题，并从中把握其规律尤为迫切。

新时代青年社会责任存在以下问题。第一，部分青年对时代新人的标准理解得不够深刻，对时代新人的内涵及评判标准理解不透、把握不全面。第二，复杂的国际社会环境会影响青年的理想信念。第三，少数青年社会责任担当的意志薄弱，养尊处优，缺少吃苦精神和抗挫折、抗压能力。第四，泛娱乐思潮导致部分青年新媒体责任弱化，受部分青年追捧的“娱乐至死”“游戏人间”“佛系文化”等泛娱乐思潮，使社会文化和精神领域浮躁、喧嚣，不利于青年社会责任的形成和发展。

（三）新时代青年社会责任培养的伦理向度

伦理规定着事物运行的道德条理，体现着社会生活中人与人相处的基本准则，中华优秀传统文化强调“天地君亲师”“忠孝悌忍信”，深刻体现出了中华民族重视伦理的规则和责任精神。社会责任既是青年教育的关键任务，也同属于社会伦理的范畴，体现出了丰富的伦理向度。

1. 社会参与和社会质疑相统一

青年的学习与发展，要受到客观伦理环境的深刻影响。伦理是人与人、人与自然的关系和处理这些关系所要遵循的规则。在当前机遇与挑战并存的社会环境中，新时代青年一方面拥有了更多参与社会建设与发展的机会和渠道，另一方面也要受到复杂社会现象的干扰，形成了社会参与与社会质疑的思想矛盾。例如，盛行一时的“成功学”、中西发展环境及程度的片面对比等，使部分青年产生了对社会的质疑。特别是在当前复杂的价值伦理的交织中，部分青年受到泛娱乐思想、功利主义、享乐主义的影响，对社会责任既存在认同，又有物质化生存的倾向，在社会参与和社会质疑的矛盾中，形成了更加复杂的社会责任态度，陷入了价值迷惑。当前，青年对走进新时代、创造新时代有着无限的向往，拥有担当社会责任的主动性，但在面对社会问题时，在遭遇社会不公现象时，一些人便产生了对社会的质疑。培养青年的社会责任，要坚持因势利导，引导新时代青年在积极参与社会建设的同时，勇敢提出对错误的社会伦理的质疑和批评，培养青年的社会融入精神及问题意识，使青年在发现问题及解决问题的过程中，不断增强社会责任感。

2. 行使权利与担当责任相统一

权利与责任是互相依存的矛盾，古往今来，厘清权利与责任的关系始终是中西方社会发展绕不开的命题。在法治社会中，责任与权利的关系是确立、规范个人之间，个人与共同体之间一切合理关系的重要基础。在权责相统一的社会环境中，公民的社会责任更加具体化、形象化和制度化地被体现在法律规定之中。新时代青年依法享有丰富的社会资源，拥有了更多满足个人生存与发展的合法权利。但法律也同时规定了青年参与社会生活的一系列责任和应尽的义务。这表明，培养青年的社会责任需坚持权责一致性原则，必须要在法治的框架下，坚持权利教育与责任教育的有机统一，以此来平衡新时代青年的社会责任心态，建立青年健康、稳定的社会责任心理。在权利教育的同时，要巧妙地融入社会责任教育，增强青年对权利与责任的伦理关系、法律关系和道德关系的全面认识。坚持权利教育与责任教育的统一，有利于培养青年正确的权利观与责任观，可以增强青年的社会规则意识和集体秩序意识，使青年深刻认识自由是相对的，一切自由都受到社会关系、法律制度及道德伦理的制约。缺少责任感的自由是危险的，新时代青年追求自由、崇尚自由，但一切自由均应伴随着社会责任，只有通过权利与责任的相衡教育，才能使青年学会正确使用权利，并在适度汲取社会资源的同时，自觉担当起社会责任。

3. 个体价值观与多元价值观相统一

大数据时代的到来掀起了新一轮的信息革命，人类社会的生产与生活方式迅速变迁，外来文化借由网络新媒体大量涌入，而社会的多元发展则进一步促进了人们的价值包容，使人们更进一步地承认并尊重多样性价值观念的存在。基于此，培养青年的社会责任，要坚持个体价值观与多元价值观教育的有机统一。一方面要培养青年拥有独立、理性、个性化的个体价值观；另一方面要引导青年包容接纳和理性批判多元价值观。在社会责任培养的过程中，应坚持从培育和践行社会主义核心价值观出发，坚持一元价值主导，多元价值并存的原则，充分尊重青年的个体价值观及文化志趣，不断探寻多元价值观与青年自我价值观的教育契合点与平衡点。既要肯定青年的个体价值观念，又要善于发现青年价值观念的偏颇之处，包容和激活青年的精神活力，运用丰富的、层次性的实践教育形式，树立新时代青年正确价值观念基础上的社会责任观。

（四）新时代青年社会责任培养的路径

在纪念五四运动一百周年的讲话中，习近平总书记对新时代青年提出了新的要求，指出："从自身内省中提升道德修为，明大德、守公德、严私德。"并激励青年"追求更有高度、更有境界、更有品位的人生，让清风正气、蓬勃朝气遍布全社会！"① 培养青年社会责任的实践是社会发展的重要环节，全社会应凝聚共识、协同发力，构建多位一体的青年社会责任培养长效机制，在共同作用之下，增强青年的社会责任意识和践责能力。

1. 增强青年的学习本领

回顾五四运动以来的百年历史，中华民族无数次的历史飞跃和无限的荣光，均离不开青年的伟大贡献。青年是民族发展的希望，是堪当大任的时代新人。无论是在家国动荡的革命年代，社会主义探索与建设的峥嵘岁月，或是在和平与发展的当下，青年实现自我价值与集体价值的关键是必须拥有强大的学习意愿和本领。本领即是能力，而能力直接影响实践的效率。从当前来看，部分青年本领不强、能力弱化，存在"眼高手低""好高骛远"的问题，对自我发展目标的设计过于理想化，与现实差距大，导致自身陷入了价值困惑。究其原因，在于缺乏学习本领，导致青年因能力本领不足而不能充分担当社会责任，这也使青年担当社会责任的自信心和意志力受到冲击，不利于青年找寻适合自己的担

---

① 习近平：《在纪念五四运动100周年大会上的讲话》，北京：人民出版社2019年版，第12页。

责途径。在新时代，青年担当社会责任要由梦想引领、素养护航，关键在于提升青年的学习本领。一是要加强对青年的组织学习，在理论教育的基础上，加强民生教育及世情、国情及社情教育，使青年通过深入地学习，加强对国计民生动态的了解，加强对自我社会责任重要性的认识。二是要传授青年正确高效的学习方法。引导青年在网络活动、社会实践、专业学习中，多角度地汲取知识，使青年从书本文字中解放出来，灵活学习、高效率学习。三是要培养青年学习的恒心。注重习惯养成，使青年的责任担当意识成为青年头脑中的惯有思维方式，真正使青年明确唯有依靠学习才能担当更大的社会责任，才能走向未来的真理。

2. 充分运用榜样示范教育

榜样示范教育是思想政治工作的主要方法之一，其优势在于所选择的榜样人物特点鲜明，形象真实而生动，具有更高的可信赖性和激励性。榜样示范教育也更加感性，具有鲜活的感染力，是青年教育的主要方法之一。无论任何年代，都不乏杰出的楷模和代表。五四运动以来，无数的英才及为社会发展做出贡献的人士，激励着一代又一代的青年奋发图强、拼搏奋斗。近代中国的李大钊、赵一曼、蔡元培等人，新中国成立后的雷锋、邓稼先、钱学森、钱三强等人，新时代中的白方礼、黄大年等人，他们在不同领域为民族和国家做出了重大牺牲和杰出贡献，都是青年学习的榜样。如今，榜样示范教育更加灵活，随着时代的发展，榜样教育从过去推崇道德模范、行业标兵、历史人物，逐渐扩展到了更多优秀的人群，也更加贴近青年的现实生活。在采用榜样示范法培养青年社会责任的过程中，一是要革新理念，突破僵化思维，创新性地扩展榜样择选的范围，对青年喜爱的优秀公众人物进行慎重选择。近几年来，受青年喜爱的年轻影视新星、偶像团体，作为青年的代表不断走上国际舞台，为世界减贫、赈灾、生态保护等发挥了积极的作用。他们亲力亲为组织募捐，积极担当着社会责任，可以成为榜样示范的甄选对象。有利于拉近榜样与青年之间的关系，形成激励青年担当社会责任的“正能量”。二是要创造机会，拉近榜样与青年的心灵距离。邀请榜样示范人物通过网络直播、微博问答等方式，与青年进行广泛交流，传递自身担当社会责任的经历和感悟，向青年提供更加直观的榜样教育。三是重视引导榜样示范人物加强自身建设，敦促榜样示范人物坚持以身作则，自觉担负起青年教育的社会责任。在合作交流中主动加强榜样示范人物与青年的互动，发挥出榜样示范的强大感染力量。

3. 提升青年担当社会责任的行动能力

担当社会责任需要经历三个步骤，即“想”“做”“达”，“想”指的是一个人对担当社会责任的意愿，是主体从主观能动性出发，对担当社会责任的构想和朴素愿望。“做”即是行动和实践，是将所“想”付诸担当社会责任的实践之中，实现理论向实践的转化。“达”即是达成，在责任情感的支撑下，构想担当社会责任的计划和方案，并通过扎扎实实的行动，最终达成担当社会责任的目的。可见，“想”与“达”之间，必须经历一个“做”的过程。表明实践是将社会责任担当意愿转化为现实的唯一途径。道不可坐论，德不能空谈。青年社会责任教育要于实处用力，必须强调知行合一，重点提高青年践行社会责任的行动能力。一是要引导青年“走下去”，形成基层党组织、社区街道协同发力的青年社会实践教育机制，开展丰富多彩的青年下基层活动，为青年参与基层社会治理创造机会，鼓励青年走进人民中间，感悟真实的大众生活，增强青年对社会责任的认识。二是发挥青年所长，从青年的兴趣爱好及专业能力出发，为青年匹配适应于青年专长的社会实践项目，使具有语言、法律、艺术、文学、体育、管理等多种知识储备的青年，走进中小学、企事业单位，走进农村大地、走上街头广场，成为先进知识的公益传播者，从小事做起，推动社会文明的进步。三是要鼓励青年在公共生活中，自觉维护国家尊严和社会稳定，从点滴做起，用切实的行动反对利用公共资源危害社会的行为与言论，在消极现象和社会危机面前，勇于表态、敢于发声，不畏难、不偷安，形成团结一致的爱国、爱社会的青年力量。

4. 营造崇尚责任担当的良好社会道德环境

《荀子·劝学》中有言："居必择乡，游必就士"，表明了风俗醇美之乡对培育贤德之士的作用。青年的成长与发展处于巨大的复杂文化场域之中，这个场域为青年提供怎样的道德环境，关系到青年社会责任观念的形成与发展。培养青年社会责任的重要前提，是营造崇尚责任担当的良好社会道德环境，使责任环境对青年进行"润物细无声"的教育。一是要强化政府的主导，以《新时代公民道德建设实施纲要》为指导，进一步加强公民社会责任的制度顶层设计，加大政策落实力度，为大众提供清晰、明确、具有可操作性的担责、践责制度。要大力弘扬社会主义核心价值观，使社会主义核心价值观成为人们共所认同的价值主流。重点完善国家征信体系，对大众购房、出行、参与社会活动等进行真实的信用记录，逐步培养崇尚责任、推崇诚信的社会风气。二是要广泛弘扬中华优秀传统文化中的道德思想，利用网络新媒体开展新时代、新主题、紧扣主旋律的中华优秀传统文化教育宣传活动。设计推出更多例如《我在故宫修文物》《工匠精神》等优秀的责任文化纪录片，推出《朗读者》《一封家书》等受青年欢迎的综艺节目，吸引更多的青年参与到传统文化创意大赛和文案设计之中，运用青年的力量将中华优秀传统道德文化发扬光大。三是在政府一元主导的基础上，构建多方参与的教育主体结构，充分发挥出各部门、各企事业单位、社会组织机构的协调配合作用，培养重视担当社会责任的企业文化与社会公共文化。要真诚邀请知名企业家、文化名人等受青年尊重的人群，在自身领域积极倡导行业责任，坚持以点带面，形成全社会共同担责、践责的理想环境，为青年长久地接受责任环境熏陶育创造有利的条件。

5. 搭建青年社会责任教育的长效机制

青年社会责任培养是一项长期的思想政治教育任务，涉及社会、学校、家庭及自我等多元化的教育主体。培养青年的社会责任依靠任何一个单一主体都无法达到理想的效果，必须建立多位一体的社会责任协同教育的长效机制，才能发挥出不同教育主体的优势，确保青年社会责任培养科学有效。值得注意的是，长效机制并非是一劳永逸的，青年社会责任培养的长效机制，要随着时间、条件和环境的变化而不断地丰富、发展与完善。

一是要强化社会教育，社会教育指的是有意识地培养人、有益于人身心全面发展的各种社会实践活动。在中华民族的历史发展中，诸如宋朝、明朝的“乡约制度”，明代的“圣谕六条”、清代的“圣谕广训十六条”，清末进步杂志《游学译编》中对家庭教育、学校教育和社会教育的分类，都是中华民族重视社会教育的体现。在新时代中，培养青年的社会责任，应秉承社会教育的优良传统，充分发挥出社会教育的多元化、丰富性及实践性优势，强化社会教育对青年社会责任培养的长效熏陶作用。习近平总书记指出：“关心和支持青年是全社会的共同责任。一切党政机关、企业事业单位，人民解放军和武警部队，各人民团体和社会团体，广大城乡基层自治组织，各新经济组织和新社会组织，都要关心青年成长、支持青年发展，给予青年更多机会，更好发挥青年作用。”① 青年社会责任教育的过程，也是社会各界担当社会责任的过程。多元社会主体不断凝聚合力，实现教育资源的优化配置，有利于为青年担当社会责任创造更加广阔的空间和有益的平台。近几年，我国各地的公益组织不断发展，无数青年加入了志愿者的队伍，他们慰问消防官

---

① 习近平：《在纪念五四运动100周年大会上的讲话》，北京：人民出版社2019年版，第17页。

兵，关怀孤残儿童、失独老人，以切实的行动担当着青年的社会责任。在这一过程中，公益组织及其提供的社会实践平台，为青年担当社会责任创造了更加灵活、便利并且能够发挥青年所长的良好条件。可见，社会教育对青年社会责任的培养具有更加直接、具体的作用。要进一步加强设计，强化政策扶持，统筹社会教育资源，鼓励创业企业为青年提供实践学习机会，形成社区、企业、民间组织及各单位部门环环紧扣、协调配置的社会教育模式，使社会教育的力量得到激活，形成全社会共同为青年负责的理想局面。

二是抓好学校教育。相较于社会教育，学校教育的优势在于具有系统性、理论性和渐进性，有着鲜明的培养目标、严密的组织管理制度和完善的教学内容体系。但是，是否学校开展的社会责任培养就是闭塞、独立的呢？事实上并非如此，在我国高校不断面向社会打开大门的过程中，更多的社会资源为高等教育的发展贡献着力量，高等教育的发展也更加依赖社会资源的有力支持。所以学校对青年社会责任的培养，应是理论教育、情感教育及实践教育的有机统一。在培养青年社会责任的过程中，学校教育便体现出了三个层次。一是理论教育层次，突出思想政治理论课的主渠道作用。习近平总书记指出要“解决好培养什么人、怎样培养人、为谁培养人这个根本问题”①，青年社会责任培养的目的在于培养堪当大任的时代新人，为此，须重点以马克思主义理论教育为基本，强化对青年的习近平新时代中国特色社会主义思想教育，培养青年的使命意识和担当意识，进一步增强青年对社会责任的内在认同。二是情感教育层次。社会责任具有情感性，是社会伦理中人对他人及社会情感的载体，社会责任也是人们对所处的社会文化、制度、社交关系以及自然世界的朴素情感的表达。正是由于人类对融入群体、回报集体的天

---

① 习近平：《用新时代中国特色社会主义思想铸魂育人 贯彻党的教育方针 落实立德树人根本任务》，载《人民日报》，2019 年 03 月 19 日，第 1 版。

然情感，才形成了人们担当社会责任的主动心理。学校对青年的社会责任教育，要充分利用中华优秀传统文化中的道德情感内容，培养青年的国家情怀、民族情义，使青年对社会责任动情、入心。三是实践教育层次。习近平总书记指出："时代是思想之母，实践是理论之源。"① 而成语"智出乎争"也强调了以实践磨砺智慧的道理，表明了实践的强大育人作用。学校在培养青年社会责任的过程中，必须注重实践，将真理教育与实践养成结合起来，引导青年在实践中检验真理，印证理论，将理论活学活用。学校要加强与社会各界的联合，为青年参与社会公共服务、创新创业、国际交流创造良好的机会。使青年在丰富多彩的社会实践中，开阔眼界、增强担责能力。

三是重视家庭教育。家庭教育的精神内核是道德情感，如果将社会责任比喻成一个巨大的圆，那么家庭教育即是圆心。从家庭教育出发，将责任教育放射性覆盖到全社会，是符合中华民族家庭伦理与社会伦理向度的正确逻辑。《新时代公民道德建设实施纲要》进一步强调了要用良好家教家风涵育道德品行，强调了家庭教育的道德养成作用。良好的家庭教育有利于增强青年的责任情感。青年在家庭生活中，对亲人的责任之心是涵养社会责任的基础，有利于扩展青年的责任思维，形成对社会负责的同理心。正如《孟子·梁惠王上》中所说的"老吾老以及人之老，幼吾幼以及人之幼"，强调的是一个人的社会责任，然而从本质上而言，这种传统道德伦理下的社会责任，其本源和内核仍然是家庭教育及家庭责任。家庭教育和亲情关系恰恰推动生成了人们对他人的情感。培养青年的社会责任，要发挥出家庭教育长久的道德责任情感优势。一是父母要坚持以身作则，重言传、重身教，以自身强烈的社会责任行动感染子女，做责任型父母，无论对待工作或他人，均需严格自我要求，

---

① 习近平：《决胜全面建成小康社会 夺取新时代中国特色社会主义伟大胜利——在中国共产党第十九次全国代表大会上的报告》，北京：人民出版社 2017 年版，第 26 页。

坚持率先垂范。二是建立良好的家庭关系，家庭成员之间要相互负责，倡导忠诚、责任、亲情、学习、公益的理念，共同在家庭活动中为社会的发展和运行负责，在长久的坚持中，不断增强青年的责任情感体验。三是要加强家风塑造，建立以责任为核心的家风文化。创设家风文化情境，引导青年积极参与家庭计划及决策制定，鼓励青年承担家庭经济压力及日常事务。继而使青年加深对责任的理解，深感责任在肩。

四是鼓励青年加强自我教育。教育是使人成为人，因此根本在于个人，在于自我教育。外部教育是补给，而内在的自我教育才是一个人进步和发展的“点金石”。青年自我社会责任教育，考验着青年的精神意志和自我教育的能力本领，是青年拥有责任意识，并从主观经验出发思考责任和自我关系的体现。加强青年自我教育，一是要加强青年自我心理调节，引导青年主动接受心理辅导，帮助青年养成健康、稳定的社会心态。青年要正确认识自身社会责任存在的问题，加强对世界责任、国家民族责任、社会责任、家庭责任及自我责任的深刻认识和反思。二是要加强学习。人学始知道，不学非自然，青年要不断拓展学习领域，提升学习的深度，始终保持对世界、对国家、对社会发展动态的密切关注，不断开阔社会关注的领域，从聚焦道德问题、经济问题，扩展到民生领域、科学领域及文化领域。转变担当社会责任的思维，并以此找寻适合自己担当社会责任的路径。三是要主动学习，加强自律。向榜样学习，向楷模看齐，坚持省察克治，更要在网络新媒体环境中，自觉肩负起维护网络和谐、弘扬社会主义核心价值观的重任，从而使青年的社会责任能够经过多次反思、纠偏、再生成的过程，并最终趋于成熟。

总之，社会责任是人类自建立社会集群之日起，便已经形成的众所共有的精神素养。人们融入社会、对社会提出需求并享受一定的社会资源，就必须要承担起相应的社会责任，在不断反哺社会、推动社会进步的过程中，实现自身价值与社会价值的有机统一。培养青年的社会责任符合人类社会及人的自身发展的客观规律，与新时代的发展要求和青年的发展需求相匹配。在“两个一百年”奋斗目标的历史交汇期，社会责任体现出了更加丰富的时代内涵与伦理逻辑。从当前来看，部分青年的社会责任由于受到复杂社会思潮的干扰，出现了一系列的问题。基于此，要进一步增强青年的学习本领，充分运用好榜样示范教育，不断提升青年践行社会责任的行动能力，营造崇尚责任担当的良好社会道德环境，多措并举搭建青年社会责任培养的长效机制，不断增强青年担当社会责任的自觉性，引导青年在广阔的新时代中放飞羽翼、勇敢作为。

五、基于需求导向的思想政治理论教育

2016 年 12 月 7 日至 8 日，全国高校思想政治工作会议在北京召开。中共中央总书记、国家主席、中央军委主席习近平出席会议并发表重要讲话强调，“要坚持不懈传播马克思主义科学理论，抓好马克思主义理论教育，为学生一生成长奠定科学的思想基础。要坚持不懈培育和弘扬社会主义核心价值观，引导广大师生做社会主义核心价值观的坚定信仰者、积极传播者、模范践行者。”“思想政治工作从根本上说是做人的工作，必须围绕学生、关照学生、服务学生，不断提高学生思想水平、政治觉悟、道德品质、文化素养，让学生成为德才兼备、全面发展的人才。”“要用好课堂教学这个主渠道，思想政治理论课要坚持在改进中加强，提升思想政治教育亲和力和针对性，满足学生成长发展需求和期待”。① 笔者认为，马克思主义理论教育、思想政治工作和思想政治理论课教学的要求和目标，总的来说可以通过需求导向教育理念来落实。

需求导向教育（outcome based education，OBE，亦称能力导向教育、

① 《习近平在全国高校思想政治工作会议上强调：把思想政治工作贯穿教育教学全过程 开创我国高等教育事业发展新局面》，载《人民日报》，2016 年 12 月 9 日，第 1 版。

目标导向教育或成果导向教育）作为一种先进的教育理念，于 1981 年由美国学者斯派蒂（William Spady）等人提出后，很快得到了人们的重视与认可，并已成为美国、英国、加拿大等国家教育改革的主流理念。OBE 强调如下 4 个问题：我们想让学生取得的学习成果是什么？为什么要让学生取得这样的学习成果？如何有效地帮助学生取得这些学习成果？如何知道学生已经取得了这些学习成果？[①] 需求导向的思想政治理论教育，通过读书小组讨论培养学生自主学习和解决问题的能力，通过专题研究性教学培养学生独立思考和明辨是非的能力，通过社会调查和社会实践培养学生适应社会和笃行信仰的能力，这些能力是使学生能够自主学习、终生学习、学以致用、知行合一、终身受益的能力。

（一）通过小组读书讨论的方式培养学生自主学习和解决问题的能力

好奇心和求知欲是人类的天性。正处于青春期的大学生心中都充满着困惑和问题，因此都有广泛的学习热情和强烈的读书兴趣。青年学生来到学校，都想从老师那里学习知识和学会做人，从书本中发现真理和获得享受。学校和老师应该把注意力首先放在发现和满足学生的需要上，而不是不顾学生的需求，强行灌输自己所有的知识，这就是需求导向的教学。

毛泽东从小就喜爱读书，在私塾接受严格的“四书”“五经”等传统国学教育，但他更喜爱读《三国演义》《西游记》《水浒传》《精忠传》《隋唐演义》等小说，通常白天读“四书”“五经”，晚上在油灯下读小说。中学时代为了博览群书，毛泽东曾经每天到湖南图书馆，一开门就进去，中午只停下来买两块米糕吃，读到关门才出来。毛泽东读了

① 李志义：《解析工程教育专业认证的成果导向理念》，载《中国高等教育》，2014 年第 17 期，第 7 页。

斯密的《原富》、达尔文的《物种起源》及约翰·穆勒、卢梭、斯宾塞、孟德斯鸠等人的书。在认真研读俄、美、英、法等国历史地理的同时，也阅读诗歌、小说和古希腊的故事。毛泽东自己认为，这样度过的时间极有价值①。1913 年，毛泽东考入湖南省立第四师范学校预科，1915 年 9 月 6 日，毛泽东在写给学长萧子升的信中认为，孔、孟、朱子强调博学"是天经地义，学者之所宜遵循"；"通为专之基，新为旧之基，若政家、事功家之学，尤贵肆应曲当"；因此同样作为政治家，德国俾斯麦因"通识最富"而收功成，王安石"有专门之学者矣，而卒以败者，无通识，并不周知社会之故，而行不宜之策也"②。毛泽东所说的"通识"教育，包括中文、历史、地理、体育、美术等科目，并提出斯宾塞所著《群学肄言》(《社会学原理》)，但他特别强调说，"然而何苦而为中华民？顾吾人所最急者，国学常识也。"③ 毛泽东"通识"或"常识"教育的思想对于当前我国高等教育，尤其是理工科院校的思想政治教育，具有极其重要的指导意义，也早已经国外大学所普遍实行。

应该说，所有学生都有广泛涉猎和博览群书的热情，因为处于青春期的学生都带着众多的问题和困惑，正是这些问题和困惑促使他们到各门学科和各种书籍中东瞧瞧、西看看。青年时代的毛泽东就有很多问题和困惑，为此他甚至在 1919 年 9 月 1 日拟定了一份《问题研究会章程》，准备建立一个分工合作研究各种问题的协会。他认为，"凡事或理之为现代人生所必需，或不必需，而均尚未得适当之解决，或影响于现代人生之进步者，成为问题"，并列出了教育问题、女子问题、国语问

---

① 〔美〕埃德加·斯诺：《红星照耀中国》，董乐山译，北京：人民文学出版社 2016 年版，第 134 页。

② 中共中央文献研究室、中共湖南省委《毛泽东早期文稿》编辑组：《毛泽东早期文稿》，长沙：湖南人民出版社 2008 年版，第 20 页。

③ 中共中央文献研究室、中共湖南省委《毛泽东早期文稿》编辑组：《毛泽东早期文稿》，长沙：湖南人民出版社 2008 年版，第 22 页。

题、孔子问题、东西文明汇合问题、婚姻制度改良及婚姻制度应否废弃问题、社会主义能否实施问题、民众的联合如何进行问题、勤工俭学主义如何普及问题、俄国问题等大的问题共计 71 个，为此他又提出了作为解决问题方法的主义 10 种①，这些问题和主义反映了他在转变为马克思主义者之前的思想障碍。1918 年 10 月，毛泽东经杨昌济介绍认识北京大学图书馆主任李大钊，经蔡元培同意后被安排在图书馆当助理员，这给了毛泽东最好的读书机会。与此同时，毛泽东还参加了哲学会和新闻学会，与北京大学师生共同学习讨论哲学问题和新闻写作。1920 年 3 月，李大钊在北京大学发起组织马克思学说研究会，毛泽东从此开始转变为一个马克思主义者。1921 年中国共产党成立，毛泽东成为党的创始人之一。很显然，学生时代的毛泽东是通过博学，认识社会发展的客观规律的，这就是通常所说的思想上入党。毛泽东说："我一旦接受了马克思主义对历史的正确解释之后，我对马克思主义的信仰就没有动摇过。"② 因为确立了共产主义理想信念，掌握了马克思主义理论武器，毛泽东为解决中国的国家富强、民族振兴和人民幸福问题立下了丰功伟绩。

2014 年 5 月 4 日，习近平在北京大学师生座谈会上的讲话中明确提出，广大青年"要勤于学习、敏于求知，注意把所学知识内化于心，形成自己的见解，既要专攻博览，又要关心国家、关心人民、关心世界，学会担当社会责任。"③ 2016 年 5 月 17 日，习近平在哲学社会科学工作座谈会上的讲话指出，"马克思主义经典作家眼界广阔、知识丰富，马克思主义理论体系和知识体系博大精深，涉及自然界、人类社会、人类

---

① 中共中央文献研究室、中共湖南省委《毛泽东早期文稿》编辑组：《毛泽东早期文稿》，长沙：湖南人民出版社 2008 年版，第 362—367 页。

② 〔美〕埃德加·斯诺：《红星照耀中国》，董乐山译，北京：人民文学出版社 2016 年版，第 172 页。

③ 《习近平谈治国理政（第一卷）》，北京：外文出版社 2014 年版，第 172 页。

思维各个领域，涉及历史、经济、政治、文化、社会、生态、科技、军事、党建等各个方面，不下大气力、不下苦功夫是难以掌握真谛、融会贯通的。”“对马克思主义的学习和研究，不能采取浅尝辄止、蜻蜓点水的态度。有的人马克思主义经典著作没读几本，一知半解就哇啦哇啦发表意见，这是一种不负责任的态度，也有悖于科学精神。”他说：“柏拉图的《理想国》、亚里士多德的《政治学》、托马斯·莫尔的《乌托邦》、康帕内拉的《太阳城》、洛克的《政府论》、孟德斯鸠的《论法的精神》、卢梭的《社会契约论》、汉密尔顿等人著的《联邦党人文集》、黑格尔的《法哲学原理》、克劳塞维茨的《战争论》、亚当·斯密的《国民财富的性质和原因的研究》、马尔萨斯的《人口原理》、凯恩斯的《就业利息和货币通论》、约瑟夫·熊彼特的《经济发展理论》、萨缪尔森的《经济学》、弗里德曼的《资本主义与自由》、西蒙·库兹涅茨的《各国的经济增长》等著作，过去我都翻阅过，一个重要感受就是这些著作都是时代的产物，都是思考和研究当时当地社会突出矛盾和问题的结果。”他还说：“理论创新只能从问题开始。从某种意义上说，理论创新的过程就是发现问题、筛选问题、研究问题、解决问题的过程。马克思曾深刻指出：‘主要的困难不是答案，而是问题’；‘问题就是时代的口号，是它表现自己精神状态的最实际的呼声’。”[①] 可以说，马克思之所以能创立马克思主义、毛泽东之所以能够创立毛泽东思想、邓小平之所以能创立中国特色社会主义理论、习近平之所以能创立习近平新时代中国特色社会主义思想，都是因为解决了时代所面临的根本性、普遍性问题。

目前来看，有些高校对“通识教育”还没有达成通识，尤其是以理工科为主的大学太过专注于专业教育，对“通识教育”没有足够的重视，思想政治理论课差不多就是“通识教育”的全部内容。思想政治教

① 习近平：《在哲学社会科学工作座谈会上的讲话》，http：//www. xinhuanet. com/politics/2016 -05/18/c_1118891128. htm（访问时间：2020 年 11 月 1 日）。

育又对“自主学习”不够重视，主要的精力都放在课堂教学上。由于没有阅读要求，也没有开展有利于学生学习交流的研究会，甚至没有积极组织课堂讨论，思想政治理论可能流于形式。普遍的情况是学生课前课后都不学习，课堂上还经常做专业课作业。

当然，对于本科生，尤其是理工科的本科生，教师列一个书单，要求学生完成必读书目，不会很有效果的。应该允许学生有一定的自选书目，就像毛泽东读小说一样，但可以要求学生结合相关教学内容谈读书体会。与此同时，教师也应该根据教学内容制定教学参考书和必读内容，就像毛泽东读“四书”“五经”。阅读书目不应该让学生感到厌倦甚至大受打击，而应该是能吸引学生的现实性和针对性很强的教学资料。这就对教师自身的阅读能力提出了很高的要求，要求教师先就教学内容收集、整理、研究适合学生学习需求的教学资料。不过，这些工作也不是完全要依靠老师来完成，学生完全可以通过社团组织交流读书经验和开展问题研究。思想政治理论课教师要像毛泽东的老师杨昌济、黎锦熙一样，经常地和学生一起、引导学生进行学习和研究。

“博学”和“审问”，也就是广泛学习各门学科的知识和各种学术著作，积极关注、分析、研究、解决各种社会问题，这是青年学生成长成才的首要途径。学校应该把通识教育放在重中之重，把营造读书氛围作为第一要务。思想政治理论课作为面向全体学生的公共课，应该主动满足学生“通识”或“常识”教育的需要。思想政治理论课教师应该把指导学生读书放在第一位，把学生的“阅历”作为评判学生的成绩的第一标准。

（二）通过专题研究性教学培养学生独立思考和明辨是非的能力

青年学生的困惑归根结底是对人生价值的困惑，学生的问题归根结底是关于人类社会发展规律的问题。人的一生要怎么度过才有价值？如何评判现实生活中的是非善恶？这些是人生的根本性问题，这些方面的困惑是生死攸关的困惑。它们也正是思想政治理论课、思想政治工作所需要面对的最主要的学生成长需求。

《大学》有言："大学之道，在明明德，在亲民，在止于至善。知止而后有定，定而后能静，静而后能安，安而后能虑，虑而后能得。物有本末，事有终始。知所先后，则近道矣。"① 意思是说为学之道，首在寻找光明的德性，它是不同于细枝末节的大本大源，其次还要在明德指引之下，不断改进自己，最后达到至善境界。1917 年 8 月 23 日，毛泽东在致老师黎锦熙的信中说，"夫本源者，宇宙之真理"，"动其心者，当具有大本大源"，如此方能"一干树立，枝叶扶疏"②。他感叹大多数人"歧路徘徊，而无一确实之标准，以为判断之主。正如墙上草，风来两边倒，其倒于恶，固偶然之事；倒于善，亦偶然之事。"③ 因此之故，"为强有力者所利用，滔滔皆是，全失却其主观性灵，颠倒之，播弄之，如商货，如土木，不亦大可哀哉！"④ 即便有教立志者或有志者，其实也不过是"见前辈之行事及近人之施为，羡其成功，盲从以为己志，乃出于一种模仿性。真欲立志，不能如是容易，必先研究哲学、伦理学，以其所得真理，奉以为己身言动之准，立之为前途之鹄，再择其合于此鹄之事，尽力为之，以为达到之方，始谓之有志也。"⑤ 用今天的话来说，

---

① 《论语·大学·中庸》，陈晓芬、徐儒宗译注，北京：中华书局 2015 年版，第 249 页。

② 中共中央文献研究室、中共湖南省委《毛泽东早期文稿》编辑组：《毛泽东早期文稿》，长沙：湖南人民出版社 2008 年版，第 72—73 页。

③ 中共中央文献研究室、中共湖南省委《毛泽东早期文稿》编辑组：《毛泽东早期文稿》，长沙：湖南人民出版社 2008 年版，第 75 页。

④ 中共中央文献研究室、中共湖南省委《毛泽东早期文稿》编辑组：《毛泽东早期文稿》，长沙：湖南人民出版社 2008 年版，第 75 页。

⑤ 中共中央文献研究室、中共湖南省委《毛泽东早期文稿》编辑组：《毛泽东早期文稿》，长沙：湖南人民出版社 2008 年版，第 74 页。

求学首先在求真理、立大志，其次在真理指引下向着大志向不断努力，最后完成志业、实现真理。毛泽东的一生就是通过早年求学找到了马克思主义真理，确立了为共产主义伟大事业奋斗终生的志向，最终成为伟大的马克思主义者、杰出的共产党人。

今天的中国人应该继承前人艰难探索所取得的理论和实践成果，坚定共产主义崇高理想，坚持马克思主义理论指导，培育和践行社会主义核心价值观。在2014年5月4日，习近平在北京大学师生座谈会上的讲话中对广大青年树立和培育社会主义核心价值观提出四点要求："一是要勤学，下得苦功夫，求得真学问；二是要修德，加强道德修养，注重道德实践；三是要明辨，善于明辨是非，善于决断选择；四是要笃实，扎扎实实干事，踏踏实实做人。"① 毫无疑问，思想政治教育和思想政治理论课本质上就是意识形态教育和价值观教育。但是，思想政治教育和思想政治理论既然是我国学校教育教学体系中的一部分就必然有别于党的意识形态宣传。宣传和思想政治工作就是掌握和行使意识形态的领导权、管理权，思想政治教育和思想政治理论课则需要通过掌握思想政治理论来掌握意识形态话语权。"理论只要说服人，就能掌握群众；而理论只要彻底，就能说服人。"② 因此，帮助学生学习和掌握马克思主义基本原理，指引学生用马克思主义理论分析解决社会问题，帮着他们认识人类社会发展的必然趋势，确立社会主义和共产主义理想信念，这是思想政治理论课教师对学生成长需求所能发挥的主要作用。

从最简单最直接最普遍的学生需求来说，学生肯定更希望拥有马克思主义理论名家大师的思想素养、理论水平、文字功底、表达能力，而不希望仅仅做一个专心听课的好学生。然而，我们的思想政治理论课教师很少考虑学生这些的"宏大"需求，把主要的精力都用于讲课并要求

---

① 《习近平谈治国理政（第一卷）》，北京：外文出版社2014年版，第172—173页。

② 《马克思恩格斯选集（第一卷）》，北京：人民出版社1995年版，第9页。

学生认真听讲。毛泽东一生对于重教轻学的教育理念极其反对，在学生时代他曾离开学校自学，毕业之后他更是醉心自修学校。1919 年他提出的教育改革是“学校教授之时间，宜力求减少，使学生多自动研究及工作”①。“人力资本之父”、美国经济学家西奥多·舒尔茨也大声疾呼：“教师和学生在课堂上花费的时间太多了。我确信，总有一天我们将会发现，只要花费我们现在让学生在教室里的时间的一半，我们就会更接近最优。”② 他认为：“我们能用阅读代替讲课，而且，学生可能会学到更多的东西。如果我们讲得少一点，学生阅读的时间就多一点。我相信，原始的论文和文献能够代替教科书，教育质量在这里也会有一个提高。代替上课时间的另一种可能性是用大学生的研究取代传统的课堂教学。”③ 强调阅读代替讲课、研究取代传统的课堂教学，这就是“翻转课堂”“混合式教学”“慕课”（大规模开放在线课程，massive open online course，MOOCs）教学等教学改革的基本理念。

一些高校思想政治教育教学效果不理想的根本原因，就是因为普遍采取学生当听众、老师垄断话语权的“灌输”模式。长期处于听众地位的学生很难掌握话语权，长期垄断话语权的老师也很难掌握听众。这种“灌输”模式培养出来的“听众”型学生，很难有与反马克思主义思潮作斗争的能力；这种“灌输”模式下的教师，也同样难以掌握马克思主义意识形态话语权，即便他们敢于“主动亮剑”与反马克思主义的思潮作斗争，也因为缺乏与听众和读者交流沟通的能力而无所作为。

长远来说，要巩固马克思主义在意识形态领域的指导地位，必须靠

---

① 中共中央文献研究室、中共湖南省委《毛泽东早期文稿》编辑组：《毛泽东早期文稿》，长沙：湖南人民出版社 2008 年版，第 406 页。

② 〔美〕西奥多·舒尔茨：《经济增长与农业》，郭熙保译，北京：中国人民出版社 2015 年版，第 136 页。

③ 〔美〕西奥多·舒尔茨：《经济增长与农业》，郭熙保译，北京：中国人民出版社 2015 年版，第 136—137 页。

思想政治教育培养青年学生话语能力，造就一支宏大的青年马克思主义队伍。改革思想政治教育教学，着力培养学生马克思主义理论学习、研究、写作、宣传等话语能力，使之成为掌握马克思主义批判武器的思想者，这既是学生成长成才的需要，也是党和国家事业发展的需要。为适应学生成长成才和增强国际话语权的需要，思想政治理论课教学改革必须把重点应该放在“学”而不是“教”。思想政治理论课教师应该积极采用“翻转课堂”“混合式教学”、MOOCs 教学等教学模式，减少课堂教学的比重，增加学生阅读、讨论、研究时间，着力培养学生自主学习、独立研究、写作宣传等话语能力。与此同时，对学生的学习成绩考核，也应该特别重视对自主学习能力、独立研究能力和写作宣传能力提高的过程性考核。

（三）通过广泛开展各类社会实践培养学生坚定信念和笃行信仰的能力

青年学生除了对老师讲授和书本书写的知识具有求知欲以外，还渴望了解现实的国家、社会和世界。“世界这么大，我想去看看”，无疑是每个人的心声。学了老师讲授的知识和书本记载的知识的青年学生，如果能把理论知识和社会实际联系起来，就一定会对国家、社会和世界有更准确的认识，以后也就能更好地服务国家、社会和世界。

毛泽东在和美国记者斯诺谈话中说了几件“影响了我一生的事”，其一是他上小学时长沙饥荒民众游行示威被斩首示众，其二是彭铁匠领导哥老会起义被斩首，其三是“吃大户”运动扣留了他父亲贩卖的大米，他说“这些事情接连发生，在我已有反抗意识的年轻心灵上，留下了磨灭不掉的印象”①。毫不夸张地说，如果没有这些事件，毛泽东即便

---

① 〔美〕埃德加·斯诺：《红星照耀中国》，董乐山译，北京：人民文学出版社 2016 年版，第 124 页。

阅读了大量的马克思主义著作，可能也不会变成一个马克思主义者，或者不会是一个坚定地马克思主义者。1917 年，毛泽东和萧子升在湖南徒步旅行，游历了五个县，接触城乡社会各阶层的人，了解了风土人情，获得许多知识①。从湖南省立第一师范学校毕业后，他更是游历了北京、天津、曲阜、南京、上海等中国历史文化名城，亲密接触中国文化和人民。参加革命之后，他很快就深入厂矿工人当中搞工人运动，后来又率先把注意力转移到农村搞农民运动。1925 年，毛泽东回到韶山，一边养病一边搞农村社会调查。1925 年 12 月，毛泽东发表了《中国社会各阶级的分析》。1927 年 3 月，《中国佃农生活举例》和《湖南农民运动考察报告》发表。1930 年 5 月毛泽东写下《寻乌调查》，并在 1930 年 5 月写成的《调查工作》中提出了“没有调查就没有发言权”的著名论断。1931 年 1 月写了《兴国调查》，1933 年 11 月又先后进行并写下了《长冈乡调查》和《才溪乡调查》。正因为有这些深入农村的社会调查，毛泽东终于带领中国人民摸索到了适合中国国情的农村包围城市、武装夺取政权革命道路，并最终形成了新民主主义革命理论。

习近平总书记在 1969—1975 年的七年时间里，一直是陕西省延川县文安驿公社梁家河大队的插队知青，后期担任村党支部书记。李克强在 1974—1976 年是安徽省凤阳县大庙公社东陵大队知青，1976—1978 年任安徽省凤阳县大庙公社大庙大队党支部书记。习近平总书记在《我是黄土地的儿子》中说：“我的成长、进步应该说起始于陕北的七年。最大的收获有两点：一是让我懂得了什么叫实际，什么叫实事求是，什么叫群众。这是让我获益终生的东西。现在我还受益于此。”中国国家领导人普遍从基层组织工作做起，而且很多还是在甘肃、贵州、陕西、安徽

---

① 中共中央文献研究室：《毛泽东年谱（1893—1949 上卷）》，北京：中央文献出版社 2013 年版，第 27 页。

等最落后的中西部省份的农村工作，并且都有非常丰富的地方管理经验，说他们是“久经考验”的共产党员一点也不夸张。这是中国共产党选拔领导干部最突出的特点，也是中国共产党走群众路线的最突出的表现。2005 年 7 月，中央办公厅、国务院办公厅下发《关于引导和鼓励高校毕业生面向基层就业的意见》。2006 年 2 月，中央组织部、人事部、教育部等八部委下发通知，联合组织开展高校毕业生到农村基层从事支教、支农、支医和扶贫工作。2008 年 3 月，中央组织部会同教育部、财政部、人力资源和社会保障部召开选聘高校毕业生到农村任职工作座谈会。2010 年 4 月，中央组织部下发通知，将 5 年内选聘 10 万大学生村官增长为 5 年内选聘 20 万大学生村官。随着这些文件和政策的落实，可以预见会有越来越多的优秀大学生到农村基层组织去接受锻炼，也可以预见未来中国领导人还会大量地来自中国中西部的农村基层组织。

2008 年 12 月 22 日，习近平总书记在主持召开大学生“村官”代表座谈会上的讲话中指出：“农村基层是青年学生熟悉当代中国社会、了解中国基本国情的最好课堂，也是我们党培养人才、锻炼人才的重要阵地。”[①] 2014 年 1 月 28 日，习近平总书记给大学生村官张广秀回信说：“希望你和所有大学生村官热爱基层、扎根基层，增长见识、增长才干，促农村发展，让农民受益，让青春无悔。”[②] 2014 年 5 月 4 日，习近平给河北保定学院西部支教毕业生群体代表回信说：“同人民一道拼搏、同祖国一道前进，服务人民、奉献祖国，是当代中国青年的正确方向。好儿女志在四方，有志者奋斗无悔。希望越来越多的青年人以你们为榜样，到基层和人民中去建功立业，让青春之花绽放在祖国最需要的地

① 《习近平对“村官”的六点看法（基层干部必读）》，http：//politics. people. com. cn/n/2014/1202/c1001 – 26131785. html（浏览日期：2020 年 11 月 1 日）。

② 《习近平对“村官”的六点看法（基层干部必读）》，http：//politics. people. com. cn/n/2014/1202/c1001 – 26131785. html（浏览日期：2020 年 11 月 1 日）。

方，在实现中国梦的伟大实践中书写别样精彩的人生。”① 这些朴实诚恳的话语，表达了党和国家最高领导人，作为一个“过来人”，对当代青年大学生提出的殷切期盼。思想政治理论课也必须高度重视社会实践，把理论和实践结合起来，把社会实践作为课程设计和考核的重要环节。

总之，如果我们从学生的需要出发，我们就会发现学生真正需要的是自主读书、独立研究、解决问题、明辨是非和笃行信仰的能力，这些能力会让他们感觉到自己将成为一个能够服务国家、社会和世界的人，而不是一个需要“被教育”的政治上“可能出问题”的人，这就是需求导向的思想政治教育具有的优点。

六、新时代大学生网络安全责任意识的培养

党的十八大以来，以习近平同志为核心的党中央始终高度重视网络安全和信息化工作，多次对网络安全做出重要论述，形成了具有鲜明时代特色的网络强国战略思想。建设网络强国与“两个一百年”奋斗目标内在一致，大学生是实现网络强国战略、“两个一百年”奋斗目标的生力军，在维护国家网络安全，实施网络强国战略方面肩负着极其重要的责任。因此，深入研究新时代大学生网络安全责任意识的培养具有重要的理论意义和实践价值。

（一）大学生网络安全责任意识及其培养目标

网络安全可以看作在信息社会里人们在网络实践活动的基础上所结成的一种现实关系，并表现为网络给予人们以安定和秩序、免于威胁破坏和免遭无序侵扰的一种关系，其满足人们在网络生活中对安全的心理

---

① 《习近平给河北保定学院西部支教毕业生群体代表的回信引发强烈反响》，http：//www.xinhuanet.com/politics/2014－05/04/c_1110527660.htm（浏览日期：2020年11月1日）。

需要。网络安全意识是安全意识在网络社会里的体现，是客观存在的网络安全关系在人们头脑中的主观反映，表现为人们对网络安全的一种认知，并在此基础上形成对网络安全的感受与评价，并对网络安全造成的危害保持持续警惕和防范的精神状态。

网络安全责任意识更加强调“责任”，是责任意识在网络社会中的贯彻和延伸，是指网络主体在明确自身在网络生活中的角色定位的基础上，对网络安全承担起相应责任、履行应尽义务的自觉意识。按照美国心理学家赫茨伯格提出的“双因素理论”①，网络安全属于保健因素，是效果关系行为主体是否满意的感受，但是并不能直接激励行为主体。因此，网络安全责任意识需要教育引导和不断强化，使网络行为主体能够主动意识到安全环境的营造人人有责，并主动承担之。

网络安全责任意识既具有稳定性，又具有可塑性。网络安全责任意识一旦形成，就会成为一种稳定的认知和心理倾向，会以此来调整和规范自身或他人的思想与行为，表现为一种自觉的习惯性力量。

大学生网络安全责任意识是网络安全责任意识在大学生头脑中的观念呈现，是大学生对所承担的网络安全责任的自我认知和认同的程度，是大学生基于自身的知识储备，自愿履行其所担负的网络安全职责及其为自身网络行为承担责任，自觉对他人或自己的网络行为进行评价，并根据评价结果指导自身行动，以维护网络社会的安全和有序的意识。具体包括网络意识形态安全、网络道德自律能力、网络文化自觉、网络法治素养和网络技术安全等多个方面的内容。

大学生网络安全责任意识教育是网络安全教育的重要组成部分，是指教育者利用多种教育途径和手段，培育大学生形成的积极主动为网络安全担负起职责和义务，维护国家的网络安全和国防安全的意识。对大

① 弗雷德里克·赫兹伯格1959提出的双因素理论，也称为“激励保健理论”。

学生网络安全责任意识教育的界定涉及教育主体、教育目标、教育方式和教育内容等多个层面。

由大学生网络安全责任意识的教育培养的内涵确定如下依次递进的工作目标：首先，大学生应理解和掌握网络安全防范知识、网络道德和网络法律法规、网络责任意识认知，形成较为完备系统的有关网络安全责任的知识；其次，大学生应有对维护网络安全责任的情感认同，有承担网络安全责任的心理认同。再次，在确定自身所肩负的网络安全责任的基础上，将外在的约束和规范转化为律己的内在力量的决定和坚守，对网络安全责任始终如一的持续性履行；最后，能够通过培养形成网络安全责任能力和自觉，在获取网络安全知识的基础上所形成正确履行网络安全责任的方法和素养，包括网络安全防护能力、网络信息甄别能力、网络行为自律能力、网络行为监督能力等。自觉是在具有知识、情感、意志和能力之后，深入内心和灵魂的一种清醒认知状态，是一种强化整个循环的自动体系。一旦达到自觉状态，能够随着经济社会发展不断完成自我更新。这个状态需要外部的教育引导也需要不断加强自我修养。大学生网络安全责任意识培养的最高层次是形成自觉。

在新时代建设网络强国的国家战略背景下，培养大学生网络安全责任意识是要求新时代大学生对所肩负的维护国家网络安全责任形成责任认知和情感认同，并将外在网络安全责任要求转化于内心而形成的自觉网络安全意识，锻炼形成坚强网络安全责任意志，培养维护网络安全责任对应的能力。在此基础上如果能够形成网络安全责任的内在自觉则能够随着形势的变化与时俱进，不断加强和提升自我认识。

（二）新时代大学生网络安全责任意识的现状和影响因素

1. 新时代大学生网络安全责任意识的现状

笔者以北京市部分高校大学生作为调查对象，采用线上问卷调查的方式调查大学生网络安全责任意识现状，得到以下结果。

（1）大学生网络依赖程度高且总体网络素养良好

调查结果显示，在上网时长方面，接近4成的大学生每天的上网时长超过3小时，近2成的大学生每天的上网时间甚至超过6小时。在上网方式方面，几乎全部大学生都利用手机上网，其中近4成大学生也会使用电脑等其他终端进行网络活动。而在网络社交方面，近4成的大学生安装有超过4款社交软件。由此可以看出，目前大学生对网络的依赖程度很高，甚至有部分大学生对网络产生严重依赖，导致大学生参与社会实践活动热情下降，不利于身心健康发展。同时由于手机的便捷性，大多数大学生使用移动端上网，更容易造成课余时间碎片化。从多款社交软件安装的现实来看，大学生的社交环境趋于复杂化多元化。另外，调查结果显示，绝大多数大学生不会浏览“黄赌毒”相关网站，也不会随意在网络上攻击谩骂他人。可以说，大多数大学生在个人网络素养方面表现良好，对网络不良信息有理性认识，同时能够遵守基本的网络行为道德约束。

（2）大学生网络安全责任意识总体仍比较淡薄

调查结果显示，大学生主动学习获取网络安全知识的意识不强，约近2成大学生认为自己网络安全责任意识不强，近9成大学生不会经常有意识地去学习了解网络安全方面的知识；大学生网络安全防护能力不强，采取的安全防护措施不足，约有2成同学不设置个人终端登录密码，有3成学生不进行定期查杀病毒和升级，有5成学生没有定时进行重要数据备份；大学生用法律手段维护自身网络合法权益的意识不强，约有近4成的学生遭遇过网络欺诈，约有1成学生遭遇到网络暴力侵害，但是在遭遇过侵害的同学中，只有不到7成的同学表示会选择报警；大学生网络信息甄别能力不高，维护网络空间秩序的意识和主动性不足，容易成为网络谣言的传播者，只有6成同学能做到正确看待网络谣言，只有2成的同学会对网络上的违法、低俗内容进行举报；多数大学生对个人隐私、机密信息虽有一定的保护意识，但仍然存在很大安全隐患，近7成的学生在网上注册账号时会对自己身份信息的保密有一定的警惕，近3成的学生会使用生日、电话号码等作为个人登录密码，近5成的学生会将自己的照片或其他资料发布到网络平台上，约3成的大学生选择会根据自己的判断将学校的机密信息告诉网友。

(3) 高校网络安全责任意识教育尚不到位

调查结果显示，大学生具有接受网络安全意识教育的内在需要，但目前近半数学生认为学校开展专题教育活动少，部分大学生也没有认识到网络安全与自身使用网络的内在相关性，近8成大学生认为有必要开展网络安全意识教育，近2成同学认为当前开展的大学生网络安全责任意识教育效果一般，约4成同学认为开展网络安全责任教育对自己日常生活使用网络不重要。大多数同学认为自己在网络法律知识、网络道德知识、网络安全防范知识、网络安全技能方面都需要补充，有近8成学生认为有必要加强网络安全知识教育，近5成学生认为有必要加强网络安全法律法规教育，近3成学生认为有必要加强网络安全责任意识教育。

2. 大学生网络安全责任意识现状形成的影响因素

从整体上来看，目前大学生群体在网络安全责任意识方面存在的问题主要受到以下因素的影响。

(1) 网络外部环境复杂混乱

近年来，随着移动互联网的快速发展及自媒体网络平台的兴起，网络将人们生活密切连接，同时，短时间内大量、普及性的应用使网络中鱼龙混杂，问题层出不穷，而网民素质在短时间内难以提高，网络治理主体及治理方式跟不上网络的快速发展，使得治理相对缺位，于是虚假、诈骗、攻击、谩骂、恐怖、色情、暴力内容在网络空间占据了一席之地，甚至存在“利用网络鼓吹推翻国家政权，煽动宗教极端主义，宣扬民族分裂思想，教唆暴力恐怖活动，等等”①。大学生作为使用网络的主要群体，思想意识并不成熟，身处这样的环境，往往容易存在浑水摸鱼、侥幸等心理。

(2) 大学生群体的特点决定了其行为选择

大学生处在人生走向成熟的时期，具有一定的文化知识积累，而社会生活经验不足；虽然已经成年，但是还不能完全独立地承担主体责任。鉴于此，大学生意识不到自己作为一位网络参与者应当承担起怎样的责任，虽然他们中的大部分能够管住自己，却没有为净化网络出力，而面对学业情感压力容易陷入网络娱乐消遣，甚至个别学生做出了违反网络安全责任的失范行为，甚至个别学生利用自己掌握的网络知识参与违法犯罪的活动，造成网络环境的进一步恶化。长期处于复杂的网络环境又会对学生的价值观产生负面影响，从而形成恶性循环。新时代大学生处于和平和稳定的国际局势发展中，对国际关系中紧张和斗争的方面关注不多，对一些危害国家安全和利益的问题危机意识不强，对西方敌对势力通过网络进行意识形态渗透和价值观念的和平演变缺少警惕，对网络复杂信息缺乏理性分析和是非辨别能力，容易受到错误意识形态和思想的潜移默化的影响，从而导致网络意识形态安全意识淡漠。

(3) 高校网络安全责任意识培养机制不健全

在调查过程中，大多数学生都肯定所在院校进行过网络安全教育活动，但仍认为自己应补充网络法律知识、网络道德知识、网络安全防范知识以及网络安全技能。这说明目前各高校的网络安全工作仍有不足之处。通过研究分析发现，由于高校对网络安全教育工作重视程度不高、

① 《习近平谈治国理政（第二卷）》，北京：外文出版社2018年版，第336页。

组织机构不健全、相关工作人员缺乏培训等原因，其内容形式单一、内容枯燥，效率低、效果差，责任意识的教育引导跟不上形势发展的需要。在培养内容方面，部分高校只注重防网络诈骗的宣传，对网络法律知识、道德知识宣传较少，也导致了学生对于这些内容的轻视，缺乏对自身责任的认识，容易走上违法犯罪的道路。

（三）新时代加强大学生网络安全责任意识培养的重要意义

1. 加强大学生网络安全责任意识培养为实现网络强国战略提供保障

实现网络强国战略的前提是保障网络安全，关键是实现核心技术突破。新时代大学生具有社会高知群体、网络使用最大群体的双重身份，是党和国家推进网络强国战略实施进程中的生力军，理应担负起维护网络安全的重大责任。维护网络安全需要高层次、高素质的人才作为支撑，大力培养网络安全领域专业的高水平人才迫在眉睫。大学生在网络核心技术突破方面具有知识和年龄优势，具有全球视野和开放心态，具有极强的创新发展能力。加强大学生网络安全责任意识培养，帮助他们认识建设网络强国的重大战略意义，维护网络安全对维护国家安全的重要意义，增强大学生承担建设网络强国、保障网络安全、实现核心技术突破的相关责任和任务的主动性、自觉性，提高自身内在网络素质，成为建设网络强国发展目标所需人才的基本素质，为新时代维护网络安全提供人才储备。同时大学生作为当前使用网络的最大群体，未来维护网络安全的主体，应强化对他们的网络安全责任意识的教育引导，使他们人人都为网络安全尽自己的一分力，就能切实为网络强国战略提供保障。

2. 加强大学生网络安全责任意识培养是维护网络意识形态安全的重要途径

意识形态安全是网络安全的核心和灵魂。当前意识形态安全的风险严峻复杂。新时代大学生思维活跃，与互联网一起成长，习惯并喜欢通过网络来表达自身的价值诉求和利益主张。新时代大学生绝大多数理想信念坚定，认可主流意识形态、具有深切的家国情怀和责任担当。培养大学生网络安全责任意识，使大学生成为网络意识形态话语权建设的积极参与者，并配合开展主流意识形态宣传，对于夯实中国特色社会主义意识形态，增强马克思主义被人民群众接受的广度和深度，获得大众的认同与支持，增强网络空间抵御和消解各种非主流意识形态和社会思潮的能力，有效应对西方敌对势力网络意识形态渗透的潜在威胁具有重要意义。

3. 加强大学生网络安全责任意识培养，推动网络文化空间净化

网络文化是现实文化和互联网高度融合的结果。当前网络传播手段层出不穷，网络文化内容纷繁多样，其内容的优劣，影响着网络空间的生态，因此需要依法开展网络空间治理，构建良好的网络秩序，防范网络文化安全威胁。网络文化一方面拓宽了大学生的文化视野和意见表达的途径，满足了大学生的个性发展与情感需要。另一方面，网络文化对大学生的网络道德自律能力、辨别能力提出了更高的要求。大学生不仅是网络文化的接收者，还是网络文化的生产者、消费者，是参与网络治理的重要力量。一部分大学生过度追求自我，且容易受外界影响，导致道德失范行为。加强大学生网络安全责任意识培育，让大学生意识到自身在网络文化制造与传播中的重要作用，主动引导大学生自发地承担起营造向上向善的网络文化空间的责任，远离、抵制网络低俗文化，发表积极向上的网络文化内容，充分利用网络的正面影响力，形成健康的网

络舆论导向。

4. 加强大学生网络安全责任意识培养，提升大学生网络自我保护能力

“网络诈骗”“校园不良借贷、网贷”等各类网络安全事件在大学校园频发，在各类网络安全事件中大学生常成为最大受害者，对大学生正常的网络安全价值观念产生了不利影响，对社会稳定造成威胁。大学生涉世不深，分辨能力不强，但是他们有一定的知识积累，有正确的价值取向，加强大学生网络安全责任意识的培养，提升大学生应对网络安全风险挑战，提高识别网络诈骗网络陷阱的免疫力，对于应对由于个人隐私信息泄露带来的网络安全风险，提高自身保护能力，应对各类网络安全威胁具有重要意义。

（四）加强新时代大学生网络安全责任意识的对策和机制

针对新时代大学生网络安全责任意识的现状和存在的问题，必须加大教育培养的力度，主要从以下及几个方面着手。

1. 丰富大学生网络安全责任意识培养的内容

培养大学生的网络安全责任意识，需要重视教育内容的开发和完善，并构建完善科学的网络安全知识培养内容体系。

（1）加强网络安全知识技能教育

树立和强化大学生网络安全责任意识，必须重视对网络安全技术的教育，学习网络攻防基本知识，获取网络安全防范的基本技巧。通过网络安全知识技能的提高，帮助大学生提升网络威胁事件的应对能力，提高个人信息和隐私数据的保护能力，提升识别防范网络诈骗的能力，提升处置网络安全问题的实际操作能力。

（2）加强网络意识形态安全教育

维护网络意识形态安全是维护国家网络安全的重要内容，是维护网络空间中国家主导意识形态的安全有序，是维护马克思主义在国家意识形态中的主导地位。通过加强思想政治和理想信念教育，筑牢大学生网络意识形态的安全基础，提升大学生对网络非法有害信息的辨别能力，提升对西方敌对势力利用网络发动的意识形态渗透和攻击的抵御能力。

（3）加强网络安全责任意识教育

网络安全责任意识教育更加强调责任意识，大学生作为国家未来的建设者和接班人，新时代国家创新驱动发展的生力军，必须肩负起维护国家安全的历史责任，对大学生进行责任意识教育，提升他们的担当作为意识，让他们成为构建良好网络空间的参与者引领者，自觉地担负实现网络强国和维护网络安全的时代责任。

（4）加强网络安全保密意识教育

高校是国家科研高新技术研究的主战场，当前国外敌对势力通过网络诱惑、策反高校大学生窃取国家重要机密信息，对国家安全造成很大威胁。加强大学生国家安全和保密教育，学习保密基本知识和法律法规，提升他们的保密技术能力，提高保密意识，使他们树立维护国家利益的坚定信念和责任意识。

（5）加强网络安全法律法规宣传教育

加强大学生对国家已经颁布的以《网络安全法》为核心的相关网络安全法律法规的学习和理解，全面掌握网络安全法律体系，增强大学生自觉遵守网络法律法规的意识，提升使用法律武器维护自身合法利益的能力，自觉承担向网络违法犯罪行为作斗争的责任，使维护国家安全和网络安全成为大学自觉的意识和行动。

2. 建立大学生网络安全责任意识的培养体系

(1) 创新大学生网络安全责任意识培养的方法

一方面通过学校思想政治理论课和网络安全公共必修课程将网络强国思想、网络安全理论和责任意识正确传递给大学生，增进大学生对网络安全风险的理解；通过采用案例式教学，在课堂增加动画和视频等内容，增加课堂的趣味性和吸引力。另一方面丰富第二课堂和校园氛围的引导。通过举办网络安全专题讲座，开展校园“网络安全周”活动，组织网络安全知识竞赛，建立网络安全教育专题网站，张贴校园安全意识海报等丰富多彩的形式将网络安全知识和理论的传递融入大学生日常校园生活中。

(2) 提升网络安全责任教育的科学性和有效性

网络社会是虚拟社会，网络安全是现实社会关系在网络中的反映，网络安全责任意识教育有其特殊规定性。网络安全教育可以更好地发挥网络特殊载体的作用，如建立专题的在线教育网站，运用微信公众号、微博、直播平台、短视频等新媒体开展网上教育，及时回应大学生网络安全遇到的问题，使大学生在使用这些网络平台的同时接受网络安全教育，意识到要为自己的网络行为负责，引导大学生树立积极正确的网络安全责任意识。

(3) 完善网络安全责任教育制度和组织体系

建立完善的校园网络安全管理、教育、奖惩制度，形成大学生网络安全责任日常行为规范。对违反网络安全的行为进行惩戒，促进大学生遵守网络文明公约，使大学生成为良好网络空间秩序的维护者，维护良好的网络空间风气。健全高校网络安全工作组织体系，明确网络安全责任意识培训教育职责，加强对网络安全工作的领导和支持，配合国家网络安全治理专项活动，保障校园网络环境的健康和安全。

(4) 建立大学生网络舆情监控责任体系

利用大数据、云计算、人工智能技术，及时获取大学生对网络环境、网络生活的意见建议，了解大学生的所思所想和现实关切，关注事关网络意识形态安全、危害大学生利益、虚假信息等形成的舆情事件，建立网络舆情监测预警机制，及时响应和处置网络舆情突发事件，引导大学生树立底线思维和自我保护意识，自觉同危害国家安全利益的事件进行斗争，为保障网络安全尽一份责任。

3. 拓展大学生网络安全责任意识的培养途径

(1) 明确自身在维护网络安全中的责任定位

没有网络安全就没有国家安全，维护网络安全是建设网络强国的保障。新时代大学生肩负中华民族伟大复兴的光荣梦想，应树立起崇高的理想信念，要有强烈的责任担当意识，要肩负起建设网络强国的重担，不断提升自身的网络素质和自律意识，锻炼自身的坚强意志品格，抵制低俗的网络内容和网络谣言，提升维护网络意识形态安全的自觉性。“网络安全为人民，网络安全靠人民”，从个人层面看，大学生的个人长远利益也与网络空间的清明息息相关，大学生作为社会群体里的高知群体，应自觉参与网络安全宣传教育活动，提升自身网络安全的防护意识。

(2) 强化家庭网络安全责任意识教育的基础作用

网络安全与家庭利益息息相关，与大学生健康成长息息相关，网络诈骗和网络陷阱危害家庭利益，网络不良信息危害大学生身心健康。网络安全责任教育应该作为家庭教育的重要内容，父母应该重视指导孩子遵守网络安全行为规范，提高网络安全技能和防范意识，强化孩子的责任担当意识，通过言传身教，营造良好的家风家规，为子女树立勇于肩负网络安全责任的良好榜样。

（3）强化高校对大学生网络安全责任意识培养的主体作用

高校是大学生网络安全责任意识培养的主体，要高度重视大学生网络安全责任意识的培养，切实肩负起大学生网络安全教育的主体责任。建立专业的网络安全教师队伍，科学设置网络安全教育课程，加强与国内外网络安全研究机构的合作，聘请网络安全领域的专家开展专题讲座，丰富大学生的网络安全知识，提升网络安全技能，提高网络道德素养，成为网络安全秩序的维护者。

（4）发挥良好的社会氛围对大学生网络安全责任意识的带动作用

维护网络安全不仅是个人的事，也是全社会全体人民的共同责任，需要全社会共筑网络安全防线。网络安全涉及国家社会的和谐稳定，政府机构、企业组织和全体网民要共同营造和促进风清气正的网络安全环境。政府应加强全社会对网络安全宣传教育，倡导健康文明的网络行为，依法惩治网络违法犯罪行为，引导网络舆情发挥正能量，网络运营企业要增强用户个人信息保护和网络运行安全。良好的社会网络环境将对增强大学生认识所肩负的网络安全责任起到潜移默化作用。

4. 构建大学生网络安全责任意识的培养机制

大学生网络安全责任意识的培养需要长期持续努力，根据大学生安全责任意识的特征、形成规律、培养目标，建立起长效的培养机制。

（1）建立需要激励机制

大学生网络安全责任意识的培养是我国维护网络安全和实施网络强国战略的客观需要，也是大学生实现全面发展的内在需要。

（2）建立正确的价值导向机制

大学生网络安全责任意识的培养必须坚持马克思主义在网络意识形态领域的指导地位，坚持以习近平新时代中国特色社会主义思想为指导，坚持以社会主义核心价值观为根本价值导向，坚持弘扬中华优秀传统文化，重视大学生人格养成和责任担当意识的培养。

（3）建立正确制度保障机制

大学生网络安全责任意识培养需要建立健全各种制度来保障培养工作的有序高效运行，规范责任担当意识的建立过程，促进责任担当意识的积极践行。

（4）建立正确的预警反馈机制

大学生网络安全责任意识的培养需要建立由事前及事后两个阶段构成的预警反馈机制，以掌握培养的主动权。

（5）建立信息疏滤机制

重视网络安全和舆情监控平台建设，加强网络安全技术和管理体系保障，加强对网络信息的客观辨析与筛查过滤，为大学生网络安全责任意识的培养净化网络信息环境。

（6）建立内容创新机制

从网络信息内容本身、内容的表现形式、内容的传播载体等方面，强化网络信息内容的创新，加强网络自媒体的宣传和引导。

（7）建立协同教育机制

充分发挥各种主体和力量的协同作用，包括政府部门、网络自媒体运营商、社会团体、学校、家长，以及大学生自身。

（8）建立应急参与机制

针对网络攻击、网络舆论暴力、网络谣言等网络突发事件，健全应急参与机制，提高培养的实效性。

（9）建立吸收借鉴机制

在坚持我国社会主义主流意识形态的前提下，积极吸收借鉴西方国家先进的培养理论与实践经验，以不断补充和改进我国大学生网络安全责任意识培养的方法。

第二章　新时代大学生社会主义核心价值观教育研究

一、新时代践行爱国主义的目的和使命

爱国主义是中华民族在漫长历史长河中形成的民族精神基因和深厚文化根脉，是中华民族团结奋斗、百折不挠、自强不息的精神纽带，对中华民族的延续发展和繁荣昌盛发挥了至关重要的作用。“爱国主义是中华民族的民族心、民族魂，是中华民族最重要的精神财富，是维护民族独立和民族尊严的强大精神动力。”① 中国特色社会主义进入新时代，要明晰爱国主义的使命和作用，使爱国主义成为全国人民的坚定信念、精神力量和自觉行动，让爱国主义精神深深根植于中华儿女心中，为振奋中华民族精神和推动新时代中国特色社会主义发展凝聚起强大正能量，为实现中华民族伟大复兴的中国梦提供强大的精神动力和支撑。

（一）新时代践行爱国主义的目的

“伟大事业需要伟大精神，伟大精神铸就伟大梦想。”② 中华民族在

---

① 《新时代爱国主义教育实施纲要》，北京：人民出版社2019年版，第1页。

② 《新时代爱国主义教育实施纲要》，北京：人民出版社2019年版，第2页。

5000 年的历史进程中创造了灿烂的文明，也曾遥遥领先于世界其他各国，并深刻影响了人类文明的发展。由于近代以来中国封建社会逐渐衰落，在西方列强的侵略面前，腐朽的封建统治者不但没有把中华民族的根本利益放到首位，反而成为西方列强在中国的代言人，连同西方列强一起剥削中国人民和镇压中国人民的反抗，最终导致中华民族面临的亡国灭种危机不断加剧，也使中华民族长期在半殖民地半封建社会的泥潭中挣扎。从那时起，救亡图存成为时代的主旋律，振兴中国成为时代的最强音，实现中华民族的伟大复兴成为每一个中华儿女最强烈的愿望和最大的梦想。习近平强调："实现中华民族伟大复兴的中国梦，是当代中国爱国主义的鲜明主题。"① 新时代践行爱国主义的目的是为实现中华民族伟大复兴提供了精神动力，为实现中华民族伟大复兴凝聚了社会共识，为避开西方社会思潮陷阱提供了方向指引。

1. 为实现中华民族伟大复兴提供精神动力

以什么样的精神状态追梦、圆梦、关乎民族士气，关乎事业成败。中华民族发展的历史，尤其是近现代以来艰辛曲折的发展进程和当今面临的国内外复杂形势决定了实现中华民族伟大复兴的中国梦是一项任重道远的任务，不仅需要一代又一代全国人民共同为之努力奋斗，还需要有强大的精神力量来振奋民族精神、鼓舞民族士气和坚定民族信心。为此，习近平总书记强调："实现中国梦必须弘扬中国精神。这就是以爱国主义为核心的民族精神，以改革创新为核心的时代精神。"② 新时代爱国主义独有的特质将为实现中华民族伟大复兴提供了强大的精神动力，助推中华民族伟大复兴精神话语体系的形成，最大限度激发全国人民的

---

① 习近平：《大力弘扬爱国主义精神 为实现中国梦提供精神支柱》，载《人民日报》，2015 年 12 月 31 日，第 1 版。

② 习近平：《在第十二届全国人民代表大会第一次会议上的讲话》，北京：人民出版社 2013 年版，第 4 页。

积极性、主动性、智慧和力量，为实现中华民族伟大复兴提供了更基本、更深沉、更持久的文化精神动力。

2. 为实现中华民族伟大复兴凝聚社会共识

爱国主义始终是动员和鼓舞中华儿女团结奋斗的一面旗帜，是各族人民共同的精神支柱。当前我国虽然进入了新时代，经济社会取得重大成就，但是我国处于社会主义初级阶段的基本国情没有变，我国依然是一个发展中国家。我国发展的不平衡不充分问题越发突出，人民对物质文化需求的时代性更加鲜明，需求层次和质量更高，在民主法治、公平正义、社会安全、精神文化、生态环境等方面的诉求日益增长。全面深化改革进入攻坚期和深水区，需要解决的问题更加艰巨、需要协调的各种矛盾更加尖锐，中华民族伟大复兴面临的形势更加复杂和敏感。实现中华民族伟大复兴必然会面临经济体制深刻变革、社会结构深刻变动、利益格局深刻调整、价值理念深刻重构、思想观念深刻变化，需要发挥爱国主义旗帜的凝聚力，通过凝聚社会共识，最大限度调动一切积极因素，广泛凝聚团结奋斗的磅礴力量来克服中华民族伟大复兴前行的阻碍和困难。新时代爱国主义以维护国家和中华民族的整体利益、长远利益、最高利益为根本价值，把全国人民的命运同整个中华民族的命运紧密相连，把个人的精神追求同中华民族的精神境界紧密相连。新时代爱国主义通过思想政治引领，用共同的信仰、共同的理想信念、共同的奋斗目标、共同的历史使命为实现中华民族伟大复兴凝聚起全国人民共同的改革共识、发展共识、价值共识。新时代爱国主义引导人们深刻认识中华民族伟大复兴的本质是国家富强、民族振兴、人民幸福，使实现中华民族伟大复兴成为中华民族团结奋斗的最大公约数和最大同心圆，进而有效化解各种社会矛盾和冲突，推动经济社会持续健康发展，为实现中华民族伟大复兴注入强大的驱动力。

3. 为避开西方社会思潮陷阱提供方向指引

随着全球化的深度发展，互联网多媒体的快速发展，信息传播的隐蔽性和不确定性，历史虚无主义、西方“普世价值”、新自由主义、民主社会主义等非马克思主义的西方社会思潮正打着“文化帝国主义”的大旗四处招摇。比如历史虚无主义的基本手法是虚化历史、虚构历史、虚无历史乃至篡改历史、颠倒历史、抹黑历史，重点是否定中国共产党领导人民革命、建设、改革的历史，包括否定中国共产党领导工人、农民等广大人民群众开展阶级斗争，打土豪、分田地，推翻帝国主义、封建主义、官僚资本主义统治的革命历史，美化民国时期国统区的统治和秩序，贬低中国共产党领导中国人民在新中国成立以来在建设、改革中取得的伟大成就。西方反华势力经常利用全球传播格局中“西强我弱”的情况，以其掌控的全球传媒和话语优势，按照自身的利益需要设置话语议题，通过采取造谣惑众、颠倒黑白、以偏概全等方式，制造“中国崩溃论”“中国威胁论”“中国责任论”“中国霸权论”“新殖民主义论”等错误舆论，企图颠覆马克思主义和社会主义制度，丑化中国共产党的领导，诋毁和抹黑中国的形象，动摇中国人民对国家和民族的认同，弱化中国人民对中国特色社会主义道路、理论、制度和文化的自信，动摇人民特别是青少年对国家的认同、信心与热爱，淡化和削弱人民特别是青少年的爱国主义情感，消解和解构中华民族的民族凝聚力，干扰和阻碍社会主义现代化建设和中华民族的伟大复兴，进而达到遏制中国发展和崛起的目的。

全球一体化，不仅是经济一体化，也包括政治、文化等方面的交流与交融，在这样的时代背景之下，我国出现了一些西方社会思潮。流行于我国的西方社会思潮无一例外地来源于西方国家，例如新自由主义思潮更是西方自由主义思潮在中国的具体体现，国际间加强合作与交流，加速了社会思潮的传播并延伸到社会发展的各个方面，对我国经济、社会的发挥产生较为严重影响。互联网是西方社会思潮传播的重要途径。过去我们仅以报纸、期刊、电视、广播等传统媒体进行传播，无论是传播速度还是传播范围，都存在一定局限性。然而在互联网时代下，信息快速传播、短时间内信息快速聚集成为互联网时代的主要标签，因此为西方社会思潮的传播提供了便利条件。以上都是造成西方社会思潮产生并持续存在的原因。

这些思潮和言论在国内产生崇洋媚外的思想，侵蚀和影响马克思主义在我国意识形态领域的指导地位，对我国意识形态安全和国家安全带来严重的冲击。新时代爱国主义的出场，更加彰显了爱党、爱国与爱社会主义相统一的本质，充分体现了中国共产党领导是中国特色社会主义最本质的特征和中国特色社会主义制度的最大优势，祖国统一和民族复兴是不可抵挡的历史潮流，社会主义是人类文明发展的客观规律。新时代爱国主义从民族精神上坚定了全国人民对马克思主义的信仰，对社会主义和共产主义的信念，从而从根本上动摇和打破了西方话语支撑的西方意识形态对中国的渗透和攻击，也为中华民族伟大复兴避开西方社会思潮陷阱提供了方向指引。加强新时代爱国主义教育，就要加强舆论引导，破除西方对我国的舆论诋毁，营造良好的舆论生态，塑造我国良好的国家形象。讲好中国故事、传播好中国声音、塑造好中国的国家形象，扩大中国在国际上的影响，加强中国发展的国际比较，加深人民特别是青年对中国国家形象的认同，做到由舆论到事实，由事实到比较，由比较到认同，由认同到热爱，不断增强全国人民尤其是青年挚爱祖国的深厚感情。

（二）新时代践行爱国主义的使命

爱国主义既是中华民族精神形成和发展内在诉求的历史必然，也是中华民族爱国情怀的价值体现，更是新时代中国特色社会主义发展的现实诉求。实现中华民族的伟大复兴是一代又一代中国人的梦想，也是一个长期追求和接续奋斗的过程。与在革命中拼搏和在建设中探索的先辈们相比，奋进在改革开放大潮中的我们是更加幸运的，因为我们处在离实现中华民族复兴的伟大梦想最近的地方。爱国主义在中华民族精神的核心地位决定了新时代爱国主义的出场必然带着极其重要的应然使命，这种应然使命是传承和弘扬中华民族精神，培育和发扬时代精神，培养担当复兴大任的时代新人，彰显大国责任与担当。

1. 传承和弘扬中华民族精神的使命

中华民族精神是中国人民特质、禀赋、才智在波澜壮阔历史中的实践成果，习近平总书记指出："中国人民在长期奋斗中培育、继承、发展起来的伟大民族精神，为中国发展和人类文明进步提供了强大精神动力。"① 中华民族精神在历史上确保了中华民族延续至今，未来，中华民族走在世界前列和实现伟大复兴，仍需要中华民族精神的支撑。爱国主义作为中华民族精神的核心，是中华民族最深厚的民族感情，始终是构筑中华民族的脊梁和中华民族激昂前行的主旋律，其首要的使命就是高擎民族精神火炬，传承和弘扬中华民族精神。新时代坚持爱国主义和弘扬爱国主义精神，要把中华民族的伟大创造精神、伟大奋斗精神、伟大团结精神、伟大梦想精神贯彻融入新时代中国特色社会主义建设伟大事业和中华民族伟大复兴进程中，把中华民族精神中的优秀传统文化价值观念传承起来，把中华民族精神中体现和促进中华民族的生命力、凝聚力、创造力的优秀精神文化弘扬起来，使具有几千年历史的中华民族精神继续传承下去，成为永不消失和历久弥新的中华民族精神基因。例如党的十九届四中全会再次提及国家治理体系与治理能力现代化，然而当

---

① 习近平：《在第十三届全国人民代表大会第一次会议上的讲话》，北京：人民出版社 2018 年版，第 2 页。

前我国正处在改革深水区，改革道路上面临重重困难，在这样的背景之下，如何更好地实现现代化的目标？如何在大国崛起的同时解决社会的稳定与满足人民的利益，成为我们面临的重要问题。中华优秀传统文化是形成中华民族精神的重要来源之一，习近平总书记在众多场合多次提及中华优秀传统文化，其内在包含丰富的治国理政、道德法制思想，例如儒家的德治、法家的法治、道家的无为而治思想等，为当前国家治理现代化提供文化滋养。大力挖掘中华优秀传统文化资源，积极发扬中华民族精神，有助于提高国家治理现代化水平，实现现代化建设的目标。

2. 培育和发扬时代精神的使命

时代精神是中国共产党领导全国人民在革命、建设和改革过程中培育和形成的，是全国人民普遍认同和接受的思想观念、价值取向、道德规范和行为方式，反映了我国社会的发展方向和时代的进步潮流。时代精神的核心是改革创新精神，具有自主性、首创性和先进性特质，充分体现了马克思主义与时俱进的理论品格，是中华民族不断进步的不竭动力。在新民主主义革命时期形成的红船精神、井冈山精神、长征精神、延安精神、抗战精神，在社会主义建设和探索时期形成的大庆精神、红旗渠精神、“两弹一星”精神、西迁精神、焦裕禄精神、雷锋精神、塞罕坝精神等，在改革开放时期形成的特区精神、女排精神、载人航天精神、抗震救灾精神、劳模精神、工匠精神等同民族精神一起为中国的革命、建设和改革的成功提供了强大的精神动力和支撑。时代精神在本质上是爱国主义在不同时代的具体表现和民族精神的时代延伸，充分体现了中国共产党的领导和社会主义制度的巨大优势。新时代坚持爱国主义和弘扬爱国主义精神，还要积极培育和发扬时代精神，把时代精神深深融入我国经济、政治、文化、社会、生态建设的各个领域，为新时代中国特色社会主义建设开创新的局面、夺取新的伟大胜利、实现新的伟大飞跃提供强大的精神动力。同时新时代积极弘扬与培育时代精神，立足社会主义初级阶段的现实国情，坚持改革创新，不断开拓思维，加强党的思想理论建设，增强创新意识，从而推动马克思主义中国化、时代化、大众化。此外，积极推动国际合作，在坚定四个自信的基础上，加强同其他国家的交流与交往，旨在推动自身发展的同时积极贡献中国智慧与中国方案。

3. 培养担当民族复兴大任的时代新人的使命

新时代中国特色社会主义是全国人民的共同事业，实现中华民族伟大复兴的中国梦是全体中国人民的共同梦想，要想顺利完成共同事业和实现共同梦想，要注重对时代新人的培养，确保一代又一代的青年接续努力，进而担当起民族复兴的大任。习近平总书记指出："中华民族伟大复兴的中国梦终将在一代代青年的接力奋斗中变为现实。"[①] 由此，培养担当民族复兴大任的时代新人，是新时代爱国主义的重要使命，也是一项具有战略基础地位的重大工程。青年作为时代新人的主体，在恰逢民族复兴历史机遇面前，青年被赋予了新的使命和担当。在大有可为、大有作为的新时代，青年要承担起时代新人的角色和使命，必须实现德智体美劳全面发展，而爱国主义作为一种道德素养和道德准则，对青年成长发挥的作用是第一位的。新时代，厚植时代新人的爱国主义情怀，就要引导青年认清自身肩负的实现中华民族伟大复兴的历史重任。基于此，在新时代坚持爱国主义和弘扬爱国主义精神过程中，要把爱国主义精神贯穿到青年成长和教育的全过程，引导青年把自己的理想信念同祖国的前途紧密联系在一起，把自己的人生价值同民族的命运紧密联系在一起。新时代爱国主义教育要坚持把实现中华民族伟大复兴的中国梦作为鲜明主题。把国家富强、民族振兴、人民幸福作为不懈追求，厚植家

---

① 习近平：《决胜全面建成小康社会 夺取新时代中国特色社会主义伟大胜利——在中国共产党第十九次全国代表大会上的报告》，北京：人民出版社2017年版，第70页。

国情怀，培育精神家园，弘扬爱国精神，凝聚民族力量，推动中华民族伟大复兴中国梦的实现。通过加强青年的爱国主义教育，广泛开展爱国主义、集体主义、社会主义教育，夯实和筑牢时代新人的育人之基。引导青年树立正确的历史观、民族观、国家观，使青年自觉把爱国之情、报国之志融入新时代中国特色社会主义建设的事业之中，融入中华民族伟大复兴的中国梦之中，融入人民创造历史的奋斗之中。当然，在实现中华民族伟大复兴的中国梦的过程中，新一代青年作为时代的冲锋者，不免会遇到各种各样问题，例如，西方社会思潮对我国青年一代产生的影响，阻碍着新一代青年远大理想抱负的形成。因此新时代践行爱国主义就是要把培养担当民族复兴大任的时代新人作为重要使命。新一代青年，立时代潮头，肩时代重任，应当积极弘扬爱国主义，心中牢记习近平总书记对青年的未来寄语，加强学习习近平新时代中国特色社会主义思想，强化理论教育与学习，同时结合青年群体自身的发展规律，争取实现把教育变“活”，把理论学“活”。

4. 彰显大国责任与担当的使命

当今的世界是开放的世界，经济全球化的深入发展，已经把各国紧密地联系起来。当今的中国也必须是开放的中国，当代中国爱国主义必须具有世界眼光和博大胸怀。中国是属于世界的中国，世界是需要中国参与的世界，中国的命运与全世界人类的命运休戚相关。在世界大发展大变局的形势下，资本制度和社会主义制度的关系影响和制约着世界格局的变化，在两种制度长期并存和激烈竞争的关系中，我们要在统筹国内国际两个大局中不断提升国家的影响力和话语权。新时代爱国主义是中国在日益走向世界舞台中央的过程中，中华民族精神在人类文明体系中场域变化的呈现，是我国软实力的重要组成部分。在全球化深度发展的今天，中华民族爱国主义精神的内生性、独立性、自主性和主体性为促进世界持久和平发展提供了独特价值，中华民族爱国主义精神的国际视野越来越宽广。习近平总书记指出："中国人是讲爱国主义的，同时我们也是具有国际视野和国际胸怀的。"① 在新时代坚持爱国主义和弘扬爱国主义精神，还需要在立足民族的基础上不断拓展国际视野，突破狭隘的民族主义的局限，把弘扬爱国主义精神与对外开放结合起来。深入挖掘爱国主义精神与人类精神文明共振的话语，构筑中国精神、中国价值和中国力量，为中华民族走向世界舞台中央，推动构建人类命运共同体，应对人类社会发展的共性难题，实现世界不同文明融合交流和化解不同文明冲突，彰显大国责任与担当提供中国独特的精神滋养。中国彰显大国责任与担当的行为在这次疫情中表现得格外突出，也再次向世界证明了中国想要成为负责任的大国的决心。在这次疫情中，中国积极帮助世界各国抗疫，坚持团结合作，无论是疫情防控信息、物资共享，还是疫苗研发、医务人员的分配，都体现出一个负责任的大国的担当。时代不同、任务不同，新时代爱国主义放眼国际，站在国际视角中，以世界人民利益为中心，才能真正、彻底地落实好负责任的大国的职责。

二、首都历史文化资源融入大学生社会主义核心价值观教育

中华优秀传统文化是社会主义核心价值观构建的基础，社会主义核心价值观的培育和践行离不开历史文化精神的继承与发展。离开历史记忆与文化传承的价值观势必脱离国情与人情。依托首都历史文化资源，弘扬历史文化精神，赋予新时代的历史使命，是培育和践行社会主义核心价值观的必由之路。2019 年 8 月 19 日，习近平总书记在甘肃考察敦

---

① 《习近平接受金砖国家媒体联合采访》，http：//www. fmprc. gov. cn/web/ziliao_674904/zyjh_674906/t1022932. shtml（浏览日期：2019 - 11 - 09）。

煌莫高窟时指出："对优秀传统文化的传承弘扬要给予支持和扶持，保护好我们的国粹。"① 首都历史文化资源是中华民族文化精神的记忆留存，是民族文化认同的根本与维系民族精神的纽带。2014 年 2 月，习近平总书记在首都考察工作时也曾指出："历史文化是城市的灵魂，要像爱惜自己的生命一样保护好城市历史文化遗产。北京是世界著名古都，丰富的历史文化遗产是一张金名片，传承保护好这份宝贵的历史文化遗产是首都的职责，要本着对历史负责、对人民负责的精神，传承历史文脉，处理好城市改造开发和历史文化遗产保护利用的关系，切实做到在保护中发展、在发展中保护。"②

依托首都历史文化资源，将培育和践行社会主义核心价值观与首都历史文化资源的利用与保护相结合，理论联系实践，在社会主义核心价值观教育过程中将历史文献、历史事件与当前的现实生活联系在一起，使培育和践行社会主义核心价值观更贴近现实生活。深入探寻首都历史文化资源，遵循首都历史文化资源与培育和践行社会主义核心价值观相融合的原则，不断扩充首都历史文化资源融入社会主义核心价值观教育的内容，为培育和践行社会主义核心价值观提供了良好的载体和平台，拓宽了培育和践行社会主义核心价值观实效性提升的策略，亦为保护与利用首都历史文化资源开辟了新路径。

（一）首都历史文化资源蕴含社会主义核心价值观的价值理念

历史文化资源指的是"人类社会生活过程中的遗存，这种遗存可以

---

① 《习近平：保护好我们的国粹》，http：//www. xinhuanet. com/politics/2019 - 08/20/c_1124896375. htm（访问时间：2020 年 11 月 1 日）。

② 《像爱惜生命一样保护好历史文化遗产——习近平总书记"出"的这道题北京西城如何"答"》，http：//www. xinhuanet. com/2018 - 04/16/c_1122691537. htm（访问时间：2020 年 11 月 1 日）。

为人类现在及今后的社会生活所利用。在这个瑰丽的宝库中，有大量的实物遗存和文字遗存。在实物遗存中，包括历史文物、历史遗址或文化遗址及墓葬等。文字遗存，是在陶、骨、金属、竹、木、石、帛、纸等载体上面用文字记录下来的人类社会生活。”① 首都北京拥有十分丰富的历史文化资源，其中包括古人类及考古遗迹、古代的宫殿园林与城市建筑、古代交通驿站系统的遗存、军事设施与战争纪念地、名人故迹、近现代革命史迹等。首都历史文化资源内涵丰富、功能独特，是中华民族自古以来追求富强民主文明生活的物质遗存，凝聚了中国共产党领导人民进行革命、建设、改革所形成的精神文化，是优质的大学生社会主义核心价值观教育资源，都为培育和践行社会主义核心价值观提供了良好的载体与平台。

1. 首都历史文化资源蕴含社会主义核心价值观国家层面的价值目标

中国作为长期大一统的多民族国家，历代有为的统治者，致力于国家发展、民族振兴，历代有识之士，积极谋求经济发展、民富国强，为涵养“富强”的价值目标提供了可资借鉴的思想资源。古代政治思想中的民为邦本、得民心者得天下的民本思想，可以为涵养“民主”价值目标服务。中国作为礼仪之邦，重德厚礼的历史传统源远流长，以北京孔庙、国子监为代表的儒家文化建筑群，为涵养“文明”的价值目标提供了文化底蕴。此外，许多历史文化遗迹体现了和谐有序的社会体征观念，如体现天人合一、人与自然和谐相处的颐和园、显示左右文武平衡，主辅和谐社会整体观念的北京城中轴线，为涵养“和谐”的价值目标提供了文化支撑。

---

① 马宝珠：《历史文化资源琐谈》，上海：东方出版中心 1997 年版，第 29 页。

2. 首都历史文化资源蕴含社会主义核心价值观社会层面的价值取向

近现代历史文化资源具有中外文化融合的特色，特别是近代新文化运动时期自由主义传统的形成与发展，有利于引领“自由”的价值取向。近代新式教育的兴起，教育受众越来越多，诸多教育机构如辅仁大学、国立北平大学女子师范学院等培养的新思想的民众，对于平等思想的提倡，有助于“平等”的价值取向的倡导与传播。中华历史文化中有“崇正义”的文化传统，圆明园遗址的残垣断壁，诉说着中华民族为抵御外辱、坚持正义所做出的努力，这都为涵养“公正”价值取向提供了思想资源。“法治”是中国传统社会治理的重要方面，中国近代法治的转型，为涵养“法治”的价值取向提高了历史借鉴。

3. 首都历史文化资源蕴含社会主义核心价值观个人层面的价值准则

中华民族在抗日战争留下的诸多作战遗迹如北京焦庄户地道战遗迹等，展现了中国军民团结一心共同抗日、保家卫国的历史场景，有利于宣扬“爱国”的价值准则。首都民俗文化中对于中华传统美德的推崇，有利于宣扬“敬业”的价值准则。首都非物质文化遗产中老字号的诚信经营方式、“鸡黍之约”的文化思想等，都为宣扬“诚信”的价值观提供了丰富的资源。与人为善是中华传统美德之一，《管子》中说“善人者，人亦善之”，传统文化中“性善、仁政、忠、惠、宽、敏、敬等个人的修身养性文化,[①] 有利于宣扬“友善”的价值准则。

---

① 顾萍、袁久红:《以中华优秀传统文化涵养社会主义核心价值观的前提与路径思考》，载《思想理论教育导刊》，2015 年第 10 期，第 73—75 页。

（二）首都历史文化资源对培育和践行社会主义核心价值观的意义

首都历史文化资源所蕴含的丰富深刻的精神和教育价值，对于大学生培育和践行社会主义核心价值观具有重要的理论和现实意义。

1. 首都历史文化资源为培育和践行社会主义核心价值观奠定了文化根基

首都历史文化资源是中华民族的精神家园的物质呈现。历史文化连接着过去、启示着现实、昭示着未来，是新时代民族精神不断发展创新的文化基础。首都历史文化资源所拥有的多种多样的表现形态与丰富多彩的思想内涵，鲜明地诠释着历代先进的中国人探索国家出路、寻求人民富强的艰苦历程，是凝练和展现社会主义核心价值观的文化源泉。高校大学生是实现中华民族伟大复兴中国梦的主体力量，只有在源远流长的中华民族历史文化的熏陶下，才能更加坚定对中国特色社会主义的道路自信、理论自信、制度自信和文化自信，进而培养爱党、爱人民、爱祖国的深厚情感，从而树立为实现中国特色社会主义共同理想、中华民族伟大复兴中国梦的伟大梦想、共产主义远大理想而奋斗的崇高志向。

2. 首都历史文化资源为培育和践行社会主义核心价值观提供了参与基础

高校大学生是培育和践行社会主义核心价值观的主体力量。首都历史文化资源大多是中国自古以来集体观念、集体思想与集体智慧的情感表达，作为优质的思想教育资源，具有感知性、现实性与渗透性的特点，对于新时代青年大学生的思想价值观念具有直接的教育作用。首都历史文化资源多以遗址、遗迹、实物、图片与影像等为传播载体，向青年大学生传递着中华民族几千年以来的优秀精神品质和崇高的理想信念。通过开展调研考察、撰写报告、志愿服务等形式，激发青年大学生学习和研究历史文化资源的热情与志向，进而提升培育和践行社会主义核心价值观的实效性。

3. 首都历史文化资源为培育和践行社会主义核心价值观拓宽了实践载体

首都历史文化资源丰富多样，相互融合，包含古今史迹，特色鲜明，蕴含着物质文化、精神文化和制度文化因素，涵养着道德品质、价值理念、理想志向、进步思想等积极因素，凝聚着中华民族自古以来仁人志士的奋斗经历、革命精神和思想成果，展现着中国共产党领导中国人民进行革命、建设与改革的历史进程，孕育着价值观自信和道路自信的正能量，这些历史文化资源是高校培育和践行社会主义核心价值观对大学生进行爱国主义教育、集体主义教育和社会主义道德观教育的重要载体。

（三）首都历史文化资源融入大学生社会主义核心价值观教育的路径与策略

首都北京是国家历史文化资源的集中地，亦是历史文化教育传播的引领者，理应充分发挥首都得天独厚的历史文化优势，为培育和践行社会主义核心价值观发挥示范作用。

1. 创新传播方式，让大学生社会主义核心价值观教育方式“活”起来

第一，传统式拓展，扩大宣传途径。传播首都历史文化资源，有利于首都文化传承，有利于陶冶人民的心灵，更有利于提升首都的文化软实力。宣传首都历史文化资源，可以从阅读、视听多角度多途径着手。其一，编撰图文并茂的首都历史文化资源普及读物或丛书，扩大高校大

学生阅读的范围。其二，绘制翔实的首都历史文化资源手册，作为高校大学生参观调研的宣传赠品，拓宽宣传渠道。其三，创建首都历史文化资源微信公众号，分主题制作微视频，充分将新媒体引入高校大学生课堂中。此外，为了更好地发挥首都历史文化资源的宣传作用，不断增强宣传教育的吸引力与感染力，需要不断创新历史文化资源的讲解方式。在充分利用传统讲解方式的同时，可以大胆创新，采用像表演、唱歌、相声、快板等艺术表现形式进行讲解，采用喜闻乐见的“中国语言”讲解“中国故事”，让青年大学生在艺术熏陶中接受思想洗礼。

第二，立体式推广，增强宣传力度。利用标牌、宣传栏、微信二维码等多种方式，在重要的首都历史文化资源的遗迹与遗址，简明扼要地介绍相关的历史文化信息，呈现历史的变迁和追述文化的情思。立体式宣传的优势在于：其一，全民参与的广泛性，凡是参观资源的大学生都可以选择自己喜欢的方式领略首都历史文化资源的文化变迁。其二，全民参与的快捷性，首都历史文化资源信息的传播立体式、全方位铺开，不受阅读时间、途径等的约束。其三，全民参与的保护性，让更多民众广泛享受首都历史文化资源的价值，并成为历史文化资源的保护者、历史文化价值的传承者和社会主义核心价值观的践行者。

第三，体验式培育，丰富宣传方式。首都历史文化资源是中华民族在历史革命和建设实践中所创造出来的物质与精神文化的总和。高校学生大多在博物馆、纪念馆、历史遗址等通过一个个历史遗物、历史展板去感受其所蕴含的价值观念与时代精神，这往往容易形成枯燥、单调的审美疲劳，价值观教育的实效性从而有所降低。应依托首都历史文化资源，进行社会主义核心价值观体验式培育，赋予博物馆、纪念馆、历史遗址等新的文化体验，开发集观光旅游、参观考察与文化调研于一体的历史文化主题节。同时，选取每个历史文化资源所具有纪念意义的时间举办特色的纪念活动，例如重回历史场景体验生活，利用科技手段打造声光化电的模拟场景与人物故事。这样，一方面扩大了首都历史文化资源宣传的力度与深度，另一方面体验式培育激发了青年大学生的主动性与积极性，从而巧妙地将爱国、自由、民主、富强等价值观融入体验式教育之中，进而更好地培育和践行社会主义核心价值观。

2. 整合特色资源，让大学生社会主义核心价值观教育教材“动”起来

第一，整合首都历史文化资源种类，对首都历史文化资源进行整体定位与合理规划，打造不同特色的历史文化资源精品品牌，重点打造具有首都特色的历史文化区。如孔庙－国子监的“国学中心”、什刹海休闲文化区、大栅栏—琉璃厂文化区、报国寺收藏文化中心等。与此同时，依托历史文化资源精品及历史文化区所蕴含的社会主义核心价值观的内容，进行有目标有主题有内涵的主题教育活动。比如，利用红色文化资源如卢沟桥与宛平城历史文化保护区、焦庄户地道战遗迹，致力于培育社会主义核心价值观的爱国层面的价值目标；利用提倡科学与民主的五四运动文化资源如北大红楼和《新青年》编辑部，致力于培育社会主义核心价值观的社会层面的价值目标；利用名人故居文化资源如谭嗣同故居、李大钊故居、董必武故居、蔡元培故居、张自忠故居等，致力于培育社会主义核心价值观的个人层面的价值目标。

第二，整合首都历史文化资源主题特色展览，依托历史文化资源聚集区，进一步发挥首都历史文化资源在培育和践行社会主义核心价值观中的作用。例如，依托西城区的系列会馆展示会馆文化与风俗文化；依托陶然亭展示中国古代园林文化的发展历程与其所体现的人与自然和谐相处的传统文化思想；依托近现代革命遗迹等战争纪念地，运用珍贵的历史图片、文物文献资料及多媒体艺术手段等，回顾展示近代先进的中国人留下的历史遗迹，以及中国共产党领导广大人民群众为争取民族独立和人民解放所作出的牺牲，引导青年大学生在新时代明辨是非荣辱，

树立正确的价值取向。

第三，整合建立首都历史文化资源信息中心，为培育社会主义核心价值观和构建首都文化服务体系提供翔实的素材与载体。首都历史文化资源信息中心对历史文化资源的分布、内涵、价值、保存现状与利用程度等进行统一的整合、管理、维护与更新。信息中心为高校大学生依据不同的需求选择提供丰富多样的历史文化旅游资源，同时，为培育和践行社会主义核心价值观提供共建共享的资源主题方案，从而将历史文化与价值观教育注入资源之中，有效避免历史文化资源旅游化、景观化，激活其本来应有的思想文化功能。

3. 创设历史课堂，让大学生社会主义核心价值观教育战线“连”起来

第一，加强首都历史文化资源内容建设，夯实教育支撑点。完善首都历史文化资源的教育内容建设，系统整理挖掘历史文化，既要包括中国近现代时期土地革命、抗日战争和解放战争阶段的文化资源，又要涵盖首都古代遗址文化、传统文化和都城文化等资源，在此基础上拓展历史文化研究的深度和力度，全方位总结首都历史文化资源所体现的各种精神，为培育和践行社会主义核心价值观夯实教育支撑点。同时，由政府统一规划、统筹安排，集中组织首都历史文化研究的骨干力量，广泛收集与征集历史文化资源相关的文献与史料，实地采访历史文化资源的见证者与亲历者，进一步完善丰富首都历史文化资源库，在“北京印迹”网站①的基础之上，拍摄首都历史文化资源系列微视频，建设历史文化资源网上展览馆，编写历史文化资源融入大学生社会主义核心价值

① “北京印迹”网站是北京市规划和自然资源委员会在对北京老城历史文化资源信息进行梳理、整合后开发的网页，于2018年12月17日启动上线，系统梳理和采集了北京老城18类、73小类历史文化资源3万余条。

观教育的相关读本与图书。

第二，提升首都历史文化资源传播语言能力，找准教育切入点。把握社会主义核心价值观教育对象的特点，利用首都历史文化资源有针对性地设计宣传方式和语言风格，尽量避免直接搬用政策和文件语言，而多采用青年大学生喜闻乐见的生活语言，让首都历史文化资源融入社会主义核心价值观教育更加接地气，更加贴近大学生的实际生活。对于高校大学生群体，可以采取网络直播、红色动漫、沙画等时尚的文化传播形式，在传播首都历史文化的同时，提升培育和践行社会主义核心价值观的实效性。

第三，建设政府、社区、学校“三位一体”的育人机制，增强教育着力点。通过政府规划、社区行动、学校开展，有步骤有计划地开展首都历史文化资源学习与教育活动，让青年大学生更好地了解首都历史文化，传承历史文化，形成崇尚历史文化的良好氛围。通过邀请首都历史文化相关领域的专家及博物馆、纪念馆、名人故居等爱国主义基地的讲解员等专业人员进社区、进校园、进课堂，为高校大学生举办一系列别开生面的首都历史文化主题教育讲座，在与专家学者面对面的互动交流中实现文化传承、思想解惑和价值引导。

4. 打造教育基地，让大学生社会主义核心价值观教育根基“固”起来

近年来，北京市对历史文化资源进行了系统梳理与深入挖掘，打造了许多社会主义核心价值观教育示范基地，如北京南海子麋鹿苑博物馆等，此外还有众多的爱国主义教育基地，如圆明园、双清别墅、东北义园、抗战名将纪念馆等。充分发挥挖掘教育基地的培育服务功能，丰富教育基地的培育方式途径，将教育基地对弘扬社会主义核心价值观的作用最大化地合理发挥。

第一，挖掘基地的精神内涵，增强社会主义核心价值观教育的吸引

力。首都历史文化资源拥有观赏性、艺术性与思想性凝聚一体的特性，蕴含着丰富的革命精神和文化内涵，体现了中华民族先辈们对崇高理想信念的坚守、对开拓创新精神的发扬。以此为素材，可将其精神内涵引申到政治信仰教育、民族精神教育和行为规范教育中，而这正是培育和践行社会主义核心价值观的重要内容。每一个首都历史文化资源教育基地都记录了源远流长的历史，承载着意义非凡的文化基因，彰显着伟大的民族精神。建设教育基地，挖掘精神内涵，使得历史文化资源不仅呈现物、景、历史，更洞见人的印迹、民族的历程、闪亮的思想与不朽的精神，体现社会主义核心价值观所展现的崇高精神与价值取向。教育基地的题材、内容、形式多样，但通过研究精神内涵，系统地阐释与提炼，指导青年大学生在接受历史文化资源本身信息的基础上，充分挖掘其背后的象征意义，将其蕴含的社会主义核心价值观重新生发和提升出来，寻求其阐发当代价值的新途径，最大限度地发挥首都历史文化资源所具有的教育效果。

第二，丰富教育形式，增强社会主义核心价值观教育的感染力。对于教育基地，实地参观是大众最熟悉的方式，新时代可以通过更多与时俱进的教育形式使高校大学生从情感上认同、行为上践行社会主义核心价值观。其一，教育基地的历史文化教育资源进入首都高校课堂教学与社区讲堂，特别是有机融合到高校思想政治理论课教学中，不断增强“主渠道”的作用，将思政课所讲述的典型历史事件、历史遗迹、革命遗址，与其实体的所在位置，形象地结合呼应起来。其二，发动社会民众力量，与教育基地共建首都历史文化资源相关网站，建设历史文化资源网上纪念馆、在网络上虚拟参观教育基地，可以采用全方位三百六十度的现代科技虚拟景观使人仿佛置身历史场景中，深入了解历史文化，宣传社会主义核心价值观。其三，通过大学生志愿服务的形式，拓展实践教育服务队伍，改变走马观花式的游览，让更多的高校大学生主动融入教育基地的环境之中。大学生可在教育基地担任志愿讲解员和义务引导员，身临其境地去感受、体验、传播历史文化资源。青年大学生通过教育基地氛围的熏陶、情景的感染，用身体与心灵共同感受中华民族先辈们的精神面貌和理想信念，与周围的历史文化氛围形成共鸣，自主领会首都历史文化资源所蕴含的精神与思想感召力，在自我价值观教育中实现知、言、行的统一。

第三，提升教育效果，增强社会主义核心价值观教育的影响力。首都历史文化资源相关的教育基地作为社会主义核心价值观教育的实践场所，需要基地与高校、社区合力建设，三方面的力量相互帮助、相互监督、相互支持。其一，共同制定教育基地的社会主义核心价值观教育规划。在与大众文化、时尚文化对比的过程中，突出呈现社会主义核心价值观教育所传承的中华民族历久弥新所形成的爱国品质、艰苦奋斗品质、自强不息品质、诚信友善的品质。依据不同的首都历史文化资源的特点，制定与社会主义核心价值观教育相适应的规划，凸显社会主义核心价值观在历史文化资源教育基地的深厚底蕴与积淀。其二，及时了解与反馈教育基地在进行社会主义核心价值观教育过程中的效果。教育基地与参与教育的相关部门制订合理的教育测评方案，结合参与者的情感体验、理性认知与行为表现等进行调查分析研究，科学理性地对待反馈意见，并依此不断改进教育内容与途径。其三，与时俱进地找准教育基地与社会主义核心价值观的结合点，力争做到旧物新读。作为首都历史文化资源教育基地，应及时关注与主动融合社会主义核心价值观教育的热点、难点与重点，使教育基地可以成为社会主义核心价值观的稳固基地，使高校大学生真正能够通过历史文化资源教育基地获得有情感、有深度、有理性的社会主义核心价值观教育。

三、理工科大学生的理想信念教育

科技发展关乎国家民族兴衰，关系国家的硬实力；一个国家的民族和人民的社会政治理想体现着国家的软实力，对经济社会发展具有极大的统摄力，同样对科学技术发展进步产生重要影响。理工科大学生作为学习和掌握关键核心技术的人才，理想信念教育至关重要，而正确坚定的理想信念将极大地激发大学生学习掌握关键核心技术的热情，促进科技创新快速发展。

（一）社会理想信念坚定、国家民族兴旺发达、关键核心科技发展之间存在辩证统一关系

当前在我国所处的社会发展阶段，关键核心技术的突破直接关系我们能否迈出“中等收入陷阱”、跨越“修昔底德陷阱”，而社会政治理想将直接为关键核心技术的发展提供强大动力。

1. 中华民族的社会理想是国家民族兴盛发展延续的根本动力源泉

人类的社会理想始终与社会经济政治的发展紧密相关，社会理想对生活于其中的人民具有强大的凝聚力和向心力。理想是一种向往和追究，信念则是朝着向往目标奋斗的动力，理想信念是人的一种精神和心理需求，是人生观、世界观和价值观的集中体现。社会政治理想是人们对理想社会的向往和追求。中华文明是世界唯一未曾中断，连绵至今的人类文明。中华民族生生不息，文明连绵不断，很重要的原因就是传统文化和精神力量的传承对中华民族发展形成有力支撑，中华传统文化就是民族兴盛发展的最根本动力源泉。

中国历史上的仁人志士正是凭借强大的理想信念才对民族发展做出巨大贡献。中华民族从来就不缺乏理想信念支撑的仁人志士，中国古代历史上有着众多理想远大、信念执着的先贤。孔子为追求“敬天爱人，礼乐盛行”的美好社会理想，虽颠沛流离、困顿坎坷亦不改初衷，成为万世敬仰之楷模。秦始皇正是怀揣“一统天下”的社会理想最终扫平六合，成为千古一帝，为中华民族两千年统一发展奠定了基础。张骞抱着

“夹击匈奴”的目标穿越大漠戈壁，出使西域成为东西方交流的古丝绸之路的开拓者。诸葛亮抱着“治国平天下”的理想，不求功成身退，鞠躬尽瘁而成为名垂青史的一代贤相。岳飞怀着“精忠报国”的理想信念，立下“还我河山”的壮志，征战沙场留下千古美名。

从中华古典名著中亦可感受到社会理想力量的彰显。《西游记》中唐僧师徒四人正是在“取回真经，普度众生”的强大理想信念支撑下克服重重困难最终使命圆满的。《三国演义》中刘关张三兄弟正是在“上报国家，下安黎庶”的社会理想下桃园结义并终建立蜀汉霸业的。《水浒传》中众多行侠仗义的好汉正是抱着“替天行道，劫富济贫”的理想聚义梁山除暴安良的。

从中国近代历史发展之中更能体会理想信念对民族复兴的指引作用。林则徐怀着“苟利国家生死以，岂因祸福避趋之”的社会理想实施虎门销烟并防卫新疆成为一位真正的民族英雄。梁启超在西方列强横霸天下时提出将“老大帝国”化而为“少年中国”的变革社会的理想唤醒数代国人。孙中山先生是以“振兴中华”为理想推翻清朝反动统治，实行民主革命的。毛泽东怀着“改造中国，改造世界”的远大理想实现中国革命的伟大胜利并开启民族复兴的伟大事业。中国工农红军将士正是在“抗战救亡”的强大理想信念支撑下完成了史诗般的长征的。更多老一辈革命家怀着民族图存和建立新中国的理想信念投身伟大的革命斗争事业中，更多革命先烈和千万普通共产党人正是怀着实现共产主义远大理想而英勇奋斗甚至不惜献出宝贵生命的。

中华民族历史上就形成了以爱国主义为核心的民族精神，正是这种民族精神成为实现中华民族伟大复兴不竭力量源泉。

2. 人类社会发展的历史已经证实，科学技术发展直接关系到国家民族兴衰

从人类社会发展进程来看，人类社会经历了农业革命、工业革命和

正在经历的信息革命，尤其是信息革命标志着人类认识和改造世界的能力又一次极大提升。当前经济全球化、世界多极化、社会信息化和文化多元化等国际国内形势深刻发展，以信息技术为代表的高新技术飞速发展对人类社会影响深刻。中国经济和科技在改革开放以来特别是党的十八大以来取得极大发展，目前中国已经成为世界第二大经济体，制造业第一大国，科技创新正从量的积累迈向质的突破。中国曾经是世界政治、经济和军事强国，由于近代清王朝在欧洲经历工业革命的发展、世界政治军事大变革的过程中闭关锁国，导致中国综合实力逐步落后，尤其是错过了蒸汽机和电气化两次工业革命历史发展机遇，最终落到被动挨打的境地。近一百年来在中国共产党的带领下中国人民经过艰苦卓绝的奋斗，尤其是新中国成立后努力实现工业化的追赶，使中华民族逐渐从发展低谷重新迈向民族复兴，中华民族正在迎来从站起来、富起来到强起来的历史性飞跃。2018 年 5 月 28 日习近平总书记在两院院士大会讲话中强调指出“中国要强盛、要复兴，就一定要大力发展科学技术，努力成为世界主要科学中心和创新高地。”①

3. 坚定的社会理想信念是关键核心科技发展的动力源泉，同时社会政治理想具有鲜明的时代特征

新中国成立初期，钱学森、邓稼先和黄旭华等老一辈科学家坚守“报效国家，民族振兴”的理想信念，无私奉献，忘我工作，为中国“两弹一星”等国防科技事业发展做出了巨大贡献，为维护国家主权和民族独立奠定了坚实的国防基础。改革开放以来，尤其是党的十八大以来，在科技工作者的努力工作下，我国科技事业又取得了巨大成就。高

---

① 习近平：《在中国科学院第十九次院士大会、中国工程院第十四次院士大会上的讲话》，http：//www. xinhuanet. com/politics/leaders/2018 – 05/28/c_1122901308. htm（浏览时间：2020 年 10 月 28 日）。

速列车、大型船舶制造、特高压输变电、大型客机制造等关键核心技术领先世界或加速追赶世界先进水平。企业加大对核心关键技术的研发投入，国家创新研究体系不断完善，科技创新人才不断聚集增长。

实现中华民族伟大复兴的社会政治理想激励形成了改革创新的时代精神。党的十一届三中全会以来，我国经济社会发展逐渐步入正轨，为了尽快发展经济，赶上发达国家的步伐，1979 年邓小平重提实现四个“现代化”的目标，并进行了量化，党的十二大以来，开始探索建设中国特色社会主义。四个“现代化”的发展目标曾经激励着各行各业昼夜奋战，中国特色社会主义的社会理想也凝聚了中华民族前进的力量。正是在这一社会政治理想的统领下，为了求发展求进步，我们解放思想、实事求是、改革创新、与时俱进，体现了党的勇气和魄力，也体现了共产党人对社会理想的执着追求和坚定的信念。改革创新的时代精神是在四十年改革开放的历史进程中逐渐形成的，这种时代精神集中体现了当代中国人民的整体精神面貌和民族特质，是激励全中国人民奋发图强的强大精神动力，是当代中国人民共同追求的价值取向。

以改革创新为核心的时代精神是在实现“四个现代化”的目标指引下，在建设中国特色社会主义事业得实践中形成的。这一时代精神是我国改革开放时期关键核心技术的发展动力。改革开放的发展历程中逐渐形成了时代精神，其精神主要体现在“与时俱进，勇于创新，求真务实，奋勇争先”。以改革创新为核心的新时代精神内涵就是要解放和发展生产力，在习近平新时代中国特色社会主义思想指引下大力推动科技创新，建设创新型国家。改革是破除旧的、与生产力发展不相适应的思维方式、生产方式和体制机制，并根据生产力的发展趋势和需要，建立更加适应生产力发展的思维方式、生产方式和体制机制。创新是根据社会发展需要改进或创造新的事物，包括新的思想、方法、发明和创造等，创新的本质是实现对旧事物的变革、进步和超越。

以改革创新为核心的时代精神的本质体现了“爱国主义”的内在特征。这种特征是对中国共产党领导中国人民在革命时期和新中国建设初期所形成时代精神的继承和发展。中国共产党带领中国人民在革命、建设和改革的不同历史时期形成了宝贵的精神财富，如革命战争时期形成的“红船精神”“井冈山精神”“长征精神”“延安精神”和“西柏坡精神”，在社会主义建设初期实践中形成的“大庆精神”“北大荒精神”“新疆兵团精神”“两弹一星精神”等，在改革开放时期形成的“特区精神”“青藏铁路精神”“载人航天精神”等。这些不同时期所形成的精神，有着不同的时代条件和奋斗目标，同时这些精神又是一以贯之、一脉相承的，都体现着中国共产党人“以人民为中心”的理念和爱国主义的历史传统。尤其是“两弹一星”和“载人航天精神”，体现了中国老一辈和新一代科技工作者坚守“报效祖国，无私奉献”的理想信念并为之奋斗的成果，体现了中国共产党带领中国人民为实现国家富强和人民幸福而奋斗的崇高理想信念。

当前实现中华民族伟大复兴的中国梦是当前中国社会共同坚守的理想信念。实现民族的复兴最终体现在国家的政治、经济、军事和文化等各方面的强大。国家经济强大首先体现在工业制造技术和科学技术的强大，经济的竞争突出体现在以高科技领域为主的实力竞争。实现建设社会主义现代化强国的伟大目标，必须具有强大的科技实力和创新能力。科技发展深刻影响国家的前途命运，也影响人民生活的福祉。

（二）当前关键核心技术领域的竞争直接关系到我国经济、政治和国家安全

1. 当今时代关键核心技术在国家经济竞争中起着决定性作用

在关键核心技术领域，以美国为首的西方发达国家长期采取限制对

中国高技术产品的出口的政策。2016 年 5 月 30 日习近平总书记在全国科技创新大会指出“同建设世界科技强国的目标相比，中国发展还面临重大科技瓶颈，关键核心领域技术受制于人的格局还没有从根本上改变，科技基础仍然薄弱，科技创新能力特别是原创能力还有很多差距”。2018 年 5 月 28 日习近平总书记在两院院士大会讲话中指出“我国基础科学研究短板依然突出，企业对基础研究重视不够，重大原创性成果缺乏，底层基础技术、基础工艺能力不足，工业母机、高端芯片、基础软硬件、开发平台、基本算法、基础元器件、基础材料等瓶颈仍然突出，关键核心技术受制于人的局面没有得到根本性改变。”① 没有掌握核心关键技术，没有扎实的基础技术研发，仿佛是沙地上建大厦，又如空中建楼阁，再大再漂亮也不堪一击。

2. 当今时代信息领域关键核心技术在国家未来竞争中起着关键作用

在当前信息技术高速发展的社会，网络信息通信技术和产业在国家经济发展中尤为重要。信息技术是新生产力和新科技革命创新驱动力量的代表，当前信息技术正在引领的新一轮工业革命，网络信息技术变革的突破体现在三个方面：一是云计算、大数据和物联网发展；二是人工智能、自动驾驶和5G 领域的发展；三是虚拟现实技术和 VR 技术的突破。特别是互联网、大数据、云计算和人工智能等信息技术对新型工业化、城镇化、农业现代化都有巨大推动作用。中国出现了百度、阿里、腾讯等世界级市值的互联网企业，也出现了华为、中兴等世界级通信制造企业。据中国信息通信研究院 2020 年 7 月出版的《中国数字经济发

---

① 习近平：《在中国科学院第十九次院士大会、中国工程院第十四次院士大会上的讲话》，http：//www. xinhuanet. com/politics/2018 – 05/28/c_1122901308. htm（浏览时间：2020 年 10 月 28 日）。

展白皮书》，当前中国信息工业产值目前占国内生产总值的比重超过三分之一，从业人数超过五分之一。但是中国的信息产业发展与美国等发达国家仍有差距，尤其高端芯片和操作系统等信息领域的核心技术很多仍掌握在外国企业手中。当前美国占全球信息领域产值的30%，并且占据着信息技术高端，美国有信息技术方面的高新技术企业的“八大金刚”，包括生产高端路由器的思科（Cisco），生产超大型主机的IBM，生产通用芯片的因特尔（Intel），生产桌面操作系统的微软（Microsoft），生产最流行数据库的甲骨文（Oracle），以及占据移动互联网操作系统的巨头谷歌（安卓）和苹果（IOS），正是这些国际知名的高新技术公司使美国引领着信息领域技术发展，处于信息产业研发上游并占据垄断地位。以芯片产业发展为例，2019年中国进口核心芯片产值3000亿美金左右，超过进口原油的2400亿美金。当前我国在芯片核心元器件领域，虽然有诸如曙光、海光等公司，但是芯片领域核心竞争能力，体现在创新链、产业链、价值链的整合能力上，仍缺乏相关应用和生态的发展。我国在芯片设计领域尤其是通用芯片和高性能芯片领域与美国仍有巨大差距，在芯片设计生产制造的全产业链上也与美国有相当的差距，比如中国进口制作芯片的光刻机来自荷兰，但是光刻机的核心部件，荷兰也需要从美国进口。网络信息领域核心技术的差距，尤其是芯片制造产业链的不完善，导致2019年中美贸易摩擦中，“中兴”和“华为”公司被美国政府制裁和禁售，这反映出中国的信息领域关键核心技术发展的瓶颈，暴露了中国信息工业产业发展的软肋，表明如果核心关键技术长期依赖国外进口，企业随时就有被卡脖子的危险。核心技术是靠化缘化不来的，同时芯片制造等核心技术是单独靠钱也是堆不出来的。

3. 当今时代关键核心技术发展的竞争已经表现为国家社会制度的竞争

从社会发展史角度看，当前的关键核心技术领域的竞争，又体现为资本主义和社会主义制度先进性之间的竞争，是两种制度进入较量和斗争的新阶段。邓小平指出“科学技术是第一生产力”。把握人类社会的发展大势和信息化的发展趋势，工业革命和信息技术革命对人类社会影响，体现生产力发展对生产关系和上层建筑的深刻影响，高新技术发展的竞争体现的是两种社会制度的根本竞争。当前世界格局进入百年未有之大变局，世界的不确定性增强。中美大国关系由战略性接触进入战略性竞争阶段，美国对中国的高新技术发展全面遏制和打压，集中体现在高端产业和关键核心技术领域，实质是中美两个大国在发展道路和发展模式上的竞争具体体现。

4. 当今时代关键核心技术发展竞争直接关系国家主权、安全和发展利益

我们党有光荣的革命历史和传统，中国共产党靠革命战争建立新中国，靠改革开放赢得经济繁荣发展，在新时代必须继续发扬独立自主、自力更生的优良传统，坚持改革创新，坚持进一步扩大开放，增强斗争意识，才能在未来大国竞争中赢得胜利。加大基础科研领域的研发力度，应用领域技术研发的突破可以实现产业制造的倍增。如当前中国在信息领域应用技术的研发发展态势良好，可以迅速吸收、消化和模仿国外先进技术并取得良好的经济效益，但是如何实现关键核心领域基础研究领域的突破，实现从 0 到 1 的突破，相比发达国家还有较大差距。针对中国高技术领域企业制裁卡脖子的事情，国家和企业迅速反应，把握历史机遇，加大核心技术的投入，尤其加大基础科研领域的投入。比如在信息技术领域包括中国国企、民企、政府在操作系统和集成电路芯片技术方面都在加大研发投入，提升自主创新能力，实现了底层和应用平台层的技术突破，如今中国企业在 5G 通信和网络基础技术 IPV6 等方面都占得先机。关键核心技术领域的竞争，体现新兴大国和守成大国之间的竞争，甚至关键核心技术领域的竞争

会延伸到军事斗争领域，这就直接关系到国家主权、安全和发展利益。中国应继续发扬“两弹一星”和“航空航天”精神，实现关键核心领域核心技术的突破，掌握现代战争的杀手锏技术，实现国家安全的保障。

（三）当代理工科大学生理想信念的特点及加强理想信念教育的重要性

当代理工科大学生思想和认知活跃，更加具有专业务实精神，自我意识和自我价值实现意愿更强。他们大多数在毕业后会面临就业压力大、收入差距大、高房价等带来的心理压力等实际问题，一些刚毕业的大学生常会使用“地青”等自嘲，但是也有着“心忧天下”的家国情怀，理想信念更加坚定，爱国情怀和社会责任感更加强烈。我们要面对国内不平衡不充分的发展所导致的复杂社会问题给理工科大学生造成了消极影响，也要面对经济全球化和世界格局的复杂变化对思想的影响和渗透，面对科学技术的深刻变革对思维和生活方式的影响。理工科大学生专业特色更加显著，更加重视专业知识和专业技能的培养，同时较缺乏人文精神和职业生涯规划，亦有少数人政治信仰迷茫、理想信念模糊，他们对加强理想信念的教育需求显得更加迫切。理工科大学生大多数将成为未来各工业领域的工程师和专业技术人才，是中国工业制造业发展，尤其是未来三十年实现关键核心领域突破并实现技术创新赶超的核心力量，也是21世纪中叶推动中国实现富强民主文明和谐美丽的社会主义现代化强国的中坚力量。大学期间是世界观、人生观和价值观形成的关键时期，因此加强当代理工科大学生的理想信念教育显得尤为重要。

（四）理工科大学生理想信念教育的方法和途径探索

1. 对当代理工科大学生的理想信念教育要从树立四个自信出发

自信是动力的来源，是成功的保证，是克服困难和挫折的保证。当代理工科大学生要树立对中国特色社会主义发展道路的自信。社会主义发展道路是中国共产党带领中国人民长期奋斗和探索出来的符合中国国情的正确发展道路。共产主义远大理想和中国特色社会主义共同理想是建立在人类历史发展客观规律认识基础上的，正是有了坚定的共产主义理想信念，中国共产党才能够在非常困难的条件下带领中国人民取得中国革命的伟大胜利，并在新中国建设和改革开放事业中取得新的伟大胜利。四个自信是对中国特色社会主义道路、理论、制度和文化的肯定，是在新时代对坚定中国特色社会主义共同理想的理想信念的时代发展和思想阐释。坚定“四个自信”是坚定理想信念的根本途径和根本保证。在“四个自信”中，“文化自信”是对理想信念的自信，只有对理想信念自信，才能够对中华民族传统优秀文化、革命文化和社会主义先进文化充满自信和自豪，才能够从内心对中国特色社会主义道路、制度和理论更加理解和认同。才能够在当前世界大发展、大变革和调整中，认识中国发展道路和模式的正确性，才能够更加坚定中国特色社会主义共同理想的理想信念，才能够不忘初心、继续前进，承担其历史责任使命。

2. 对当代理工科大学生的理想信念教育要强化他们对国情、世情和党情的认识

从社会现实和国家发展需要出发，大学生应对中国的国情有深刻的认识，对中国历史发展尤其中国近代历史以及中国共产党党史的发展历史有深刻认识。新中国成立后我们党带领人民实现国家工业化和现代化

的发展是经过艰辛路程的，在这个历史发展中，中国人民树立起自力更生、艰苦奋斗的精神，正是这种理想信念和精神激励中国人民不断实现着新中国在工业技术领域关键核心技术的突破。中国“两弹一星”和“载人航天”事业发展取得的辉煌成就，无不是无数科技工作者几十年、几代人无私奉献取得的。当前各工业领域核心技术多是需要几代人、几十年发展和积累才可能实现技术和产业上突破，更需要数代科技工作者继续发扬自力更生和长期奋斗的精神。当前我国在载人航天、深海探测、高速铁路和超级计算机等关键核心技术领域取得的世界先进水平，无不是经过几十年艰苦的科技攻关和技术积累获得的。当前我国在机械制造领域、精密数控机床、信息技术、高端芯片操作系统、航空发动机、航空母舰飞机弹射系统等方面与发达国家还有相当大的差距，而这些领域的核心工业技术与国家安全密切相关，关系国家战略安全。这些领域的关键技术的突破仍需要几十年或更长时间的技术研发的投入和追赶。关键核心技术研发更需要人能耐得住寂寞，坐得住基础研究的冷板凳，不急于短时间的经济利益，在这个漫长的科研探索和实践中，无论国家、企业和个人都需要理想信念的支撑和奉献精神。当代理工科大学生需要继承和发扬“两弹一星”和“载人航天”的求真务实、独立自主、自力更生、爱国奉献和开拓进取的精神，才能不断实现对西方发达国家先进技术的赶超，从而实现国家经济领域的真正富强，实现国家发展和安全。

3. 把握理工科大学生的特点，开展针对性和实效性强的理想信念教育

理工科大学生具有自身独特的特点，如相比经济和社会发展，在大学阶段更加关注技术的发展和应用；对科学技术领域的大家有自发的崇拜，这些大家的个人魅力也往往对理工科大学生具有不可抗拒的感染力；偏向于通过自身掌握的科学技术之路达成爱国志向和奉献社会的

理想。

大学生的理想信念因为自身所处年龄阶段具有自身的特殊规定性，如大学生社会政治理想随着理性认知的成熟而趋于成熟，大学生社会政治理想在与其他层次理想的互相碰撞中趋于稳定，大学生更加认同社会政治理想的内生转化。

结合这些特点，在理工科大学生的思想政治理论课程中除进行系统的马克思主义理论教育，坚持用科学理论武装头脑外，应该通过多种网络媒体宣传中国科技发展的创新成果，传播正能量，宣传钱学森、邓稼先和黄旭华等老一辈科学家和先进人物的感人事迹，培养当代理工科大学生“干惊天动地事，做隐姓埋名人”的历史使命感和人生情怀，引导他们树立埋头实干发展我们国家的核心技术的信念，承担起今后几十年内实现奋勇赶超的历史责任。此外，应该提升理工科大学生的国际视野、科学精神和创新精神。加强创新创业教育，将科学精神和人文精神相融合，树立追求真理的高尚品德和不断超越现状的创新精神。另外，在世界一流大学和一流学科的建设中，注重培养拔尖创新人才。应该深挖优秀理工科大学的校史、校训、校风和校歌等学校精神和学校文化，如清华大学的“自强不息，厚德载物”，浙江大学的“求是创新”精神，西安交通大学的“西迁精神”，哈尔滨工业大学的“铭记责任，求真务实”，西北工业大学的“公诚勇毅”等。应注重在实践中培养理工科大学生的正确理想信念，通过各行业专家和院士讲座拓展他们对当前科技发展前沿的了解，使他们了解并认识我国与发达国家在核心技术方面的差距，通过参观“国家科技成就展”使他们树立对发展科技的信心，通过走进革命圣地的暑期活动使他们树立对中国社会主义道路的信仰，通过校企联合培养塑造他们的精益求精勇于创新的“工匠精神”，通过多种社会实践升华理工科大学生的认知水平，提升他们对国情世情的认知能力，使得他们树立知行合一的人生信念。

4. 强化当代理工科大学生的使命担当教育，以新时代新精神引领和凝聚理工科大学生

中国在革命、建设和改革过程形成了时代特色鲜明的精神，如“五四精神”“长征精神”“‘两弹一星’精神”“载人航天精神”等，这些时代精神一脉相承，是中国革命、建设和改革事业发展的宝贵精神财富。“一代人有一代人的奋斗，一个时代有一个时代的担当。”① 当代理工科大学生肩负实现中华民族伟大复兴的历史使命，也肩负着实现国家发展急需核心技术突破的历史使命。当代理工科大学生应当“弘扬老一辈科学家科学报国的光荣传统，追求真理、勇攀高峰的科学精神，勇于创新、严谨求实的学术风气，把个人理想自觉融入国家发展伟业，在科学前沿孜孜求索，在重大科技领域不断取得突破。”② 当代理工大学生要有“先天下之忧而忧，后天下之乐而乐”的深厚历史情怀。当代大学生的理想信念教育要把坚定理想信念与培养历史使命担当相结合，当代大学生应该坚定政治信仰，准确把握基本国情，深化历史认知，正确认识历史规律，积极投身社会实践，努力钻研和掌握现代科技知识，培养高尚的品德、勇于奉献的精神和战胜困难的勇气，培养创新能力和“工匠精神”，在未来几十年对中国核心技术和产业发展做出历史贡献，在新的历史时期形成无愧于祖国的时代精神。

---

① 李斌：《迸发新时代爱国主义伟力》，载《人民日报》，2019 年 11 月 14 日，第 4 版。

② 侯建国：《不忘科学报国初心 牢记科技强国使命》，载《光明日报》，2019 年 9 月 19 日，第 5 版。

第三章　新时代高校意识形态建设研究

一、对历史虚无主义的批判

改革开放以来，世界格局发生了深刻变化，以中国为代表的发展中国家的崛起给西方资本社会所主导的国际秩序构成新的挑战，由此，世界进入多极化发展的新格局。但我们“仍然处于资本主义社会形态占统治地位并逐步向社会主义过渡的大的历史时代”①，来自西方的历史虚无主义思潮对我国当前的主流意识形态产生极大的影响。针对其负面影响，习近平总书记一针见血地点明：“苏联为什么解体？苏共为什么垮台？一个重要原因就是意识形态领域的斗争十分激烈，全面否定苏联历史、苏共历史，否定列宁，否定斯大林，搞历史虚无主义。”② 历史虚无主义不仅是理论问题，更是一种实践问题，尤其是伴随改革开放所生的社会化渗透，已经严重影响民间社会对主流价值观的认同。但是，目前

---

① 金民卿：《增强意识形态安全意识的时代依据和对策思考》，载《当代世界与社会主义》，2018 年第 6 期，第 24 页。

② 中共中央文献研究室：《十八大以来重要文献选编（上）》，北京：中央文献出版社 2014 年版，第 113 页。

学术界对历史虚无主义的批判大多停留在理论意义的层面，还缺乏深入的社会批判。为此，需要从历史虚无主义社会化的新思潮出发，突破只从理论批判出发的片面性，向以社会批判为核心的批判范式转航。

（一）主观感觉论：关于历史虚无主义批判的理论起点

就整体而言，历史发展必然拥有其内在规律及发展特征，这其中不仅隐含着必然性趋势，同时也会有偶发性因素造成的回流。既然历史同时蕴含着截然相反的两大趋势，那么对于研究者来说必然面临三大可能性：一是探究历史存在的必然规律，否定偶发作用，这必然造成盲目性地抨击和否定以往历史中违背了必然性和进步性的事件或活动；二是注重和强调历史发展的偶然性，认为这一进程中并不存在必然性规律，这必然造成盲目性地抨击和否定以往历史发展进程中与偶然性和个性化要求相悖的事件或活动；三是既突出历史发展的必然规律，同时承认历史发展存在偶发性因素。对比分析以上三种解释性方法，前两种解释方法并不符合公正客观的要求，唯有第三种解释全面且客观。历史很难公正客观地被看待，黑格尔曾指明，"命运把那些古代的艺术品给予我们，但却没有把它们周围的世界，没有把那些艺术品在其中开花结果的当时伦理生活的春天和夏天一并给予我们，而给予我们的只是对这种现实性的朦胧的回忆"①。因此，对历史的研究和阐释要力求客观性和公正性，既要探究和遵循历史发展的必然规律，同时又要正确对待这一发展进程中出现的偶发性和个性化特征。由此可见，前两种历史阐述方法必然得出虚无化的研究结论。

历史虚无主义作为唯心史观的范畴之一，在整个意识形态领域不断反复抬头且出现了逐步蔓延的发展态势，成为整个学术研究领域集中批

---

① 〔德〕黑格尔：《精神现象学（下卷）》，贺麟、王玖兴译，北京：商务印书馆1981年版，第231页。

判的对象。当前，国内学者集中对这一错误思潮展开了研究与批判，取得了系统性的研究成果。从这一思潮的发展历程上看，相关研究人员表明，“对历史的某种虚无化，早就内生于启蒙运动的逻辑之中”①。很多研究者认为，历史虚无主义提倡以历史选择论代替唯物史观，以为历史虚无主义在历史观层面上是历史唯心主义的，从而得出唯物史观是机械决定论的伪命题，事实上这是夸大“抽象的人性”在历史层面的必要作用。关于历史虚无主义造成的不利影响，很多学者表示这种扭曲的价值观点与历史世界的价值相背离。“这种虚无主义首先是一种跟传统形而上学内在相关的价值虚无主义。把传统意义上的崇高价值重估为一种柏拉图主义（传统形而上学）的臆造，那就必然导致一种否定以往（构造并延续这段）历史的历史虚无主义。”② 研究者们大都将关注的焦点集中在这一错误思潮对社会主义建设实践的有序发展构成的负面影响方面。同时也表示，“最近一个时期，有些人在西方自由主义和‘普世价值’观念的鼓噪下，攻击乃至否定中国历史，认为改革开放以前的历史并没有使中国社会进步和发展，而是带来了一系列灾难”③。总而言之，这些研究成果表明，历史虚无主义就是在顺应历史选择论的背景下演变成为的唯心主义史观。

但理论界普遍认为不能单纯将历史虚无主义作为唯心史观的某一范畴，这一定义显然脱离了历史虚无主义的核心要义。虽然主观唯心主义是历史虚无主义的具体体现，历史虚无主义具备唯心主义的本质属性，但是要更为清晰明确地把握其思想本质，就必须追本溯源，探究这一思潮产生的根本原因，研究其发展路径和判断标准。就核心内涵来说，历史虚无主义是兼具唯心主义历史观和主观感觉论的体现。

---

① 刘森林：《历史虚无主义的三重动因》，载《哲学研究》，2015 年第 1 期，第 11 页。
② 刘森林：《历史虚无主义的三重动因》，载《哲学研究》，2015 年第 1 期，第 11 页。
③ 穆艳杰：《当代历史虚无主义批判》，载《政治学研究》，2011 年第 5 期，第 115 页。

第一，以认识水平为出发点，认同历史虚无主义的人们错误地以为认识的本源来自个人的主观感受，他们认为历史发展过程及出现的各类事件，仅仅是个人在主观感觉上形成的多个组合，并且认为人的主观感觉与历史进程及事件具有不可分割性，脱离了个人主观感觉的历史事件及过程是不真实或者不存在的。换句话说，历史事件的发生是产生在主观意识层面的，这与主观感觉论的某些观点不谋而合，认为对象是由感觉组成的集合，“能够用‘物质’一词代替他人引用‘无’时的含义”，“环境和自我是分不开的，非我和自我是分不开的”①。

第二，这些虚无论者总是基于主观层面的感觉感知去研究历史，认为人的主观感觉决定了历史发展的方向，历史之所以不断向前发展，是源于人的主观感觉驱动。这颠倒了社会意识和社会存在的关系，认为由社会意识决定社会存在，同时也肯定了社会存在是社会意识的一部分，两者相依相存，构成统一整体，这本身就是主观感觉论的变相说法，“人们在生存斗争中，只有借助于意识才能结合起来，没有意识就没有交往。因此，形形色色的社会生活都是意识—心理的生活……社会性和意识性是不可分离的，社会存在和社会意识，按这两个词的确切的含义来说，是同一的”②。

第三，历史虚无主义的支持者判定历史事件发展的唯一标准是人的主观感觉，而并非得到学术界普遍认同的社会实践标准。历史虚无论者往往以学术研究和实证的名义，所选择的经验材料是为了满足主观感觉的需求，最终服务于自身的错误观点及谬论，仅仅承认与自身主观感觉保持一致的事件及过程，只有与主观感觉相一致的才是客观真实性的存

---

① 列宁：《列宁专题文集：论辩证唯物主义和历史唯物主义》，北京：人民出版社 2009 年版，第 72 页。

② 列宁：《列宁专题文集：论辩证唯物主义和历史唯物主义》，北京：人民出版社 2009 年版，第 128 页。

在，“我们在自己的经验中所遇到的那些物理物体的客观性，归根结底是确立在不同人的意见的相互验证和一致的基础上的”①。就同列宁曾经对伪科学进行批判时对主观感觉论的论调作出的评判那样：“马赫之流，以为只是‘最新的实证论’和‘最新的自然科学’才彻底消除了这些‘形而上学的’概念。”②

第四，个人主观决定论始终被历史虚无主义推崇，认为主观感觉是产生认识的最初本源，也是其发展路线及判断依据，整个历史发展进程也被认为是主观感觉所驱导的组合的变迁。换句话说，这一观点认为所有的历史事件及发展进程均源自主观感觉，除主观感觉外再无其他。因此这一思潮带有明显的唯我性和主观性倾向。而列宁在对主观感觉论进行批判时强调：“整个世界只不过是我的表象而已。从这个前提出发，除了自己以外，就不能承认别人的存在，这是最纯粹的唯我论。”“由感觉即心理要素所能‘构成’的不是别的，只是唯我论”③。

第五，历史虚无主义追求原则同格的认知范式，主观感觉和历史实践之间具有天然的不可分割性。在认知上反对和批判主客体二元对立的范式，主张利用原则同格在主客体之间形成一体化，判定个人能够被称作素朴实在论主义者，认定自身与历史演变是一体的，显然具有强烈的折中主义，并且以此为遮掩蒙蔽普通大众。而列宁对此作出批判：“这样的人完全不能正确区分‘自我’与‘环境’、意识和物；他自己片面地认为人不能超越自己的边界。”④。列宁严肃指明了这一悖论：“俄国的马赫主义者，没有一个例外，都相信马赫和阿芬那留斯，以为他们真的

---

① 列宁：《列宁专题文集：论辩证唯物主义和历史唯物主义》，北京：人民出版社2009年版，第48页。

② 《列宁选集（第二卷）》，北京：人民出版社2012年版，第21页。

③ 《列宁选集（第二卷）》，北京：人民出版社2012年版，第43页。

④ 《列宁选集（第二卷）》，北京：人民出版社2012年版，第65页。

在保护‘素朴实在论’：承认自我，承认环境，你们还要什么呢?”①。

总之，历史虚无主义始终将主观感觉论视为认知本源，以主观层面的推断作为认知发展路线，随意改造真实事件，基于自身目的重新建构相应的生存场域，随意改变历史主体所持有的真实意愿，对于整个逻辑中出现的空场以虚假的事实进行填补，由此满足自身特定的虚无或丑化的目的，披着虚假的理性外衣对真实历史进行抨击和否定，并重新建构其所认为的“真实”历史，从而实现历史虚无主义的最终目的。历史虚无主义具有明显的三段推导方式，即仅凭个人主观感觉判断历史事件及人物，然后随意裁剪或拼凑能够支撑自身结论的证据，最后认为自身可以化身为历史发现者，具有揭示历史真正面目的能力。当前这一错误思潮所指向的对象集中在近代史领域，主要针对近现代我国革命、建设及改革的发展进程，将这一进程中的相关事件及关键性人物作为否定和虚无的对象，尤其是恶意丑化和否定党的领袖人物和革命英雄人物，这不仅混淆了民众对真实历史的认知，同时逐步消除了大众心中已有的精神理念，很大程度地影响了社会主义发展的稳固性。

(二)“社会化”：历史虚无主义思潮的新趋势及成因

当前理论研究者着重从学术研究的视角上剖析历史虚无主义不断泛滥的根本原因，同时以思想争辩的方式对这一错误思潮展开抨击和批判，但历史虚无主义依然出现了继续深化蔓延的趋势。在这一发展态势下，只有深挖其产生的渊源才能找到最具针对性的根除路径。因此，历史虚无主义思潮研究中最具急迫性的是充分挖掘其产生的渊源，利用社会批判进一步彰显和响应理论批判的各项诉求。

1. 当前历史虚无主义思潮发展的新趋势

第一，历史虚无主义思潮传播对象广泛、传播方法独特。首先，历

① 《列宁选集（第二卷）》，北京：人民出版社2012年版，第64页。

史虚无论拥有最具广泛性的传播对象，即普通民众，这一错误思潮作为典型的唯心主义范畴，往往打着实证主义的旗号、追求伪真性的态度及娱乐大众等标签作为噱头，由此对目标受众形成一定的迷惑性。当前历史虚无论将其目标对象所涵盖的范畴不断扩大，不仅包含了普通民众、知识分子，同时将广大媒介人士和党员干部纳入其中。其次，历史虚无主义拥有独特的传播方法。由于目标受众来自不同的层面，因此历史虚无主义选择了差异化的欺骗方法。为了能够迎合和满足社会公众的娱乐需求，选择粗鄙化和娱乐化的方式对历史人物及事件进行重构。比如对历史人物的生活及工作进行随意的猜测和捏造，或者对民众早已熟悉但欠缺真实考证的事件提出质疑，由此逐渐将这些受众群体的注意力转移到自身所宣扬的虚假思想上。为了满足知识分子的学术研究的需求，打着实证研究的旗号试图揭示历史真相，并且为了满足自身的需求随意编造历史事实及规律。因此在研究过程中普遍采用后现代叙事方法，利用边角和碎片化的历史史实对一些重要性的事件和人物进行重新解读，打着虚假理性的旗号诱骗知识分子，引导受众产生错误理念。

第二，历史虚无主义多样的传播途径和表达方式，引起社会更强烈的影响。首先，历史虚无主义拥有多种方式和渠道散播和传递。原因是其拥有相对广泛的传播对象，这就决定了它必然采用相对多样的表达方式，常用的表达方式主要包含艺术作品（影视、歌舞及绘画等）、文学作品（主要包含学术性研究成果及散文小说等）、娱乐谈资、媒介传播、教学设备及新媒体公开宣传等方式。历史虚无主义总能在各个领域配置与其相对应的传播路径。不仅仅充分利用新时代背景下新兴媒体的强大作用，同时进一步挖掘传统媒介的各项优势。其次，历史虚无主义的辐射力较为深远。其根本目的在于模糊和虚化真实历史和邪恶个体，但凡社会历史中的重要节点或人物都能成为具有利用价值的对象。并且历史虚无主义定义了更为宽泛的传播对象，并且选择了多样化的传播路径及独特的表达方式，因此最终造成的影响领域相对广泛。目前看来，被历史虚无主义所影响的主要有政治领域、经济领域和文化领域，表现较为明显的就是政治领域。着重对新中国成立后社会政治、经济、文化等领域所取得的发展成就进行批判和虚无化。

第三，历史虚无主义思潮传播价值的模糊性，在一定程度上消解了社会主流价值观。“每一种社会形式和思想形式，都有它的特殊的矛盾和特殊的本质”[①]。历史虚无主义利用其迷惑性的表现形式及极具诱惑性的内容，把自己包装成了公正合法的学术研究，具有明显的蛊惑性、隐蔽性及煽动性。历史虚无主义善于借用创新学术研究、揭秘历史或转换范式等方式，试图打着理论研究和价值中立等旗号，对历史传统进行任意歪曲，颠覆英雄人物形象，在人们的意识形态领域形成混乱性，逐渐削减人民以往对民族发展史和奋斗史所形成的认知，试图瓦解整个民族的向心力，对国家主流意识形态的地位造成冲击和威胁。与此同时，历史虚无主义也是西方反华势力试图在意识形态领域发动和平演变，试图借助全盘西化或妖魔化的方式来颠覆中国当前的道路和制度的手段。当前，随着多元文化的交锋，整个思想文化领域陷入了白热化的竞争，西方反动势力借助自身在全球话语传播体系中占据的主导地位，以多种隐蔽性或虚幻性的手法不断攻击我国的意识形态，试图从这一领域打破当前的政治认同，否定和颠覆社会主义道路及制度。

2. 当前历史虚无主义思潮社会化扩散的成因

尽管当前理论界针对这一思潮展开了无情的批判和质疑，但它依然以各种隐蔽的方式扩散到社会各个角落，根本性的原因在于批判的不彻底性。

仅从学术研究领域批判历史虚无主义，并不能彻底铲除其根源。当

---

① 《毛泽东选集（第一卷）》，北京：人民出版社1991年版，第309页。

前对历史虚无主义的批判主要集中在学术研究领域，单纯从理论层面的批判无法有效遏制其蔓延趋势。历史虚无主义者具备的虚伪本质及所引发的巨大危害，引发了学术界的普遍关注并对这一错误思潮展开了深刻的质疑和批判。针对历史虚无主义在理论逻辑上所具备的荒唐性和肤浅性、在论证上的漏洞百出及所持有的不法意图进行批判，始终坚持实事求是的原则，坚定马克思主义信仰，以科学的认知方法和丰富扎实的历史功底去辨别和揭穿历史虚无主义的本质及表现形式，同时基于历史唯物主义的坚定立场及观点对历史虚无主义进行驳斥和回击，以辩证性的方法找到这一错误思潮的致命弱点并对其进行打击和遏制。然而，学术界针对历史虚无主义做出的驳斥和批判大多局限于意识形态领域，同时大多采用理论文章的方式进行批判。但就历史虚无主义来讲，他所传播的受众对象并不仅仅存在于学术领域，更多的是普通民众，因此尽管从学术上对历史虚无主义进行了回击，但其依然在普通民众中不断滋生和蔓延，由此导致理论批判和不良影响之间出现了完全不同场的状态。因此从理论上对历史虚无主义形成了一定的冲击，但并未真正遏制住其不断蔓延的趋势。

（三）社会批判：历史虚无主义批判范式的转向

历史虚无主义要扭曲和虚化的客体正在逐步向普通民众这一庞大群体渗透与蔓延，因此要真正的根除历史虚无主义产生的负面影响，不能单纯地局限于学术和理论领域，必须结合社会实践展开更为深刻的社会批判。整个社会应当在这一领域形成坚固的合力，利用爱国主义和集体主义抨击和批判自由主义，以马克思主义唯物史观引导人们逐渐形成正确的历史认知观，提高新闻媒体的职业水平，提升新闻宣传的规范性和科学性水平，在理论之外寻找实践批判和根除历史虚无主义的可行路径。

1. 借助集体主义否定自由主义，剔除历史虚无主义的根本理念

集体主义一直是我国处理各类社会关系的基本准则。自由主义思潮在处理国家、民族及个人利益时，始终坚持个人利益至上，将个人利益与国家、集体甚至是民族利益相对立。而历史虚无主义这种错误观念正是因为披上了自由主义的华丽外衣，肆意否定权威而夸大扭曲地宣传自由正义，肆意否定集体观念和个人约束，实际却只是图谋个人利益，不怀好意地毁坏党和国家的形象，对社会发展造成严重危害。因此，广大人民群众必须对集体主义这一概念形成科学的认知，始终坚定不移地按照集体主义观念要求指导自身行为，正确处理个人与集体、国家、民族之间的关系，彻底剔除自由主义的不良渗透，从思想的根本上制止历史虚无主义的萌芽甚至蔓延。

一方面，要在思想上树立集体主义观念，反对自由主义观念。其一，正确而有规律地理解集体主义的内涵要义。集体主义是指社会主义国家、集体以及个人的根本权利具有相同性，个人的生存与发展是实现集体和国家生存与发展的必要前提，个人的生存与发展同样需要发挥集体和国家的保障作用。个人要想实现自身的利益需求依然依赖于国家和集体这个最重要的前提，而国家和集体实现其利益诉求同样需要以个人发展为基础。当自身利益与国家和集体利益有所冲突的时候，个人利益要坚决果断地为集体和国家利益让步。其二，必须旗帜鲜明地守住集体主义这根引导线。社会主义道德体系的主要组成部分就是集体主义，要求人们科学把握集体主义的本质内涵，同时要将集体主义的要求逐渐内化，逐渐形成自身的集体主义观。个人必须正确认识和把握个人与国家和集体之间利益的统一性，始终将自身作为集体和国家的一分子，为实现国家和集体利益做出贡献，给国家和集体发展提供最坚实的保障。如此，个人的利益要始终为集体和国家的利益作出让步，要始终将个人利益与国家利益融合。那么，只有科学认识集体主义，并树立正确的集体

主义观，才能对自由主义所追求的个人利益并且将个人作为与集体和国家对立面的错误思想进行否定和批判，才能自觉地摒弃自由主义所强调的个人利益超越国家和集体利益的错误观点。因此，只有从思想上始终坚持并对集体主义产生强烈认同，才能有效代替自由主义并能从思想上铲除历史虚无主义蔓延的根基。

另一方面，在行为领域中以集体主义为方向，彻底剔除自由主义。这就要求人们在实际行动中践行正确的集体主义观念，正确对待国家、集体和个人之间的关系，不仅要从思想和意识层面做出正确的认识，更为重要的是利用这一正确认识指导自身的行为，在具体社会生产和生活过程中主动担负起维护国家和集体利益的职责和使命，为实现国家和集体利益做出应有的贡献。自觉抵制和摒弃违背国家和集体利益的一切思想和行为，始终将国家和集体利益置于个人利益之上，坚决抵制为了谋求一己私利而违背国家、集体利益原则的行为，始终以国家和集体利益为重，与一切损害这一利益的行为作抗争。

总而言之，科学的集体主义观念是正确处理个人与集体及国家利益关系的基本原则，只有遵守这一原则，才能为实现和维护国家、集体利益形成自觉意识，自觉抵制一切违背国家和集体利益的思想和行为，从行为上彻底斩断历史虚无主义滋生和蔓延的思想根源。

2. 在科学的唯物史观引导下，形成抵制历史虚无主义的自觉意识

历史发展实践的主体是广大人民群众，他们是社会主义发展与进步的推动力，更是国家权力的真正主人。人民群众所持有的认知观点是否科学直接关系到整个国家未来的发展命运。因此，党和各级政府及理论宣传媒介必须担负起应有的引导和宣传作用，引导广大人民群众形成科学的历史认知观念，不断丰富人民群众的历史积淀，使他们掌握正确的认识和评价历史的方法。

一方面，唯物史观引导人民在历史认知面前形成科学的价值理念及

方法论。马克思指出："理论一经掌握群众，也会变成物质力量。理论只要说服人，就能掌握群众；而理论只要彻底，就能说服人"①。因此，学术界必须深化研究唯物史观的基本内容、逻辑价值及理论意义，充分依赖现代信息技术的强大宣传能力，通过实践加深人们对唯物史观的认识和应用，由此更好地外化为人的实践行为，为人们更好地处理各项问题提供指南，并及时满足人民群众的内在需求。同时，以历史经典案例和社会实践作为宣传载体，以唯物史观的立场和观点引导广大人民群众针对历史形成正确的认知观，并利用科学的评价方法来认识和对待历史问题，尤其是始终坚持实事求是的基本原则，将实现和维护人民根本利益作为基本立场，从而让人民能够树立更为彻底且坚定的唯物史观。

另一方面，强化人民群众在历史领域中的有效积淀。深厚的历史积淀能够对人的认知和行为产生有效指导作用，能为认识和评价历史提供必要基础。因此学术界必须对中国近现代以来的社会关键性事件及人物进行重新梳理，以人民群众普遍能够接受的方式，进行普及和宣传，让历史知识能够真正融入群众生活，提高群众对历史的判断能力，进一步丰富历史知识储备。就具体方式而言，可以选择人民群众普遍信任，且拥有较高公信力的新闻媒体进行宣传和普及，同时也可以借助强大的教育系统将这些知识和方法渗透到人民群众的生产生活实践中，还可以充分利用网络等新兴媒介方式以更为灵活的方式强化历史知识的渗透与宣传，在历史知识普及和宣传领域打造多层次且多样化的传播路径。

3. 提高新闻媒体行为的规范性，消除历史虚无主义所依赖的空间载体

新闻媒体作为整个社会信息宣传的主要载体和呈现形式，承载着特殊的舆论宣传任务，是历史展开舆论宣传的有效阵地，能够为广大人民

① 《马克思恩格斯文集（第一卷）》，北京：人民出版社2009年版，第11页。

群众提供重要的历史信息，因此在主流意识形态领域发挥着关键的宣传职能，同时能够以更为坚定且更具辨识度的历史认知引领人的理念和行为。习近平同志着重强调："党的新闻舆论工作是党的一项重要工作，是治国理政、定国安邦的大事"①。一旦新闻媒体出现了违背党性的行为，必然让与马克思主义相悖的错误思潮钻了空子，对党和国家及个人的利益带来严重威胁。因此必须着力提升新闻媒体行为的规范性，充分发挥党、政府及社会各界对新闻媒体的监督管理作用。

一方面，必须强化新闻媒体自身的行为规范性。一是新闻媒体必须树立和坚持马克思主义的科学新闻观，始终将服务党和人民作为自身的工作要求，坚定不移地坚持和践行科学的政治立场，将客观公正和真实报道作为新闻工作的基本原则，着力提升新闻报道获取信息和辨别信息的能力，对所获取的信息进行严加审核，确保最终所传播的信息拥有正确的价值导向、真实的内容、全面客观的信息及明显的正效应等，拒绝宣传报道与党性原则相悖、与人民意志相左的虚假谬论，在整个行业内始终保持良好的行为规范。二是新闻媒体从业人员必须树立科学的价值理念，始终以马克思主义理想和信念来指导自身的行为，正确认识和恪守新闻媒体从业人员的职业道德，认真践行服务于党和人民的职责义务，自觉养成深入社会展开调查研究的职业习惯，始终坚持实事求是的信息收集和报道原则，在新闻素材采集过程中确保内容真实、符合主流价值且拥有稳定的立场，借助科学的唯物史观提升自身评价和撰写新闻舆论的功底，同时强化行为自律，自觉摒弃一切腐朽的思想和行为，并且敢于与极端个人主义、主观主义及拜金主义等不良行为进行斗争，真正成为恪守新闻媒体规范的从业者。

另一方面，强化对新闻媒体的监督管理作用。从国家层面逐步建立

---

① 《习近平在党的新闻舆论工作座谈会上强调 坚持正确方向 创新方法手段 提高新闻舆论传播力引导力》，载《科学与无神论》，2016 年第 2 期，第 2 页。

健全新闻媒体的法律法规及制度要求，全面推行和落实新闻媒体报道的责任制。针对新闻媒体领域出现的一切不规范和不法行为进行严厉惩治，对于情节相对较轻者，进行批评教育并限期整改，而对于触犯法律的应当移交司法机关依法给出最终的惩罚结果。二是充分发挥学术领域及人民群众等社会力量对新闻媒体的监督作用。理论研究和广大人民群众应当成为新闻媒体监督的主体力量，并且力争与新闻媒体之间形成良性互动，积极参与到新闻媒体的创作和宣传过程中，及时有效地对新闻报道进行评价和反馈，勇于揭穿和批判新闻媒体中存在的错误立场和失真报道，确保整个社会拥有风清气正的舆论宣传氛围。就像习近平总书记的重要指示所说："我们要本着对社会负责、对人民负责的态度，依法加强网络空间治理，加强网络内容建设，做强网上正面宣传，培育积极健康、向上向善的网络文化，用社会主义核心价值观和人类优秀文明成果滋养人心、滋养社会，做到正能量充沛、主旋律高昂，为广大网民特别是青少年营造一个风清气正的网络空间"①。

值得注意的是，历史虚无主义思潮并非一成不变，它总是在人民的日常生活中潜移默化地渗透并影响人民对主流价值观的认同。为此，我们要正确认识传统历史虚无主义的理论批判的局限及价值，从发展的角度合理"扬弃"传统历史虚无主义批判的遗产。尽管历史虚无主义在形式和内容上发生了深刻变化，但其否定马克思主义及社会主义核心价值观的本质尚未发生根本性变化，需要透过现象抓住其"虚无"的本质，坚定马克思主义立场，因地制宜地反对各种形式的历史虚无主义。只有对层出不穷的历史虚无主义新趋势保持清醒，并能够经常批判，经常审视，方能安全守护我国的意识形态领域，扎实抑制历史虚无主义的蔓延路径，在制度建设方面提供坚实的理论基础。

---

① 《习近平主持召开网络安全和信息化工作座谈会强调 在践行新发展理念上先行一步 让互联网更好造福国家和人民》，载《人民日报》，2016 年 4 月 20 日，第 1 版。

二、新时代提升大学生网络意识形态安全教育的供给实效性

习近平总书记在2013年全国宣传思想工作会议上指出，“意识形态工作是党的一项极端重要的工作”①。此后，他又多次强调，能否做好意识形态工作，事关党的前途命运，事关国家长治久安，事关民族凝聚力和向心力。党的十八大以来，我国“意识形态领域斗争依然复杂”②，这种局势在2020年疫情发生后变得更加严峻。当前，网络已成为意识形态斗争的最前沿，而大学生构成了网民的主要群体，因此，加强大学生网络意识形态安全教育，进一步提高教育质量和教育效果，维护国家网络意识形态安全，培育好担当民族复兴大任的时代新人，已成为一项迫在眉睫的重要任务。一般来讲，意识形态安全指的是“一个国家主体意识形态地位不受任何威胁的相对稳定的状态”③。对于我国而言，网络意识形态安全主要意指在网络环境下中国的主流意识形态、社会主义核心价值观不受国内国际负面因素的干扰、威胁和侵蚀，保持健康稳定、蓬勃发展的趋势和走向。新时代大学生网络意识形态安全教育是指在新的历史时期，党和国家根据国家意识形态安全总体战略和大学生成长成才的需要，按照有目的、有组织、有计划的原则对大学生进行以马克思主义基本理论、社会主义核心价值观、中华优秀传统文化等为主要内容的教育，坚定学生的马克思主义信仰和理想信念，增强学生对社会主义意

---

① 《习近平在全国宣传思想工作会议上强调 胸怀大局 把握大势 着眼大事 努力把宣传思想工作做得更好》，载《人民日报》，2013年8月21日，第1版。

② 习近平：《决胜全面建成小康社会 夺取新时代中国特色社会主义伟大胜利——在中国共产党第十九次全国代表大会上的报告》，北京：人民出版社2017年版，第9页。

③ 莫岳云：《抵御境外宗教渗透与构建我国意识形态安全战略》，载《湖湘论坛》，2010年第4期，第11页。

识形态的认同感[1]，培养学生自觉抵制和批判网络中错误思潮与非核心价值观的能力，使学生主动以社会主义核心价值观规范自身和他人在网络中的言行的教育实践活动。本节从供给视角出发，以提高供给实效性为切入点，详细探讨新时代我国大学生网络意识形态安全教育的路径创新问题。

（一）大力提升新时代大学生网络意识形态安全教育的供给实效性何以必要与何以可能

1. 新时代大学生网络意识形态安全教育供给侧改革的现实必要性

其一，推动大学生网络意识形态安全教育供给侧改革是新时代建设社会主义意识形态、培育践行社会主义核心价值观的重要内容。意识形态安全建设是社会主义意识形态建设的重要组成部分，意识形态安全关系我们党的执政地位和执政安全，关系国家安危、民族存亡和百姓福祉，须臾不可忽视[2]。如今，互联网已经成为意识形态斗争的主战场、维护意识形态安全的主阵地。网络意识形态安全的地位和重要性不断上升，成为关乎中国的旗帜和道路、涉及国家的安全和发展、影响广大人民群众工作和生活的重大战略问题。由于大学生构成了我国网民的主体，因此对大学生进行网络意识形态安全教育，着力提高教育供给实效性，是目前我国加强社会主义意识形态建设、培育和践行社会主义核心价值观的当务之急。

其二，深化大学生网络意识形态安全教育供给侧改革是坚持走中国特色国家安全道路的应有之义。习近平总书记在主持召开中央国家安全

---

① 帅磊：《高校网络舆情视角下大学生意识形态安全教育研究》，天津工业大学硕士学位论文，2019 年，第 16 页。

② 曹建文：《夯实意识形态安全的思想基础》，载《人民日报》，2016 年 11 月 29 日，第 7 版。

委员会第一次会议时指出，“当前我国国家安全内涵和外延比历史上任何时候都要丰富，时空领域比历史上任何时候都要宽广，内外因素比历史上任何时候都要复杂，必须坚持总体国家安全观，以人民安全为宗旨，以政治安全为根本，以经济安全为基础，以军事、文化、社会安全为保障，以促进国际安全为依托，走出一条中国特色国家安全道路。”①走中国特色国家安全道路，离不开网络意识形态安全，这就决定了网络意识形态安全教育，特别是以大学生为对象的网络意识形态安全教育不可或缺。从我国现阶段所处的历史方位出发，以提高供给实效为抓手，进一步创新大学生网络意识形态安全教育，是全面贯彻总体国家安全观、开创新时代中国特色国家安全道路的应有内涵。

其三，促进大学生网络意识形态安全教育供给侧改革是营造风清气正的网络空间的基本任务。网络空间是亿万民众的精神家园，是新时代意识形态的集散地和舆论前哨②，具有开放性、互动性、去中心化等特点。营造风清气正的网络空间，意识形态治理是根本，意识形态安全是关键。目前，网络中充斥着形形色色的价值观，各种思想观念激烈交锋，可谓鱼龙混杂，泥沙俱下，对我国意识形态安全构成了一定的威胁和挑战。针对大学生群体广泛开展网络意识形态安全教育，在新时代条件下不断革新教育供给，以充分发挥社会主义核心价值观的统摄与引领作用，是当前和今后一段时间我国打造清朗和谐网络空间的迫切之举。

其四，强化大学生网络意识形态安全教育供给侧改革是培养担当民族复兴大任的时代新人的必要举措。要着力培养担当民族复兴大任的时代新人。这里所说的时代新人，是指具有坚定的理想信念、深厚的爱国

---

① 习近平：《坚持总体国家安全观 走中国特色国家安全道路》，载《人民日报》，2014 年 4 月 16 日，第 1 版。

② 郝敏，郑元景：《网络空间意识形态治理的制度化路径》，载《中国社会科学报》，2020 年 8 月 6 日，第 8 版。

主义情怀、强烈的担当意识、良好的品德修养和不懈的奋斗精神的社会主义建设者和接班人①。大学生正处于人生中关键的“拔节孕穗期”，世界观、人生观和价值观尚未完全形成，心理发展还不够成熟，网络中的各种错误思想观念无疑会延缓甚至阻滞大学生成长为合格的时代新人。大学生网络意识形态安全教育的供给侧改革旨在通过提升网络意识形态安全教育的效果，帮助大学生树立正确的网络意识形态安全观，增强大学生的网络信息甄辨能力，使他们正确认识网络空间中的各种错误思潮，消除“普世价值”、历史虚无主义、新自由主义、泛娱乐化等错误思潮和西方意识形态渗透对他们的不良影响，坚定大学生的马克思主义信仰，提升网络意识形态安全风险防范能力，引领他们成长为担当民族复兴大任的时代新人②。

2. 新时代大学生网络意识形态安全教育供给侧改革的历史可能性

首先，党的集中统一领导为新时代大学生网络意识形态安全教育供给侧改革提供了根本政治保证。中国共产党是中国特色社会主义事业的领导核心，处在总揽全局、协调各方的地位。中国特色社会主义最本质的特征是中国共产党领导，中国特色社会主义制度的最大优势是中国共产党领导。党的集中统一领导为新时代大学生网络意识形态安全教育的供给侧改革创造了思想统一、政治团结、行动一致的良好环境，在党的领导下，能够对大学生网络意识形态安全教育供给进行科学统一规划，开展顶层设计，使改革创新的每一个环节都能落到实处。

其次，我国多年来积累的相关理论研究成果和实践经验为新时代大学生网络意识形态安全教育供给侧改革奠定了坚实的现实基础。党和国

① 顾世春：《着力培养担当民族复兴大任的时代新人》，载《光明日报》，2019 年 10 月 21 日，第 6 版。

② 张本青、李红革：《网络意识形态安全教育融入高校思想政治理论课的有效路径》，载《思想理论教育导刊》，2019 年第 7 期，第 98 页。

家始终高度重视大学生意识形态安全教育工作，近年来在理论研究中取得了十分丰硕的成果，学界围绕大学生意识形态安全教育的内涵、特点、不足、对策等问题进行了深入的探讨，并促进了理论研究成果向实践方式、制度规范和运行机制的转化，表现出了很高的应用价值。这些宝贵的历史经验为新时代进一步创新大学生网络意识形态安全教育供给提供了重要的物质条件和理论支撑。

最后，互联网的迅猛发展为新时代大学生网络意识形态安全教育供给侧改革创设了先进的技术手段。随着网络，特别是移动网络的发展和普及，网络信息越发显现出传播内容的海量化、传播方式的多样化和便捷性、交流方式的互动性等特征，传播信息的海量化有利于增添大学生网络意识形态安全教育内容的丰富性，传播速度的快速性有利于提高大学生网络意识形态安全教育的时效性，传播方式的交互性有利于提升大学生网络意识形态安全教育的亲和力，而传播手段的兼容性则有利于增强大学生网络意识形态安全教育的吸引力①。互联网的广泛普及和运用为从供给角度出发创新大学生网络意识形态安全教育开辟了广阔领域，提供了有力的技术支持。

（二）新时代大学生网络意识形态安全教育供给实效性的现状考察

近年来，我国在大学生网络意识形态安全教育方面取得了非常显著的成效，但是也出现了一些问题。从供给与需求的角度来看，主要表现为当前网络意识形态安全教育的供给与新时代大学生多样化的现实需求之间存在着亟待解决的矛盾。

其一，供给与学生需求对接不畅导致教育的亲和力和针对性受限。

① 陈猛：《网络载体视域下我国高校意识形态安全教育研究》，重庆邮电大学硕士学位论文，2019 年，第 21—24 页。

就供需关系而言，目前大学生网络意识形态安全教育存在两个难题，一是受教育者的多样性与供给内容统一性之间的矛盾。现行的大学生网络意识形态安全教育在供给内容上具有较强的均等化倾向，相对忽略了不同学校、不同性别、不同专业、不同年龄的大学生群体在受教育需求上的巨大差异性。二是供给内容层次性不明显导致大学生网络意识形态安全意识缺少足够的提升空间。目前的网络意识形态安全教育在供给内容上往往未能针对不同年级学生的实际学情进行跟进性、发展性设计，这既不利于学生掌握知识，同时也容易因教育内容单调重复使学生丧失学习兴趣。由于教育供给没能切实反映学生多样化的动态发展的需求，必然会使教育的亲和力与针对性大打折扣。

其二，供给内容碎片化导致教育的系统性和深刻性不足。有学者2016年的抽样调查显示，当代大学生已形成“无人不网”的局面，网龄在7年以上的已达到26.99%，每天上网时长5小时以上的近半①。可见，当前大学生以互联网作为信息接收渠道的比重很高。为了契合大学生获取信息的方式，占领互联网这一重要的意识形态阵地，目前大学生网络意识形态教育比较注重通过网络实施教育内容的输入和供给。然而问题在于，为了适应互联网“便利快捷”的特点，网络信息往往以“短小”“碎片”的形式供给受众做“浅显式阅读”，以利于受众理解和认可。大学生网络意识形态教育的供给内容要通过网络作用于学生，就不可避免会受到这一网络信息传播特征的影响，使教育内容变得更趋于片段化和碎片化。这样的理论“降格”无疑会损害教育内容的系统性、全面性和深刻性，进而降低大学生网络意识形态安全教育的整体效果。

其三，供给形式单一化导致教育的影响力和引领力不彰。我国网络意识形态教育发展较晚，因此当前网络意识形态安全教育的方式方法同

---

① 张俊、邓会君、李辉源：《从互联网看大学生对主流意识形态的认同现状》，载《红旗文稿》，2016年第22期，第32页。

网络意识形态自身的高速发展相比还需要进一步完善。目前，大学生网络意识形态安全教育供给形式较为单一，通过课堂对大学生进行理论灌输仍然是主要形式，这显然已无法满足网络时代的教育要求。当然，现阶段的大学生网络意识形态安全教育已开始注重并积极实践线上线下相结合的教育形式，但是线上供给形式和线下供给的形式之间仍偏向于各自的独立运转，并未形成深度融合，教育实效性有待提高。同样，越来越多基于网络开展的教育平台逐步铺设，但网络平台相互之间亦未形成合力，平台之间分散无主线，致使大学生网络意识形态安全教育的感染力不够强劲①，影响力和引领力不够显著。

（三）新时代大学生网络意识形态安全教育供给实效性的提升依据与形成机理

“增强大学生网络意识形态安全教育的供给实效性”这一命题是在一定的理论分析中生成的，它构成了该命题的思想根据和理论逻辑，而形成机理则从实践层面揭示了提升大学生网络意识形态安全教育供给实效性的前提条件与现实逻辑。

1. 大学生网络意识形态安全教育的主客体辩证关系：提升供给实效性的理论依据

主体与客体之间的关系是教育学中的基本问题，它涉及教育者与受教育者的主次地位，其核心是教育者与受教育者谁应是主导、谁应是中心的问题，这一问题同样贯穿于包括网络意识形态安全教育在内的大学生思想政治教育之中。对于大学生网络意识形态安全教育而言，教与学的对象性关系和格局并未根本改变，教育者是教育的主要承担者、发动

---

① 颜萌萌、陈龙国、张文博、刘官青：《新时代青年大学生网络意识形态安全教育机制研究》，载《改革与开放》，2019 年第 9 期，第 51 页。

者和实施者，其教育行为直接作用于受教育者，但必须注意的是，教育者并非处于绝对的主体地位，其在教育过程中应该发挥主导性作用。教育者与受教育者之间是平等、互动、开放、民主的关系，而且随着条件和环境的变化，教育的主体与客体有可能会相互转化①。

从供给侧视角来讲，大学生网络意识形态安全教育中主体和客体之间的关系其实本质上体现出的是供给与需求之间的关系。教育者作为主体施加教育影响于受教育者的过程，恰恰是教育者为受教育者这一客体提供供给、满足教育对象需求的过程；而当受教育者在一定条件下成为教育主体、展现出强烈的主动性时，也正是受教育者自觉表达自身的受教育需求，促使教育者改善和提高教育供给质量的时刻。由此可见，教育主体与教育客体之间的辩证统一揭示出教育供给与教育需求之间应当保持动态协调、相互激发的对应性或匹配性的规律。

主体与客体、供给与需求之间的辩证关系构成了大学生网络意识形态安全教育中的核心要素和重要基石。因此，在新时代条件下开展大学生网络意识形态安全教育必须要妥善处理好主体与客体之间的关系，确保供给与需求之间的协调一致，这一观点为进一步增强新时代大学生网络意识形态安全教育供给实效性提供了逻辑基础和理论依据。

2. 新时代大学生网络意识形态安全教育供给实效性的形成机理

首先，建立起总体国家安全观是提升新时代大学生网络意识形态安全教育供给实效性的方法论前提。党的十八大以来，以习近平同志为核心的党中央审时度势、与时俱进，创造性地提出了总体国家安全观的思想，这一思想适应了进行具有许多新的历史特点的伟大斗争的新要求，回应了人民对国家安全的新期待，顺应了世界发展变化的新趋势。系统

---

① 徐建军：《大学生网络思想政治教育理论与方法》，北京：人民出版社2010年版，第118页。

性和全面性是总体国家安全观最鲜明的特征，这一思想展现出极强的宏观视域和整体逻辑，将我国当前的政治安全、国土安全、经济安全、社会安全、网络安全、外部安全等诸多重点领域统合在一起予以审视和分析，在对全局的把握中处理解决局部的安全问题。网络意识形态安全是总体国家安全观涉及的重要领域，大学生网络意识形态安全教育是维护国家总体安全的重要工作。总体国家安全观为新时代大学生网络意识形态安全教育提供了科学的方法论。方法论是关于人们认识和改造世界的方法的理论，唯物辩证法从联系和发展的视角看待事物，注重研究不同事物之间的相互作用和彼此转化，是一种科学的方法论。总体国家安全观正是从唯物辩证法这一科学方法论出发，把国家安全建设视为一个庞大复杂的系统工程，将新时代大学生网络意识形态安全教育作为一个要素置于维护国家总体安全的大背景、大环境下来进行，将提升新时代大学生网络意识形态安全教育供给的实效性作为总体国家安全建设的一个必要环节来观照和理解。只有从总体国家安全观的科学方法论出发，大学生网络意识形态安全教育才能在与其他领域安全建设工作的相互影响、相互推动中切实提高供给的针对性和有效性。

其次，锐意创新是提升新时代大学生网络意识形态安全教育供给实效性的核心动力。党的十八大以来，习近平总书记数次强调“创新”的重要作用。他指出，“创新是一个民族进步的灵魂，是一个国家兴旺发达的不竭动力，也是中华民族最深沉的民族禀赋。在激烈的国际竞争中，惟创新者进，惟创新者强，惟创新者胜”①。正是在创新精神的大力推动下，我国在各个领域均取得了举世瞩目的伟大成就。这一规律也同样适用于当前的大学生网络意识形态安全教育。要以新时代为坐标，以提高供给质量、增加供给效益为切入点，深入推进大学生网络意识形态

① 习近平：《在欧美同学会成立100周年庆祝大会上的讲话》，载《光明日报》，2013年10月22日，第2版。

安全教育的理论创新、学术创新、制度创新、管理创新和方法创新，并注重调配整合，形成体系，进一步激发大学生网络意识形态安全教育的发展活力和革新动力。同时，要加快相关领域的体制机制改革，为锐意创新创造良好适宜的环境和氛围，使锐意创新成为大学生网络意识形态安全教育的核心和首要的精神，为切实提升新时代大学生网络意识形态安全教育的供给实效性打造具有强大续航能力的驱动引擎。

最后，紧紧抓住受教育者的思想政治需要与素养这一出发点和立足点是提升新时代大学生网络意识形态安全教育供给实效性的关键所在。大学生的思想政治需要，是指大学生基于对思想政治所具有的满足自我和社会的价值而对思想政治产生的一种内在渴求。就内容而言，“当代大学生积极向上，有期待自我价值实现的发展需求，有求真、求善、求美的社会理性需求，他们追逐真知，追求理想，期待思想境界提升，期盼社会进步、国家发展、中华民族伟大复兴”①。上述各种需要结合在一起，共同构成了当代大学生思想政治需要的基本结构。大学生的思想政治素养主要指大学生在思想政治方面的知识结构、实践能力和情感态度，知识多寡、能力强弱、态度正确与否反映了大学生思想政治素养水平的高低。大学生网络意识形态安全教育以大学生为对象，这就决定了教育过程必须紧紧围绕学生展开，深入到学生的精神世界中去，与学生的思想政治需要结构和素养水平精准对接，否则教育效果便无法显现。

（四）提升新时代大学生网络意识形态安全教育供给实效性的路径创新

网络意识形态安全教育作为大学生意识形态安全教育在网络时代的表现形式，必须结合当前所存在的问题实现守正创新，即守社会主义意

---

① 刘洁：《接受视角下提升“概论”课亲和力和针对性的对策思考》，载《思想理论教育导刊》，2017 年第 9 期，第 136 页。

识形态之正，创其传播内容及形式之新。要深入研究当前大学生网络意识形态安全教育在供需关系、供给内容及供给形式等方面的发展瓶颈，找准症结，对症下药，以加强针对性供给为根本，以优化供给内容为前提，以丰富供给形式为关键，以健全相关法律制度为保障，综合施策，精准发力，以达到提升大学生网络意识形态安全教育供给实效性的目的。

1. 通过满足和引导学生的思想政治需要，提升其思想政治素养，实现供需间的动态平衡，从而有效增强大学生网络意识形态安全教育供给的亲和力和针对性

大学生正处于思想养成、扣好人生第一粒扣子的关键时段，这一阶段既关乎其世界观、人生观、价值观的塑造，亦与其自我分辨能力的形成相关。因此，一方面，要从大学生成长成才的高度出发，根据其思想政治需要发展现状设计并实施网络意识形态安全教育的供给与投放，培养学生的思想政治素养，实现供给与需求间的匹配和协调。当前，顺应时代运用“大数据”技术治理网络意识形态已成为大势所趋①。线上教育方面，要充分利用网络环境下的“算法推荐”功能，克服其可能出现的导向性不明确的弊端，实现教育供给的精准投放。针对不同专业或不同年龄段的大学生群体所需求的网络意识形态安全教育的不同范围、不同内容和不同深度，进行“定制化”“个性化”供给，以满足大学生的多样化需求，贴合学生现阶段学习和内化相关知识的能力。对于线下教育而言亦是如此，在课堂教学中，教师要对不同大学生所需求的不同网络意识形态安全教育进行归类总结，供给与其关注度、认同度和接受能力相匹配的教育内容。另一方面，大学生网络意识形态安全教育在供给

① 付安玲、张耀灿：《大数据助力网络意识形态治理及提升路径》，载《马克思主义研究》，2016 年第 5 期，第 107 页。

上要充分发挥对学生需求的引导作用，严格按照社会主义核心价值观的标准制定教育供给、展现教育供给的引领性功能，不断完善当代大学生的思想政治需要结构，提高其思想政治素养水平，使大学生的思想觉悟符合新时代网络意识形态安全教育的目标和要求。

2. 通过整合供给内容，完善机制建设，大力彰显大学生网络意识形态安全教育供给内容的科学性和体系性

今天的中国需要风清气正的网络空间，要使大学生免受错误思潮和资本主义价值观的侵蚀，就必须对网络中形形色色的信息进行“清洁”，必须巩固好马克思主义在意识形态领域的指导地位，牢牢掌握意识形态工作的领导权和话语权，保障大学生网络意识形态安全教育在供给内容上的科学性、系统性和先进性。传统意识形态教育在我国已有丰富的实践经验，要取传统意识形态安全教育实践之精华并结合新时代网络意识形态教育的突出特点做好机制创新工作，以助力于大学生网络意识形态安全教育实效性的提升。

首先，大学生网络意识形态安全教育要紧密围绕主流意识形态进行内容供给。意识形态安全的系统化教育在传统的线下课堂中得益于教材的整体性、时空的统合性，故易于实现，但面对互联网，为迎合大学生群体“求新颖”“求便捷”“易接受”等特点所导致的“碎片化”趋向，意识形态安全的系统化教育却往往步履维艰。当前以人民日报、共青团中央为代表的众多主流媒体根据大学生接收信息的主要渠道纷纷入驻抖音、微博等新型传播媒介，同时发布众多以宣传主流意识形态和社会主义核心价值观为主题的视频，其发布内容的核心观念源于这些主流媒体自身的特殊性，那么具有普遍性的尤其涉及高度影响力的众多个人媒体账号，如何实现其传播信息内容的“由莠到良”呢？第一，要“保证理论传播内容的新鲜度，在原始传播的基础上增加与时俱进的内容和信息，让大学生能够轻易地从纷繁复杂的网络信息中接受主流

意识形态教育”①。例如，加强弘扬社会主义核心价值观的相关事件和人物的报道，通过宣传身边优秀同龄人的感人事迹培养大学生树立积极向上的人生观，通过讲好抗疫斗争中可歌可泣的爱国故事使大学生坚定爱国主义信念等。第二，要加强自我约束教育，网络中各种信息良莠不齐，通过加强自我约束教育，既要使大学生主动抵制非核心价值观和错误思想的诱惑与侵袭，又要促使大学生在各种网络平台中自觉做主流意识形态的宣传者和传播者。第三，要丰富原有思想政治教育体系，加强对网络意识形态安全教育的重视，将网络意识形态安全教育作为思想政治教育体系中的一部分落实到具体课程中②。借助体系化、科学化的教育供给内容，可以使网络意识形态安全教育触及当代大学生精神世界的深处。

其次，要进一步完善网络信息安全排查机制。互联网具备的便捷性对信息传播而言可谓喜忧参半，尽管加快信息传播速率可以为提升教育效率、扩大教育领域创造难得的机遇，但也为各种错误思想的涌入和泛滥打开了窗口，这在疫情发生后表现得更为明显。我们要时刻警惕以“新自由主义”为代表的资本主义意识形态通过新媒体等途径对我国大学生的思想腐蚀和价值观毒害，必须确保网络所传播的信息内容始终受主流意识形态和社会主义核心价值观的统摄和指引。因此，要加强网络信息安全排查机制建设，构建起“多方信息搜集、多方信息整理的监管协调机制”③，建立并完善相关机构及时对网络上发布的歪曲、抹黑主流意识形态等消极言论进行删除并对相关发布者予以惩戒的体制机制，以

① 段凯露：《当代大学生网络意识形态安全现状及对策研究》，载《考试周刊》，2016年第83期，第157页。

② 牟春伟、李晓兰：《加强大学生网络意识形态安全教育的路径探析》，载《广东青年职业学院学报》，2016年第4期，第56页。

③ 颜萌萌、陈龙国、张文博、刘官青：《新时代青年大学生网络意识形态安全教育机制研究》，载《改革与开放》，2019年第9期，第52页。

推动网络空间的日益清朗和谐，为大学生网络意识形态安全教育进一步优化供给内容扫清阵地，创造有利氛围。

3. 通过线上线下教育的深度融合，创新混合式发展模式，进一步展现大学生网络意识形态安全教育供给形式的丰富性和吸引力

技术是一把“双刃剑”，在看到网络的迅速发展给大学生网络意识形态安全教育带来风险与挑战的同时，更重要的是将这种“危”转化为“机”。不仅要继续发展完善传统的线下教育方式，还要将大学生网络意识形态安全教育的作用场域扩展至网络世界，发挥好网络教育的优势，实现线上教育和线下教育的深度融合，打造混合式发展的新模式，不断创新大学生网络意识形态安全教育的供给形式。

其一，在线下教育形式中，要不断完善大学生网络意识形态安全教育的话语体系。如今的大学生普遍具有强烈的自主意识，照本宣科“独角戏”式的单向灌输已无法适应新时代思想政治教育的需要。话语是思想的表达形式，对于教师而言，在教材体系向教学体系的转化中，创新话语体系至关重要。在话语表达方式上，要将更具时代性的“年轻话语”与传统知识理念相结合，形成一种更易被当代大学生理解和接纳的话语体系。

其二，要进一步创新线上教育媒介及传播媒介的融合式发展。要在加强关于大学生网络意识形态安全教育的慕课建设的同时，以“媒体+”理念为根基，将线上教育与传播媒介中部分主流媒体及社会组织个人成立的发声平台进行有机结合，从而突破大学生网络意识形态安全教育中供给形式的单一性困局。例如，可以搭建多样化平台，鼓励高校宣传部门和学生工作部门与一些大学生关注度较高的微信公众号建立常态化联系，积极宣传主流意识形态和社会主义核心价值观，并鼓励学生加入高校与微信公众号的联动机制建设，从而助力大学生网络意识形态安全意

识的提高。又如，加强主流媒体与微博、哔哩哔哩（bilibili，简称 B 站）等新媒体的深度合作，充分利用新媒体对大学生的强大吸引力放大主流媒体的声音，奏响弘扬社会主义核心价值观、捍卫国家意识形态安全的交响乐，使新时代大学生更愿意主动接受网络意识形态安全教育。

必须强调的是，线上教育与线下教育并不冲突，新时代大学生网络意识形态安全教育要以丰富的供给形式为抓手，建立起线上线下有机融合的混合式供给模式，以大幅提升大学生网络意识形态安全教育的效率和质量。

4. 通过建立健全网络安全教育的法律制度，营造良好的法治环境，切实保障大学生网络意识形态安全教育的供给创新

全面推进教育法治建设，是落实党的十九届四中全会精神、推进教育治理体系和治理能力现代化的重要抓手，能够为我国加快推进教育现代化保驾护航，为构建服务全民终身学习的教育体系提供支撑，为深化教育领域的综合改革提供支撑，为办好人民满意的教育提供支撑。新时代大学生网络意识形态安全教育同样离不开法治建设，因此，有必要通过法律手段保障大学生网络意识形态安全教育的供给创新，为教育实效性的提高营造良好的法治环境。进一步完善与大学生网络意识形态安全教育相关的法律法规，一方面，要加快制定舆论监督、内容排查审查、责任追究等方面的法律制度，依法规范网络空间秩序，为教育供给的创新打牢基础；另一方面，要通过制定相关法规条例，对不同教育供给主体之间的合作予以规范，在供给内容上保障其所传播的价值理念的正确性，在供给形式上保障其适合于供给内容，并且与教育目标彼此吻合，从而有效支持供需关系、供给内容和供给形式的不断创新，使大学生网络意识形态安全教育获得更加显著的成效。

三、新时代高校网络意识形态建设的辩证关系探析

进入新时代，高校意识形态建设作用于广大青年，关系着培养什么样的人、如何培养人及为谁培养人这些根本问题。当今世界，随着网络信息跨时空、跨国界、多向互动的快速传播，网络意识形态建设问题的重要性愈发突出。特别是自媒体时代的到来，迫使高校思想政治工作的主阵地必须由线下延伸至线上。可以说，网络意识形态建设作为网络安全和高校思想政治教育的耦合领域，是一项重要而紧迫的系统工程。党的十八大以来，习近平总书记十分重视网络意识形态建设工作。2012 年 12 月，习近平总书记提醒全党："互联网覆盖广、声势大，有人在网上造谣乱说，有的恶意抹黑。"① 2013 年"8·19"重要讲话中，习近平总书记提出了"互联网是舆论斗争的主战场"② 的重要论断。2016 年，在"2·19"重要讲话中，习近平总书记更加尖锐地指出"过不了互联网这一关，就过不了长期执政这一关。"③ 作为维护网络阵地这一"没有硝烟战场"的"安全员"，高校思想政治教育工作者使命光荣，责任重大。相较于线下意识形态建设，高校在网络意识形态建设中，既要坚持内容为王，辩证把握好意识形态内容建设中党性与人民性、主导性与多样性、建设性与批判性、民族性与世界性等关系，又要重视形式为要，辩证地抓好网络建设形式与网络建设内容、网络建设主体与网络建设客体

---

① 中共中央党史和文献研究院编：《习近平关于总体国家安全观论述摘编》，北京：中央文献出版社 2018 年版，第 170 页。

② 中共中央党史和文献研究院编：《习近平关于总体国家安全观论述摘编》，北京：中央文献出版社 2018 年版，第 168 页。

③ 中共中央党史和文献研究院编：《习近平关于总体国家安全观论述摘编》，北京：中央文献出版社 2018 年版，第 165 页。

等关系。要遵循符合意识形态建设的发展规律，突破意识形态建设的桎梏矛盾，杜绝意识形态建设的思想病症，筑就高校意识形态建设的新高地。

（一）深刻把握党性与人民性的辩证关系

高校网络意识形态建设的根本就是要把握好党性与人民性的关系。党性是政党意识的集中体现，人民性是社会群众意识的共性表达。政党的本质就是特有阶级为特有群体寻求政治诉求和意识形态。作为全心全意为人民服务的政党，中国共产党的党性与人民性具有内在同一性。习近平总书记指出："没有脱离人民性的党性，也没有脱离党性的人民性。"① 高校网络意识形态建设要坚持党性，回答"我是谁"的时代发问，坚决拥护以习近平同志为核心的党中央坚强领导，弘扬马克思主义意识形态思想主旋律，牢牢把握意识形态姓"党"的话语权；要坚持人民性，回答"为了谁"的人民期盼。高校网络意识形态建设对象以青年为主体，其建设要贴合青年的思维逻辑和话语体系，坚持以理服人，以德感人，以文化人。要从客观实际出发，正确反映、代表和表达青年的合理愿望，解决实际问题。

坚持党性与人民性的辩证关系，高校要利用好网络阵地，在理论探索、舆论主导、文化建设、青年教育等环节狠下功夫，从根本上认识到为党发声就是为青年发声的统一关系。近年来，高校逐渐在新媒体平台站稳脚跟，接下来，要下功夫做好网络意见领袖等关键少数的网络"大V"的工作，使之成为党和人民之间的纽带。要努力培养千千万万个真正爱国、善讲故事的红色"大V"，将他们用网络语言打造成真正与党和国家同心同德的红色"网络意见领袖"，并让他们带领更多学生传播

---

① 《习近平在全国宣传思想工作会议上强调 胸怀大局把握大势着眼大事 努力把宣传思想工作做得更好》，载《人民日报》，2013 年 8 月 21 日，第 1 版。

正能量、唱响主旋律，同频共振发出“共产党好、伟大祖国好、各族人民好、社会主义好、改革开放好、新时代好”的时代最强音。与此同时，对于网络合理的批评和监督，不论多么尖锐，都不能打击、压制，要保持“有则改之、无则加勉”的态度予以认真听取、切实改正。要相信，在近14亿中国人勠力同心的共同努力下，我们一定能建设一支强大“网军”，在意识形态领域取得压倒性优势，在新时代意识形态斗争中取得最终胜利，真正维护好、建设好网络意识形态安全。与此同时，要树立底线思维，警惕“分裂症”，防止在意识形态建设中将党与青年割裂对立，摒弃“替党还是替青年说话”二选一的错误思想，在维护党的领导地位的同时，体现最广大人民的根本利益。

（二）深刻把握主导性与多样性的辩证关系

高校网络意识形态思想建设要把握好主导性与多样性的关系。党的十九大报告指出：“要牢牢把握意识形态工作领导权。”① 目前网络意识形态斗争日趋激烈。复杂多变的国际、国内环境，多样存在的网络社会诉求，西方思潮的网络侵略渗透和舆情监管的相对缺失，使我国网络领域的意识形态安全面临极大挑战，网络阵地的领导权更加重要。高校在营造具有感召力和凝聚力的马克思主义意识形态进程中，需要把握思想主导与包容多样的辩证关系。坚持事物主导性是马克思主义哲学的重要观点，决定着事物的发展方向，并在发展过程中显示其内在规律性。在理论实践中，坚持马克思主义理论就是中国特色社会主义意识形态建设的主导性内容。新时代高校要深入学习贯彻习近平新时代中国特色主义思想，夯实网络意识形态建设的“四梁八柱”，引领广大青年真正做到学马、懂马、用马、颂马。通过马克思主义意识形态理论的宣传，进一

---

① 习近平：《决胜全面建成小康社会 夺取新时代中国特色社会主义伟大胜利——在中国共产党第十九次全国代表大会上的报告》，北京：人民出版社2017年版，第23页。

步加强意识形态理论实践契合度，发挥马克思主义意识形态理论在青年学习、科研、生活过程中的主导性，巩固意识形态建设实效性。事物在发展过程中势必会存在差异性和层次性。马克思主义意识形态占据国家意识形态指导思想地位的同时，高校应当兼容并蓄有利于青年理想信念、价值理念、道德观念养成的多样性意识形态，这样亦是科学性的体现。第一，高校青年众多，是实现中华民族伟大复兴的中坚力量，海纳百川有利于团结一切可以团结的力量，为中国梦的实现提供智力保障。第二，在坚持马克思主义意识形态理论主导性前提下，尊重差异和异见符合真理的发展逻辑。只有在与谬误的斗争之中，真理才更加经得起推敲和检验。正确的实践认识只有同谬误不断比较，才更能富有实效地引领和教育人民。第三，多样化的意识形态表现，可为高校青年提供广阔的思想碰撞平台，经过比较研究，主导色彩亦会更加突出鲜明。

思想主导与包容多样是相互依存的，特别是网络元素具有活泛性、多元性之特征。如果脱离了多样性，那么主导性的意识形态建设就会僵硬和教条，反之，否定主导性，那么多样性的意识形态建设就极易造成思想混乱。坚持主导性与多样性的辩证关系，高校要加强马克思主义理论研究和宣传，重视科学精神和人文素养的培育和倡导，实现二者有机结合。要坚定理想信念，警惕“软骨症”。没有理想信念，精神上就会缺钙。高校要加强以中国特色社会主义共同理想和共产主义理想为核心的理想信念教育，凝练广大青年永远跟党走的意志和决心。

（三）深刻把握建设性与斗争性的辩证关系

高校网络意识形态舆论建设要把握好建设性与斗争性的关系。意识形态作为统治阶级阐述价值观念的上层建筑，其蕴含了统治阶级欲表达的利益诉求。一方面，统治阶级要运用意识形态建设作为维护手段，运用宣传媒介将其经济、政治、文化、社会、生态文明等建设成果转化为思想输出，并提供合法性论证；另一方面，要用意识形态批判斗争的手段，对社会中存在的错误思想和言论进行批驳。意识形态建设说到底是人心的建设工作，如若马克思主义意识形态不去建设占领阵地，那么那些非马克思主义的思想就会乘虚而入。“正面宣传为主，不放弃舆论斗争”是习近平总书记对于意识形态舆论建设的深邃认识。近年来，我国高校网络阵地并不太平，国内外一些敌对势力利用自身影响力恶意引导网络舆论，设置网络议题，炒作社会热点问题，制造思想混乱，以求达到掌握网络话语权，进而扰乱社会稳定和国家发展大局。

近年我国高校意识形态正面宣传成效显著，但仍欠缺对于学生个体思想启迪和人生规划的能动作用。高校要下大气力推进意识形态人生化、个体化建设，让意识形态建设真正内化于心，外化于行。较之正面宣传，高校在意识形态舆论建设中批评斗争的声音明显不足，斗争意识、斗争能力、斗争思维仍有所欠缺，面对网络消极舆情，主动出击能力尚有短板。目前，西方反动势力意识形态渗透形势极其严峻，而高校作为学术研习的象牙塔，青年思想多元、知识更新活跃，是其渗透策反的理想场域。其裹着学术探讨、宗教传播等合理外衣，肆意扩大意识形态“包容性”的范畴，恶意输出错误的社会思潮和价值观念，意图造成思想迷惘和混乱，冲击马克思主义意识形态阵地。高校要增强主动性、掌握话语权、打好攻坚战。“网络空间是亿万民众共同的精神家园。”① 除课堂、社团等传统媒介外，高校要特别注重在互联网等新兴媒介上的审核管理，对于错误思潮要亮剑发声，敢于批驳，形成马克思主义意识形态舆论建设的新高地。

网络意识形态问题同样适用习近平总书记论述的“红色、灰色、黑色”三个地带。对处在红色地带，和我们一条心的人，要鼓励和支持他

---

① 习近平：《在网络安全和信息化工作座谈会上的讲话》，载《人民日报》，2016 年 04 月 26 日，第 2 版。

们在传播党的声音、净化网络空间、维护意识形态安全等方面展现正能量；对处在灰色地带，与我们若即若离的人，我们不去团结，人家就会去拉拢，要加强线上互动、线下沟通，引导其政治观点，增加政治认同，实现其正面发声；对于黑色地带，跟我们立场不一致的西方敌对势力或者对着干的人，必须要坚决反对，从技术等层面予以制止，确保网络环境的风清气正。

（四）深刻把握民族性与世界性的辩证关系

高校网络意识形态文化建设要把握好民族性与世界性的关系。文化作为一个国家、民族的精神家园和软实力彰显，在意识形态建设中有着不可或缺的作用。马克思主义意识形态理论具有普遍性，只有与各国具体实际相结合，并通过一定的民族形式表现出来，才能得到本国人民认可，做到传道授业解惑。抽象离不开具体，中国特色社会主义就是马克思主义意识形态与中国具体相结合的时代产物，是中国传统文化、红色革命文化、社会主义先进文化滋养下的理论实践硕果。经济基础决定上层建筑，目前高校意识形态文化建设中“外强我弱”的局面仍未得到根本改善，这与国家总体经济实力大而不强，人民生活水平饱而不富密切相关。高校承担文化传承、社会服务的重要使命，意识形态文化建设要坚持扎根民族。要守好一段渠，种好责任田，除思政课外，自然科学课程、人文社科课程教师要根据自身特点深挖中华优秀文化的理论，结合时代需要进行创造性转化，坚持全员育人。共青团要加强民族观、历史观、时代观教育，善用隐性思想政治教育途径，将中华优秀文化润物无声地浸入校园。同时，正确看待当代中国文化与外部文化的关系是意识形态文化建设的关键环节。去粗取精，去伪存真，是中国共产党革命、建设和改革进程中的一贯主张。改革开放 40 年的丰硕成果业已证明，只有放眼世界，合理学习吸收有利于中国特色社会主义建设的世界文明成果，中华民族方能永葆生机活力。高校作为文化交流碰撞的集散地，要积极探索、比较、吸收有利于中国特色社会主义道路、理论、制度、文化发展的域外文明成果，坚持百花齐放，百家争鸣。

高校在鼓励学习域外积极文化成果的同时要坚决抵制西化、分化，绝不能丧失根本，错把他乡当故乡。要坚持文化自信，警惕“幼稚症”，不能盲目地将学习西方等同于谄媚西方。高校只有将思想和行动深深植根于中华大地，方能培育和铸就中国特色社会主义合格建设者和可靠接班人。

（五）深刻把握网络建设形式与网络建设内容的辩证关系

对于高校网络意识形态建设而言，网络是一种媒介形式，实现意识形态建设的目标既要依靠新颖形式，更要依靠内容本身。形式为内容服务，开展网络意识形态建设的目的就是通过理论武装等显性教育和寓教于乐等隐性教育服务高校中心任务，促进学生成长成才，完成立德树人的崇高使命。但是，在高校的具体实践中，把网络这一媒介本身当作目的，忽视意识形态建设内容的建设，颠倒形式与内容关系的现象屡见不鲜。因此，必须把握意识形态建设的方向性，注意克服两种倾向。

一是克服“建设了网络平台就等于建成了网络意识形态阵地”的倾向。无论是传统网络媒体平台，还是自媒体网络平台，都是开展网络意识形态建设的前提条件。因此，近年来，高校宣传、学生工作、马克思主义学院等部门投入大量人力、物力，在维护好校园网、校园论坛等传统网络平台的同时，开设抖音、微博、微信公众号等新媒体网络平台。这些措施客观上为开展意识形态建设提供了有利条件。在此基础上，各部门应充分发挥好网络功能，让网络意识形态建设的质量通过虚拟平台得以提升。但是，现实操作层面中，个别部门“喧宾夺主”，单纯重视网络平台的形式，忽略了意识形态建设的教育实质。例如，部分单位利用抖音、微博等“短平快”的剪辑形式，“小清新”的剪辑特效，将思政课的教学内容见诸“云端”。课程接入“云端”的确是课程思政的重要方向，但不加遴选地让所有课程内容全部以“短平快”的形式面对学生，教学效果往往会事倍功半。因此，必须要处理好形式与内容的辩证关系，认识到网络阵地建设只是手段，内容为王仍是意识形态建设的重中之重。高校党委要高度重视，将网络课程建设特别是新媒体思政建设提上日程，形成宣传、教学、学生工作等部门分工协作的工作格局。在利用好新媒体平台的同时，要做有深度的新媒体思政课，把“最难讲”变成“最精彩”。必须要提高思政课的亲和性和针对性，将思政课的政治性、学术性、针对性、吸引性、主体性、战斗性、深刻性、差异性贯穿始终。要做有效度的新媒体思政课，把“纸上谈”变成“网络行”。理论联系实际才会更加生动，思政课要注重联系实际，注重实践，必须把网络课堂上的理论和生活的事物有机统一，真正提高学生的获得感。

二是克服“单纯追求点击率”的倾向。新时代，高校都认识到了网络意识形态建设的重要性和紧迫性，但如何衡量网络意识形态建设的成效呢？个别高校将点击量作为网络意识形态建设成效的重要标准，甚至将其纳入职称晋升、评优评先等指标当量中。事实上，点击量与网络意识形态建设成效是存在相对因果关系的。一部积极向上的网络思政作品能够得到学生认可，学生会以多次点击学习、转发等形式予以肯定，但这并不是绝对因果关系。一方面，如前文所述，部分作品的确存在泛娱乐化倾向，因此点击量与教育成效并非正比关系。另一方面，网络意识形态建设作为思想政治教育的重要组成，是一个久久为功的系统工程，仅仅依靠点击量这一狭隘指标予以衡量，不免有失偏颇。如若过度强调点击量这一指标，甚至还会带来虚假指标、刷新流量等负面效应。因此，依托网络开展意识形态建设，一定要明确建设媒介与建设目的的关系，始终强调网络仅仅是手段和媒介这一属性，构筑起强大的意识形态建设阵地才是目标和终点，要把握好二者的关系，真正在提高点击量的同时，提高广大学生的思想道德素养。

（六）深刻把握网络建设主体与网络建设客体的辩证关系

从意识形态建设全过程审视，网络意识形态建设与传统线下意识形态建设的区别在于教育主体向教育对象的显性“灌输式教育”嬗变为隐性“启发式教育”。事实上，在网络虚拟空间中，学生的主观能动性的效能大大增强，但侧面亦增加了网络意识形态建设主体——教育工作者对于过程掌控的难度。但是，无论教育形态如何发生改变，意识形态建设过程中主客体的辩证关系并未改变。也就是说，建设的主体必须要引领建设的客体接受建设内容，继而提升客体的自身素质。因此，在网络意识形态建设的全过程中，必须把握好教育对象的引领和导向，牢牢把握教育主动权。

要依靠思想观念把握主动权。马克思主义为我们的民族、政党和国家发展的价值主体、价值取向、价值目标和价值标准等方面提供了思想理论依据。在高校思想政治工作中，要坚持马克思主义理论特别是马克思主义中国化的最新成果——习近平新时代中国特色社会主义思想武装全体师生，就要采取多种措施，提升广大师生的思想理论水平，使马克思主义理论入脑入心。首先，要加强理论研究，创造性地运用辩证唯物主义和历史唯物主义的世界观和方法论分析当今世界和中国实际，使全体师生能够在错综复杂的社会环境与历史现象中看清本质、明辨方向，并在新的时代条件下不断深化对人类社会发展规律的认识和把握，进而达到新的理论高度。其次，要努力推进马克思主义中国化、时代化、大众化。要切实使党的理论政策方针在广大师生心中落地生根，引导师生多看主流，多看本质，多看光明面，引导师生的情绪、心态朝着积极健康的方向发展。最后，要坚决同非马克思主义的意识形态进行斗争。要剖析其反动根源、实质和负面影响，帮助师生认清其不合理性，从而回归到对马克思主义的坚定信仰上来。对于错误思潮和观点，要旗帜鲜明地予以批判，以正确的立场、鲜明的观点，积极开展正面引导、深度引导，用真理的力量说服人，用生动的事实教育人，帮助青年学生划清是非界限，澄清模糊认识。

要依靠交流互动的经常性掌握主动权。线下教育中，往往依靠灌输教育即“我说你听”掌握教育主动权。但是，虚拟阵地中教育主体与客体处于平等关系中，这种形式更加有利于教育客体真正接受继而认同教育主体的观点和看法。习近平总书记指出，高校思想政治工作要“因事而化、因时而进、因势而新。”[①] 近年来，以互联网为代表的新媒体以高效、便捷的特点逐渐取代了传统媒体成了师生获取信息的主渠道。传统媒体在信息传播过程中受到时间和空间的局限，而且多以传者为中心，受众是信息的接收者。新媒体颠覆了传统的受众概念，在新媒体的信息传播中，受众不仅是信息的接受者，还是信息的发布者，甚至是舆论的主导者。在高校，以微信、微博、抖音、快手为代表的新兴传播媒介正在深刻影响着知识分子，特别是学生的行为方式与思想方式，因此高校应充分认识并尊重新媒体自身的特点与运作规律。以往的思想政治工作往往以单向传授为主，缺乏互动性。现在新媒体的即时性、自主性、开放性和互动性为广大师生提供了更大的话语自由，思想政治工作者就要适应这种变化，勇于探索并改进自身，充分运用网络语言和网络交流技巧，在良性互动交流中了解学生、倾听学生的声音，以便及时找出问题的症结。高校应该注重网络舆情的分析研判，始终掌控舆论引导的主动权。当出现影响社会整体稳定的苗头性、倾向性问题时，要正确引导和弱化错误信息，取得网络思想政治教育的主动权。

---

① 《习近平在全国高校思想政治工作会议上强调：把思想政治工作贯穿教育教学全过程 开创我国高等教育事业发展新局面》，载《人民日报》，2016 年 12 月 9 日，第 1 版。

四、新时代网络意识形态治理的实现路径

意识形态关乎国家安全，决定着文化的前进方向和发展道路，对党和国家的生存发展至关重要。当前，互联网已经渗透到人们生产生活的各领域各方面，成为人们迅速获取信息的主要来源，是意识形态工作的主阵地、主战场和最前沿。进入新时代，运用治理思维、治理方式，加强和改进网络意识形态工作，有利于营造风清气正的网络空间，切实维护我国网络意识形态安全。网络意识形态是网络行为主体在网络空间的交流交锋中，所形成的一种反映网络行为主体的利益诉求、价值倾向的思想观念体系。在网络空间领域，任何社会阶层、组织及个人都可以借助网络表达对现实社会的诉求、态度和情绪。网络空间中，既有诸多利益诉求的表达，也有不同政治见解的分歧；既有多元文化的交流和交融，也有不同文明的博弈与冲突；既有国内别有用心者散布的不良言论，也有境外组织实施的网络意识形态渗透。由此可见，网络社会意识形态领域斗争依然复杂，网络意识形态治理势在必行。网络意识形态治理作为国家治理体系的重要组成部分，是一种战略型治理、协作型治理、内容型治理、制度型治理、技术型治理、国际型治理，需要在顶层设计、协同共治、内容建设、制度完善、技术应用、国际合作等方面下功夫。

（一）战略型治理：做好网络意识形态治理的顶层设计

网络意识形态治理首先是一种战略型治理，需要做好顶层设计、总体部署。网络意识形态突破了时空界限，在网络空间进行高速度、零距离的交融和碰撞，它从文化思想、价值认同、思维方式等层面直接与社会稳定相关联，进而深刻影响国家安全。因此，较之现实空间，网络空

间的意识形态治理更为错综复杂，必须从全局、系统的角度进行战略谋划。

1. 制定和完善网络意识形态治理战略

从国家战略层面加强网络意识形态治理的总体部署，不仅是网络治理的重要内容，也是推进网络治理现代化的重要举措。在治理战略上，要立足所处国际形势和国家利益需要的基础，从全局出发，明晰网络意识形态的治理目标、治理思路、治理原则、治理内容、治理方法、治理路径及保障系统，为我国网络意识形态治理提供重要遵循和指导。同时，要完善互联网相关战略，如国家网络空间安全战略、“宽带中国”战略、国家大数据战略、网络空间国际合作战略，出台一系列相关战略纲要、发展规划和指导意见，为网络意识形态治理的健康发展保驾护航。

2. 促进网络意识形态治理的统筹协调

网络意识形态治理是一项涉及多主体、多领域的战略性系统工程，治理主体需要在党的领导下相互配合、协同推进，以确保网络意识形态治理坚持正确方向并形成治理合力。因此，做好网络意识形态治理的顶层设计，要改变以往各自为政的发展模式，发挥国家制度的显著优势，以国家意志对网络意识形态治理统一谋划、统一部署、统筹协调。要全面分析网络意识形态治理系统的现实状况，推进中央到地方上下层间的纵向协调、各部门各群体间的横向协调、针对网络意识形态领域重难点问题的综合协调，即使不同阶段的网络意识形态治理在进程上相互协调，也使多个领域的网络意识形态治理在步调上协同一致，增强网络意识形态治理的系统性、整体性和协同性，提高治理的整体效能。

（二）协作型治理：构建网络意识形态协同共治新格局

网络意识形态治理还是一种协作型治理，需要党、政府、企业、社会组织、广大网民共同参与。这既是治理现代化的现实要求，也是衡量治理效率与水平的重要标准。新时代推进网络意识形态治理，要在党的全面领导下，构建全社会共同参与、共同建设、共同维护的协同共治新格局。

1. 加强中国共产党对网络意识形态治理工作的全面领导

中国共产党是网络意识形态治理主体的领导核心、主导力量。网络空间纷纭复杂，网络意识形态安全挑战众多，这就决定了网络意识形态治理必然是一个长期而艰巨的过程。坚持和加强党的全面领导，能够确保网络意识形态治理具有总揽全局、协调各方的坚强核心，带领我们克服不断出现的实际困难，并保证网络意识形态治理工作沿着中国特色社会主义的正确方向开展。因此，要坚持和加强党的全面领导这一根本原则，让党的领导体系总揽网络意识形态治理工作全局，实现正确的政治导向覆盖网络意识形态治理全环节、全过程。同时，要落实党委（党组）网络意识形态治理工作责任制，明确各级领导工作职责，将网络意识形态治理工作纳入领导干部的目标管理，强化网络意识形态治理工作考核和责任追究。

2. 推进政府、企业、社会组织、广大网民共同参与治理

习近平总书记指出："维护网络安全是全社会的共同责任，需要政府、企业、社会组织、广大网民共同参与，共筑网络安全防线。"① 政府作为我国网络意识形态治理的重要主体，不仅要实现从单一管理者向多元治理者的思维转型，还要承担起监管网络媒体、实现治理效益的政府职能。故此，在政府层面，要加快网络意识形态治理配套政策建设，制定和通过相关条例、标准，并监督其实施，做好政策规章、标准规范与法律法规的协调衔接；要加强对网络内容的审查力度，严肃查处内容违

① 习近平：《树立正确的网络安全观》，http：//politics. people. com. cn/n1/2016/0420/c1001－28291543. html（浏览时间：2020 年 10 月 8 日）。

规的网络文化经营单位，对编造散布网络不良信息的个人及时给予行政处罚；要优化网络意识形态治理手段，促进正面示范和反面整治相结合、线上治理和线下治理相融合。在企业层面，要落实网络治理关口责任，强化业务平台自治和自律，提高网络意识形态实时治理能力；要整合网络意识形态产业链力量，开展技术、标准研究，加强维护网络意识形态安全的关键技术产品研发，提高网络意识形态安全保障能力。在社会组织层面，要积极培育一批坚持正确导向、熟知网络传播技巧、通晓网络话语的网络意见领袖，强化主流言论，以第三方公信力引导网络民意方向；要主动向政府部门建言献策、贡献智慧，充分发挥社会力量的治理优势。在广大网民层面，要提升自身理论素养和媒介素养，不断增强信息辨别能力和社会认知能力，牢牢把握正确的网络舆论导向；要发挥公众监督作用，对造谣生事、传播不良信息等行为进行揭露和批评，提高在线举报、监督能力。

（三）内容型治理：加强网络意识形态治理的内容建设

网络意识形态治理还是一种内容型治理，需要加强网络内容建设，涵养网络舆论生态。习近平总书记强调，“要从维护国家政治安全、文化安全、意识形态安全的高度，加强网络内容建设，使全媒体传播在法治轨道上运行。”① 这一重要论断，为网络意识形态治理的内容建设指明了发展方向。

1. 坚持马克思主义的指导地位，增强网络空间主流意识形态的引领力

马克思主义在我国意识形态领域中居于指导地位，是社会主义意识

① 《习近平在中共中央政治局第十二次集体学习时强调 推动媒体融合向纵深发展 巩固全党全国人民共同思想基础》，载《光明日报》，2019 年 1 月 26 日，第 1 版。

形态的旗帜、灵魂。新时代加强网络意识形态治理，要求以马克思主义为指导，进一步增强网络空间主流意识形态的引领力，牢牢占领网络意识形态阵地。一要运用马克思主义回应好网民的最大关切。以加强马克思主义的网络宣传和阐释为重点，运用马克思主义科学解答时代课题、回应网民诉求，坚持用马克思主义的立场观点方法对社会现实难题做出分析和破解，着力推动新时代马克思主义的创新发展；要深入剖析错误思潮的实质，帮助广大网民明辨政治是非、澄清模糊认识，引导网民统一思想、凝聚共识，不断彰显马克思主义理论的时代价值和真理魅力。二要进一步优化马克思主义的话语表达方式。发挥群众语言的艺术魅力，善于用通俗易懂、喜闻乐见的大众话语表达马克思主义科学理论，将深邃、抽象的理论生动化、具体化，让马克思主义话语转化为广大网民的思维习惯所接受的大众话语；与时俱进地更新话语叙事方式，从结论性的宏大叙事转化为体验性的生活叙事，贴合网民的生活实践，贴近网民的内心及情感，让马克思主义话语与广大网民的日常生活相对接，不断发展富有民族特色、符合时代需要的新概念、新范畴、新表述。

2. 传承和发展中华优秀文化，增强网络空间主流意识形态的认同力

中华优秀文化是中华民族的生命命脉、精神家园，是增强主流意识形态认同的重要基础。推进网络意识形态治理，需要传承和发扬中华优秀文化，使中华优秀文化成为网络空间传播正能量的不竭源泉和宝贵资源。一要利用网络技术深掘优秀传统文化意蕴。在高度尊重优秀传统文化的前提下，运用3D全息投影、VR/AR等技术，将中华优秀传统文化的实物和典籍文献内容在网络世界里形象生动地展现出来，使人们能够根据自己的需要去认识它们，能从感性与理性结合的角度去理解它们，并从中汲取其精华和精髓。二要运用“互联网+”推出中华民族文化精品。围绕数字化、网络化、智能化融合发展的方向，以互联网打通文化

领域产业链，重塑网络文化产业的生产模式、技术体系、产业形态和价值链，促进国学、戏曲、动漫、电影、音乐等实现多领域、跨平台的拓展，提升内容生产、优化传播方式，推出网络文化精品。这些网络文化精品诠释着中华优秀文化的丰富内容，展示着民族优秀文化的永恒魅力，能使广大网民身心得以陶冶，增进广大网民对主流意识形态的认同。

3. 培育社会主义核心价值观，增强网络空间主流意识形态的凝聚力

社会主义核心价值观凝结着中华民族共同的价值夙愿，是我国主流意识形态的综合体现。新时代加强网络意识形态治理，必然要求积极培育和践行社会主义核心价值观，为捍卫安全清朗的网上家园凝聚共识、汇聚合力。一要加强社会主义核心价值观的网络阵地建设。以媒体融合为主攻方向，通过传统媒体和新媒体的重聚、整合，建立全方位、多层次、宽领域、立体化的融媒体平台，打造多个终端呈现社会主义核心价值观内容的网络媒体新生态，推进社会主义核心价值观在网络环境中占据主动。二要运用鲜活的故事阐释好社会主义核心价值观。利用网络传播社会主义核心价值观，不仅要在学理上讲清其历史渊源、发展脉络、现实基础、理论内涵、本质特征等，还要善于运用群众身边的事、群众明白的故事，讲透社会主义核心价值观的现实意义及践行社会主义核心价值观的系列问题，使网民能够通过生动鲜活的事例和深入浅出的故事深刻领会我们应该追求什么、做些什么、如何去做，从而将社会主义核心价值观内化成广大网民的价值准则和行为自觉。

（四）制度型治理：健全网络意识形态治理的制度体系

网络意识形态治理也是一种制度型治理，需要将制度优势转化为治理效能。习近平总书记指出，“国家治理体系是在党领导下管理国家的

制度体系，包括经济、政治、文化、社会、生态文明和党的建设等各领域体制机制、法律法规安排”①。一定意义上，国家治理体系现代化也就意味着国家的制度体系现代化。网络意识形态治理作为国家治理体系的重要组成部分，必然要求为维护国家安全、推进国家治理现代化构筑一整套运行有效的制度体系。

1. 优化网络意识形态治理的体制机制

网络意识形态治理的硬件基础设施再好，如果没有一套与之匹配且高效灵活的体制机制，发展步伐将会受到牵掣。因此，持续地优化与健全体制机制，是推动网络意识形态治理向纵深发展的迫切需要。一要完善网络意识形态安全人才培养体制。加强网络空间安全学科建设，统筹规划网络意识形态安全专业设置，并在研究生招生指标、科研项目基金扶持、权威学术期刊创办等方面予以政策倾斜；加强网络意识形态安全人才培养基地建设，推进产学研结合，探索“3 + X”“4 + X”等人才培养模式；加强教材一体化建设，编发网络意识形态安全专业教材，组织编写与统编教材相配套的教师参考书、学生辅导读本等教学用书；加强“专兼结合”的师资队伍建设，公开招聘海内外高端人才担任专职教师，聘请行业内权威专家担任兼职教师，并推进师资队伍培训科学化、专业化。二要完善网络意识形态安全应急治理机制。建立健全网络意识形态安全预防机制、监测与预警机制、应急响应机制、后期处置机制等。在预防机制方面，要做好应急预案的编制、演练、评估和修订；在监测与预警机制方面，要统一预警分级标准，加强舆情动态监测，深化舆情分析研判，做好预警响应及解除；在应急响应机制方面，要打造网络意识形态信息共享联盟，推动跨区域、跨部门、跨层级的协同联动，促进网络舆情突发事件的应急协调；在后期处置机制方面，要加强网络意识形

---

① 《习近平谈治国理政（第一卷）》，北京：外文出版社2014年版，第91页。

态安全事件的调查处理和总结评估，并由经验丰富的专家团队辅助指挥决策，开展处置和鉴定等工作。

2. 健全网络意识形态治理的法律法规

依法治网，是我国网络意识形态治理的重要的制度性基础，也是捍卫我国主流意识形态掌握网络空间话语权的必要性条件。一要提高网络意识形态治理的立法层级。秉承现代法治理念，提高网络意识形态治理的立法级次，明确网络意识形态治理的调整对象、基本制度、法律责任等，进一步完善网络信息内容、网络信息服务、网络社会管理等法律法规，优化网络失信黑名单、市场监管部际联席会议、安全审查、联动安全保障等具体制度，促进网络意识形态治理法治化、制度化、规范化。二要修订关于网络意识形态治理的刑事法律规范。修订完善刑事法律规范，制定配套的刑事司法解释，对于各种危害我国主流意识形态的不法行为，增设相应罪名，进一步细化网络意识形态领域犯罪案件的立案追诉标准和定罪量刑标准，提升各法律法规在司法实践中的可操作性，构建门类齐全、结构严谨、体例科学的新时代网络意识形态治理的法律法规体系。

（五）技术型治理：加快网络意识形态治理的技术应用

网络意识形态治理也是一种技术型治理，需要重视技术、创新技术。技术的发展应用是网络意识形态治理的物质前提、基础保障，能够有效防控网络意识形态风险。习近平总书记指出，“建设网络强国，要有自己的技术，有过硬的技术”①。网络意识形态治理要注重网络技术的研发和应用，争取在核心技术上取得实质性的进展与突破。

---

① 《习近平主持召开中央网络安全和信息化领导小组第一次会议强调 总体布局统筹各方 创新发展 努力把我国建设成为网络强国》，载《光明日报》，2014 年 02 月 28 日，第 1 版。

1. 运用大数据技术提升网络意识形态的治理水平

具有可视性、精准性、共享性、高效性等特征的大数据技术，给网络意识形态治理带来了前所未有的机遇，深入挖掘新技术对于改进网络意识形态治理工作具有重要价值。一要加强网络意识形态的数字化管控。运用大数据技术手段，对网络意识形态进行全程记录、分类聚类、关联分析，及时发现和处理网络非法言论、不良信息，强化网络意识形态的运行监督，实现网络意识形态的数字化管控。二要推进网络意识形态的精准研判。依托大数据技术，开展网络意识形态的数据存储、分析、挖掘和可视化呈现，通过对网民言论进行大样本、全面性的研判，敏锐感知网民的社会情绪变化，从而预测和预判网络舆情，提升网络意识形态风险防范化解能力。三要推动网络舆情信息的互通共享。采用大数据技术，打破信息孤岛和数据壁垒，整合数据资源，促进网络舆情数据无缝流动，实现信息资源的分级分流、互通互联、按需共享。四是促进政府治理决策的科学化。运用大数据技术手段，对海量的网络意识形态数据进行模块化分析、政策模拟，并为决策实施提供实时跟踪，推动政府治理决策更为系统、科学和高效。

2. 加强新一代关键核心技术在网络意识形态治理中的应用

加强新一代关键核心技术的发展应用是我们赢得网络意识形态治理主动权的重要战略抓手，也是推动我国网络意识形态治理水平实现整体跃升的重要战略资源。新时代网络意识形态治理必须占领技术制高点，确保新一代关键核心技术的发展应用走在前面，发挥“头雁”效应。一要聚焦新一代关键核心技术的创新研发。加快研发新一代移动通信、移动互联网、下一代互联网、物联网、人工智能等领域的关键核心技术，加强对高性能集成电路、芯片、数据库、操作系统等领域的科研投入，集中攻关基础前沿技术和共性关键技术，逐步摆脱对西方网络核心技术的依赖；创新研发拥有独立知识产权的信息智能识别、过滤筛选技术，加强对西方互联网攻击技术的攻克，严防敌对势力利用互联网对我国进行意识形态渗透和破坏。二要应用新一代关键核心技术提供精准服务。结合大数据、物联网、区块链等新一代互联网技术，打造技术领先的主流意识形态网络传播平台，为网民提供精准、高效、快捷的理论服务，同时，采用人工智能、VR/AR 等技术，将主流意识形态的理论内容转变成沉浸式虚拟现实体验，以全息式交互方式给广大网民带来直观深刻的体验感受，增强主流意识形态的网络传播力、吸引力。

（六）国际型治理：深化网络意识形态治理的国际合作

网络意识形态治理更是一种国际型治理，需要深化国际沟通和合作。习近平总书记强调："互联网发展是无国界、无边界的，利用好、发展好、治理好互联网必须深化网络空间国际合作，携手构建网络空间命运共同体。"① 面对网络世界的新挑战和新课题，各国应该加强对话交流，确保国家网络意识形态安全。

1. 推进全球网络基础设施建设

当今世界，网络空间霸权主义依然存在。个别国家利用国际互联网关键资源的掌控和网络信息关键技术领域的优势，通过大规模网络监控和窃密，散布有害信息，对他国实行煽动与渗透，危害其他国家的意识形态安全。基于此，加快全球网络基础设施建设，弥合数字鸿沟，是破解全球范围内现存的网络空间非正义问题的关节点。要提高全球网络基础设施建设及保护水平，促进互联互通，让信息资源充分涌流；要加强关键信息基础设施保护，推进数据安全国际合作，不断增强战略互信，

---

① 习近平：《在第三届世界互联网大会开幕式上的视频讲话》，载《光明日报》，2016 年 11 月 17 日，第 1 版。

提升网络意识形态治理能力和治理水平。

2. 在尊重网络主权的前提下深化国际空间合作

《联合国宪章》确立的主权平等这一重要原则，也同样适用于网络空间。要充分尊重各国的网络主权，在平等的国际氛围中商议网络意识形态治理的问题，促进国际互联网环境向着更健康的方向发展；要增进网络空间多边合作，制定并完善反映各方利益关切的网络空间国际规则，推动公平正义；要加强各国在网络信息技术和多元文化方面的交汇交融，增进文明交流互鉴；要构建全球网络交流平台，深化各治理主体的沟通交流，夯实合作基础，积极应对国家网络意识形态面临的风险挑战，实现治理共同参与、安全共同维护。

总之，网络意识形态的治理路径是一个层次分明、逻辑严密的统一整体。其中，做好顶层设计是推进网络意识形态治理的必要前提，要从全局高度系统部署，为网络意识形态治理提供战略指引；加强内容建设是推进网络意识形态治理的重点方面，要唱响网上主旋律，为网络意识形态治理营造精神家园；构建协同共治新格局是推进网络意识形态治理的主要依托，要促进党、政府、企业、社会组织、广大网民等治理主体的共同参与，为网络意识形态治理汇聚各方合力；健全制度体系是推进网络意识形态治理的强力保障，要构筑一整套体系完备、运行有效的制度体系，为网络意识形态治理保驾护航；加快技术应用是推进网络意识形态治理的有效抓手，要加强网络信息技术的创新和应用，为网络意识形态治理提供技术支撑；深化国际合作是推进网络意识形态治理的重要契机，要与世界携手共建网络空间命运共同体，为网络意识形态治理增添发展活力。六大路径相互联系、相互依存，形成逻辑严密的统一整体。

第四章　新时代思想政治理论课教学研究

一、以问题为中心的“思想道德修养与法律基础”课教学模式建构

在全国高校思想政治工作会议上，习近平总书记指出，“要用好课堂教学这个主渠道，思想政治理论课要坚持在改进中加强，提升思想政治教育亲和力和针对性，满足学生成长发展需求和期待”①。这为思想政治理论课的发展提出了要求，指明了方向。思想政治理论课要想提升亲和力和针对性，满足学生成长成才发展的需要和期待，必须坚持释疑解惑、具有问题意识的教学导向。近年来，北京交通大学高度重视教学改革研究，涌现出丰富成果。但是，根据目前掌握的情况来看，思政类课题中从“以问题为中心”的视角进行研究的成果很少，尤其是还没有“以问题为中心”的思想道德修养与法律基础课（以下简称“基础”课）教学模式的建构研究。“基础”课为何要“以问题为中心”建构教学模式、“以问题为中心”的“基础”课教学模式的基本框架是什么、

① 习近平：《把思想政治工作贯穿教育教学全过程》，http://www.xinhuanet.com//politics/2016-12/08/c_1120082577.htm（浏览时间：2020年6月1日）。

如何实施“以问题为中心”的“基础”课教学模式，是本节研究和探索的主要内容。

（一）什么是以问题为中心的“基础”课教学模式

所谓以问题为中心的“基础”课教学模式，就是通过对大学生成长成才中的问题和需求进行系统调查和研究，以大学生成长成才主题提炼大学生关注和困惑的主要问题；通过对“基础”课教材内容进行深度研究，以教材主题提炼教材内容体系中蕴含的主要理论问题，在此基础上，把学生成长成才问题和教材主要理论问题有机结合，从而促进教材体系向教学体系的有效转化。以问题为中心的“基础”课以专题形式组织教学，以问题锁链引导教学，并据此设计考核制度。因此，以问题为中心的“基础”课教学模式的探索，主要围绕以下三个方面展开：一是在教学内容的设计方面，主要研究如何通过整合学生的成长成才问题与教材的主要理论问题，促进“基础”课教材内容体系向教学内容体系的有效转化；二是在教学方法的创新方面，主要研究如何通过问题引导的教学方法综合创新，促进“基础”课教学内容体系向学生信仰体系的有效转化。三是在考核评价机制的改革方面，主要研究如何通过考核学生发现问题、分析问题、解决问题的能力，促进“基础”课教学目标的更好实现。以问题为中心的“基础”课教学模式的基本框架主要包括：以问题为中心设计教学内容是起点、以问题为中心创新教学方法是手段、以问题为中心改革考核评价机制是支撑。

（二）为什么要提出构建以问题为中心的“基础”课教学模式

之所以提出并进行构建以问题为中心的“基础”课教学模式，直接的动因是源于对当前“基础”课教学面临的干扰和挑战的检视，深层的思考则源于对“基础”课课程性质与教学目标的理念反思。

1. 这是“基础”课应对各种干扰和挑战的迫切要求

当前，包括“基础”课在内的思想政治理论课主要面临两个方面的严峻挑战：一是世情国情党情变化带来的挑战。从世情看，虽然和平与发展仍然是时代的主题，但是，霸权主义和强权政治却阴魂不散，地区冲突时有发生，贸易保护主义、单边主义、恐怖主义、气候变化等带来的威胁持续蔓延；从国情看，中国特色社会主义进入了新时代，中华民族迎来了从富起来到强起来的伟大飞跃，但是，在实现中华民族伟大复兴的征程中，必然还会遇到很多可以预测和不可预测的困难和挑战；从党情看，党的十八大以来，党的自身建设虽然取得了明显成效，但是，党面临的执政环境还很复杂，影响党的先进性、纯洁性的因素仍然存在，党在思想上、组织上、作风上存在的一些突出问题尚未得到根本解决。这些变化带来了一系列重大的理论和现实问题：马克思主义如何回答和应对人类社会发展面临的新课题？走中国特色社会主义道路能否战胜民族复兴征程上的各种艰难险阻？新的历史条件下中国共产党还能不能带领中国人民走向民族复兴的光明前景？等等。二是高校意识形态领域斗争带来的挑战。高校是意识形态领域斗争的前沿阵地。近年来，高校意识形态领域形势不容乐观：普世价值、宪政民主、新自由主义、历史虚无主义及质疑改革开放和中国特色社会主义的社会主义性质的错误思潮，以种种“包装”在高校散布；境外宗教势力采取隐蔽多样的方法手段进行思想渗透；别有用心之人或打着马克思主义的旗号反对马克思主义，或提出“苏马非马”“以儒反马”“以西马释马”等错误观点混淆视听；等等。这些噪音甚嚣尘上，其要害就是“企图让我们丢掉对马克思主义的信仰，丢掉对社会主义、共产主义的信念”①，干扰马克思主

---

① 《习近平谈治国理政（第二卷）》，北京：外文出版社2017年版，第327页。

义在我国意识形态领域的指导地位，也对大学生形成正确的价值观提出了严峻挑战。面对世界百年未有之大变局，面对各种社会思潮纷纭激荡、各种杂音竞相发声的新形势，包括“基础”课在内的思想政治理论课，必须构建以问题为中心的教学模式，为大学生更好地答疑释惑，更好发挥其在立德树人中的重要作用。

2. 什么是“基础”课达成教学目标的内在要求

与其他专业课程相比，思政课除具有科学性、知识性外，还具有鲜明的政治属性，它承担着对大学生进行系统的马克思主义理论教育的任务，是全面贯彻党的教育方针、落实立德树人根本任务的主干渠道和核心课程。《中共中央宣传部教育部关于进一步加强和改进高等学校思想政治理论课的意见》明确指出：“高等学校思想政治理论课承担着对大学生进行系统的马克思主义理论教育的任务”。习近平总书记在学校思想政治理论课教师座谈会上，进一步强调了思政课的政治属性，明确指出：“办好思想政治理论课，最根本的是要全面贯彻党的教育方针，解决好培养什么人、怎样培养人、为谁培养人这个根本问题。”[①] 具体到“基础”课而言，就是针对大学生成长过程中面临的思想道德和法律问题，开展马克思主义世界观、人生观、价值观、道德观、法制观教育，引导大学生提高思想道德素质和法律素质，成长为自觉担当民族复兴大任的时代新人。目前，我国正处于实现“两个一百年”奋斗目标的关键时期，对科学知识和优秀人才的需要，比以往任何时候都更为迫切，这为青年大学生提供了广阔的发展空间。但是，大学生在面临良好的历史机遇的同时，“面对世界的深刻复杂变化，面对信息时代各种思潮的相互激荡，面对纷繁多变、鱼龙混杂、泥沙俱下的社会现象，面对学业、

---

① 习近平：《思政课是落实立德树人根本任务的关键课程》，载《求是》，2020 年第 17 期。

情感、职业选择等多方面的考量”①，他们也难免会有疑惑、彷徨和失落，迫切需要精心引导和栽培。这就要求“基础”课要勇于担当起大学生健康成长指导者和引路人的责任，为学生一生成长奠定科学的思想基础。具体而言，就要为大学生解答人生应该在哪用力、对谁用情、如何用心、做什么样的人，引导大学生扣好人生的第一粒扣子；要帮助大学生形成“四个正确认识”，增强“四个自信”，正确把握社会价值和自我价值的辩证关系，厚植爱国主义情怀，自觉把个人发展融入坚持和发展中国特色社会主义的伟大事业之中；要引导大学生形成正确的道德认知，做到明大德、守公德、严私德；要帮助大学生科学理解中国特色社会主义法治体系和法治道路的精髓，自觉做到尊法学法守法用法；要引导大学生掌握正确的思维方法，学会辩证地看待问题，培育理性平和的健康心态，做到稳重自持、从容自信、坚定自励，等等，努力做好大学生成长成才的指导者和引路人；等等。坚决摒弃“政治灌输型”教学、“知识传授型”教学、“生活娱乐型”教学这三种当前“基础”课教学中存在的非科学教学倾向，摒弃只重视知识教育不重视信仰教育的错误倾向，构建以问题为中心的“基础”课教学模式，是促进“基础”课实现教材体系向教学体系转化、达成教学目标和任务的关键所在。

（三）如何构建以问题为中心的“基础”课教学模式

立足增强“基础”课教学实效性与吸引力的目标定位，着眼促进教材体系向教学体系有效转化的关键环节，通过对“基础”课教学的理念的反思与内容的整合，从教学内容的设计、教学方法的创新、考核评价机制的改革三个维度，探索建构以问题为中心的“基础”课教学模式的基本框架。这一基本框架主要包括：以问题为中心设计教学内容是起

① 《习近平谈治国理政（第一卷）》，北京：外文出版社2014年版，第173页。

点、以问题为中心创新教学方法是手段、以问题为中心改革考核评价机制是支撑。

1. “以问题为中心”设计教学内容

设计“以问题为中心”的教学内容，是构建以问题为中心的“基础”课教学模式的关键所在。现在使用的2018年版《思想道德修养与法律基础》教材，较2015年版的教材，变动幅度比较大，新教材进一步充实了许多新的内容，充分地反映了马克思主义中国化新的理论成果和实践成果，而且框架结构也发生了比较大的变化。教材在内容上的一个重要特征是，涵盖内容广泛，理论点、知识点很多，许多内容在教材中都是以非常简要的形式呈现出来的[①]。这就要求教师在具体的教学中，要将教材中简要呈现的内容从理论、历史、现实的角度，再作更加丰富的展开，引导学生理解教材的关键内容，实现教学的基本要求。教师对教材内容进行“再加工”，要根据课程和教材的特点及学生的实际和教学的需要，“以问题为中心”来进行，要凸显“问题意识”，对教材中的重点、难点和热点问题进行恰当的设问和应答，并在这个过程中使教学内容和教学材料既不脱离教材，又适当超越教材。

“以问题为中心”设计教学内容，首先需要做好两个方面的工作：一方面，提炼大学生成长成才的相关问题。为提炼和概括大学生成长成才的主题，课题组成员主要通过以下环节展开：一是课前环节，采用问卷调查和辅导员座谈两种方式全面了解学生中存在的问题与困惑；二是课堂环节，注重与学生的课上互动，通过互动获取学生反馈的信息，并根据学生的反馈发现问题；三是课下环节，主要采用学生代表座谈与作业分析的方式发现问题。通过以上努力，课题组成员结合多年“基础”

---

① 本教材修订组：《〈思想道德修养与法律基础（2018年版）〉修订说明》，载《思想理论教育导刊》，2018年第5期，第22—27页。

课教学实践，对大学生关注和困惑的问题进行了归纳总结。另一方面，提炼教材的理论主题。通过研究发现，“基础”课教材由思想、道德和法律三大板块构成，它们分别对应和解决三大问题：“思想”板块主要解决“人生有方向”的问题，“道德”板块主要解决“做人有准则”的问题，“法律”板块主要解决“做事有底线”的问题，教材中三大板块围绕“人生有方向”“做人有准则”“做事有底线”三大主题的内容设计。学生成长成才主题的提炼在生活性的维度上可以增强和保证“基础”课教学的针对性和生活厚度，理论主题的提炼意在从知识性的维度上增强和保证“基础”课教学的科学性与思想深度。在此基础上，课题组寻找教材中的理论主题与大学生成长成才主题的契合点，初步构建了以问题为中心的“基础”课的教学内容。笔者将一些问题举例如下。

绪论部分：大学的意义何在？大学生如何努力成长为能够担当民族复兴大任的时代新人？新时代对青年大学生提出了什么新要求？

第一章　人生的青春之问：在价值观多元多变多样的当下，大学生应如何树立正确的世界观、人生观、价值观，找准人生方向，成为一个有益于社会的人？爱因斯坦说，人是为别人而生存的，你如何理解？追求平凡的人生是否就是没有意义的？如何看待高校青年的佛系现象？当代大学生应该如何将成长成才成功的个人梦与中华民族伟大复兴的中国梦相连相通？怎么理解人生的社会价值和自我价值之间的辩证关系？

第二章　坚定理想信念：如何理解理想和信念的关系？如何看待理想与现实的冲突？个人理想与社会要求不相同时怎样应对？为什么要信仰马克思主义？如何看待“共产主义是渺茫的幻想”“共产主义没有经过实践检验”等论断？用理想来否定现实和用现实来否定理想分别错在哪里？如何准确把握马克思主义信仰与中国特色社会主义共同理想、共产主义远大理想的内在统一性？你如何理解“理想还是要有的，万一要实现了呢”这句话？

第三章　弘扬中国精神：中国精神，到底在哪里？如果让你给中国精神代言，你准备怎么做？经济全球化时代，是否仍然需要提倡爱国主义？理直气壮的爱国为何陷入困境？为什么很多海外华人在爱国情绪上要甚于土生土长的国人？到底是祖国需要我们来爱，还是我们需要爱祖国？爱国就是喊喊口号、就要护短、就要仇外吗？如何看待莫雷事件后球迷的种种表现？“愤青”“粪青”“奋青”，你做哪一种？

第四章　践行社会主义核心价值观：如何理解社会主义核心价值观提出的重大意义？如何对待我们的传统文化？如何理解社会主义核心价值观的道义力量？如何理解人生的扣子从一开始就要扣好？

第五章　明大德守公德严私德：道德之剑只指向外面吗？如何看待现实社会中的负面问题？当前是否道德滑坡了？陌生人社会为什么要利他助人？“道德万能论”和“道德无用论”分别错在哪里？老人跌倒了该不该扶？为人民服务是否过时了？有人认为，现在的年轻人更加崇尚个性，更加注重自我的发展，对集体无兴趣，你认为呢？如何看待“道德绑架”现象？

第六章　尊法学法守法用法：为什么要建设法治中国？法治中国什么样？怎样建设法治中国？大学生与法治中国的关系是怎样的？思想道德和法律在调节领域、调节方式、调节目标等方面发挥的作用和方式有何不同？如何看待法律价值和理想价值的距离？如何正确理解法律与道德、习俗的冲突？法不容情吗？法律是否可以遏制道德滑坡？依法治国是否就是法治？如何正确对待权力？于欢案带给我们怎样的启示？

“以问题为中心”的教学内容的构建，将在以后的教学实践中不断完善。

2. 以问题为中心创新教学方法

信息不等于知识，知识不等于智慧。“基础”课教学目标的达成，不能通过简单的信息和知识的灌输，更不能通过对概念和原理的条条框框的解说和背诵来达到。因此，以问题为中心设计好教学内容后，还必须以问题为中心创新教学方法。“以问题为中心”的教学方法可以改变传统“以知识为中心”的教学方法，往往能够达到开启智慧、提高素质、培养能力的教学目的，尤其是学生的探索精神和创新能力会得到显著提高。课题组在教学中，探索和实施以培养学生的自学能力、科研能力和创新能力为目的的“三类方法”齐头并进的方法，取得了较好的教学效果。

第一，学生课前展示。开学第 2 周布置展示任务，对小组构成、演讲的话题、形式等做出安排。第 4 周开始进行，每次课由一个小组的同学展示，时间限制在 6—8 分钟。之后，同学从选题、展示形式、讲解逻辑等方面做出自由点评，之后，老师总结点评。大多数同学对该活动表现出极大兴趣，往往提前利用课间、课后面对面交流，以及用邮件、微信的方式交流，就选题和讲解方式与老师进行沟通，以期展示时有优秀的表现。一学期下来，各小组就自由与规则、网络语言暴力、大学生泛娱乐化现象、“杠精”现象、职业乞丐、大学生的爱情、校园霸凌、丧文化、网络安全、炒鞋现象、道德绑架、校园贷、道德绑架、高铁补票悖论等问题进行了课前展示。经过三个学期的尝试，该项活动取得了很好的成效。这项活动具有两个重要作用：①通过同学准备展示和展示后同学们的点评、老师的点评，同学们都感觉到这项活动很大程度上提高了自己发现问题、分析问题、解决问题的能力，提高了小组沟通协调的能力及短时间内恰当表达观点的能力；②通过同学展示，老师可以捕捉大学生关注、困惑的问题，以便在以后的教学中，有针对性地给学生答疑释惑。当然，要想把该项活动组织好，还需要不断总结经验，不断摸索。

第二，老师提出问题—学生课堂谈论—教师重点总结。每次专题讲解时，老师适时抛出前面所设计的问题，请同学讨论。对于同样一个问题，会出现多种观点。针对同学们的讨论，老师做出解答。解答问题时，尽可能秉持以下原则：不仅说明道理，而且充满智慧；不仅令学生信服，而且能打动学生；不仅问题的答案本身使学生获益，而且问题的解答过程也能给学生比答案本身更多的东西。根据学生问题的特点，课题组提出，在解答时要分三个层次：一是正面回答问题。对于目前已经能够作出明确回答的问题，我们尽可能从正面解答，为学生释疑解惑。如，回答“爱国问题上，是要做‘愤青’‘粪青’还是‘奋青’”，引导学生学会理性爱国。二是解释问题的性质。对于一些有待社会实践进一步深入，从而为理论上的突破创造条件才能给予明确解答的问题，我们向学生解释问题的性质，并在此基础上不断完善问题的解答。如，对于“莫雷事件发生后，各企业、球迷的做法到底是否爱国”这个问题，不给学生提供现成答案，给学生进一步思考的余地。三是提供不同观点供学生参考。对于一些还没有定论的问题，如“是否有必要减低完全负刑事责任年龄”这个问题，我们尽量全面地为学生提供具有重要参考意义的观点，为学生提供一个进一步认识问题的坐标系。

第三，指导学生完成平台作业。布置能引发学生思考的问题，如：网络时代大学生的意义何在？再如，莫雷事件后，球迷照旧去观看比赛，是否爱国？怎么看待腾讯恢复直播事件？又如，法不容情吗？法律是否可以遏制道德滑坡？学生作答，老师评价，之后在课堂上做出正确引导。

教学实践证明，“三类方法”齐头并进是一种把课内与课外、“会学”与“学会”、学习与创新等有效结合起来的教学方法。这种教学方法能激发学生的学习兴趣，扩大学生的知识面，帮助学生掌握学习和科研的方法，提高学生的表达能力、创新能力和综合素质，同时也极大地增加了师生之间的互动，有助于“教学相长”。

3. 以问题为中心改革考核评价机制

课题组把以问题为中心的原则贯彻在考核中。无论是平时成绩的给定，还是期末卷面考试内容的设计，都重在考查学生分析问题和解决问题的能力，重在考察学生的价值倾向。

（四）以问题为中心的“基础”课教学模式实施条件

一个完整的教学过程包括从教学设计到教学成果检验的多个步骤，具体到以问题为中心的“基础”课教学模式的教学实践中，主要包括建立团队、发现问题、设计专题、开展教学、检验成效。该课题除了对以问题为中心的“基础”课教学模式的基本构架进行探讨之外，还着重探讨了以问题为中心的“基础”课教学模式的教学团队的构成，尤其是“基础”课教师应具备的基本素养。通过研究，课题组认为，以问题为中心的“基础”课教学模式要想得以有效实施，“基础”课教师必须努力做到以下三个方面。

1. 要坚定政治信仰

信仰是指人们对某种思想、主义坚信不疑，并以之作为行为准则和终身奋斗目标。“基础”课教师坚定政治信仰，就是要真诚地信仰马克思主义，坚定地相信中国特色社会主义，牢固地树立共产主义远大理想和中国特色社会主义共同理想，并在中国共产党的领导下全身心地投入培养社会主义建设者和接班人的奋斗之中。习近平总书记指出：“对马克思主义的信仰，对社会主义和共产主义的信念，是共产党人的政治灵魂，是共产党人经受住任何考验的精神支柱。”① 坚定的政治信仰是“基础”课教师践行以问题为中心的教学模式的核心要求。正如习近平总书记强调的，要“让有信仰的人讲信仰”②。“基础”课教师只有具有坚定的政治信仰，才能做到政治立场不动摇、政治方向不偏移，在思想上政

① 《十八大以来重要文献选编（上）》，北京：中央文献出版社2014年版，第80页。

② 习近平：《思政课是落实立德树人根本任务的关键课程》，载《求是》，2020年第17期。

治上行动上始终与党中央保持一致，从而确保党的教育方针得到全面贯彻、立德树人根本任务得到切实落实。

“基础”课教师要坚定政治信仰，首先必须深刻理解和把握马克思主义。马克思主义信仰不同于宗教信仰，不是靠神秘的“顿悟”来获得，而是建立在对马克思主义科学性的深刻认知基础之上的。“对坚定的马克思主义者来说，科学和信仰是统一的。一个马克思主义者的信仰是否坚定，取决于它对马克思主义科学性的态度。越是深入地理解马克思主义的科学性，个人信仰越是坚定。”① 因此，“基础”课教师要坚定政治信仰，必须加强对马克思主义基本原理的学习和研究，不断深化对马克思主义立场观点方法的领会和掌握，努力提升马克思主义理论素养。同时，还要加强对中国特色社会主义理论体系，尤其是习近平新时代中国特色社会主义思想的学习和研究。只有深刻理解和把握中国特色社会主义理论体系，用习近平新时代中国特色社会主义思想武装头脑，才能更好地坚定马克思主义信仰，坚定“四个自信”，坚定在中国共产党领导下坚持和发展中国特色社会主义的信念。

“基础”课教师要坚定政治信仰，还必须深刻理解和把握中华民族伟大复兴的历史征程。选择马克思主义和中国特色社会主义，是中国人民长期探索的必然结果。近代以来，中华民族遭遇了前所未有的危机，无数仁人志士提出的各种救国方案都纷纷破产，直到马克思主义传到中国，中国的先进分子才找到了适合中国国情的救国之路。新中国成立后，中国共产党人正是在马克思主义指导下，才顺利完成了社会主义改造并建立起社会主义制度。改革开放后，中国共产党人也正是在马克思主义指导下，才开辟和发展了中国特色社会主义。党的十八大以来，还是在马克思主义和中国特色社会主义的指引下，我国改革开放和社会主

① 陈先达：《理论自信：做坚定的马克思主义信仰者》，长春：吉林人民出版社2016年版，第6页。

义建设才取得了历史性成就，才使我们比历史上任何时期都更接近中华民族伟大复兴中国梦的实现。马克思主义和中国特色社会主义在中国的生动实践，充分彰显了其科学性和真理性，使我们对信仰的力量有了更加深刻的感知。习近平总书记指出："历史和人民选择马克思主义是完全正确的，中国共产党把马克思主义写在自己的旗帜上是完全正确的，坚持马克思主义基本原理同中国具体实际相结合、不断推进马克思主义中国化时代化是完全正确的！"[①] "基础"课教师要站在历史的高度，从实现中华民族伟大复兴的历史征程中，深刻理解和感悟只有马克思主义才能解决中国的问题，只有社会主义才能救中国，只有中国特色社会主义才能发展中国。只有这样，才能更加坚定马克思主义信仰和中国特色社会主义信念。

2. 要努力提升业务能力

包括"基础课"在内的思政课是具有很高"学术含金量"的课程，"基础"课教师要想上好这门课，必须具有精湛的业务能力。这就要求"基础"课教师，一要加强专业化建设，提升理论素养，这是提升业务能力的基本前提。"基础"课教师要把马克思主义理论作为自己的专业背景和学科，把马克思主义理论作为进行思政课教学的专业基础、学科支撑，遵循专业发展和学科发展的内在要求进行研究和教学[②]。二要加强理论研究，这是提升业务能力的重要基础。"基础"课教师要坚持马克思主义的基本立场，掌握马克思主义的科学方法，深入系统地研究马克思主义的科学原理和科学精神，研究马克思主义在中国的创新和发展，研究习近平新时代中国特色社会主义思想的理论内涵、精神实质和

---

① 习近平：《在纪念马克思诞辰200周年大会上的讲话》，载《人民日报》，2018年5月5日，第2版。

② 张雷声：《改革开放以来思想政治理论课教师队伍建设论析》，载《思想理论教育》，2018年第10期，第60—67页。

科学体系，研究意识形态领域出现的新情况新问题，研究大学生关注的难点热点问题，等等。只有加强理论研究，才能避免简单地照本宣科，更好地以透彻的学理分析回应学生，以彻底的思想理论说服学生，用真理的强大力量引导学生。三要加强教学研究，这是提升业务能力不可或缺的方面。“基础”课教师要深入探讨如何助推思政课实现从教材体系向教学体系、从知识体系向信仰体系的转化，探讨如何把马克思主义的道理讲明白、讲清楚，探讨如何在遵循思想政治工作的规律、教书育人的规律、学生成长规律的基础上，按照“八个相统一”的要求推动思政课改革创新。只有加强教学研究，才能不断提升思政课的亲和力和有效性，更好地满足学生成长发展需求和期待。

3. 要严守政治纪律

严守党的纪律是马克思主义政党增强凝聚力和战斗力、完成党的历史使命的重要保证，严守党的纪律首要的是严守党的政治纪律。习近平总书记强调，“政治纪律是最重要、最根本、最关键的纪律，遵守党的政治纪律是遵守党的全部纪律的重要基础”①，“谁都不能拿政治纪律和政治规矩当儿戏”②。“基础”课教师严守政治纪律，就是要增强“四个意识”、坚定“四个自信”、做到“两个维护”，在政治立场、政治方向、政治原则、政治道路上同党中央保持高度一致。

严守政治纪律是思政课鲜明的意识形态属性的内在要求，是“基础”课教师践行以问题为中心的教学模式的重要保障。“基础”课教师只有严守政治纪律，才能确保思政课建设具有正确的政治方向。一方面，能够保证思政课教学目标不出现偏差。“基础”课教师承担着传导

---

① 中共中央纪律检查委员会、中共中央文献研究室：《习近平关于严明党的纪律和规矩论述摘编》，北京：中央文献出版社2016年版，第13页。

② 中共中央纪律检查委员会、中共中央文献研究室：《习近平关于严明党的纪律和规矩论述摘编》，北京：中央文献出版社2016年版，第23—24页。

主流意识形态、用习近平新时代中国特色社会主义思想铸魂育人的重要使命。只有严守政治纪律，才能做好党执政的坚定支持者，准确及时地把党的基本理论、基本路线、基本方略传播到大学生中去，引导学生拥护中国共产党的领导和社会主义制度，立志为中国特色社会主义事业奋斗终生。另一方面，还能够保证对青年大学生的价值引导不出现偏差。青年大学生在成长成才过程中不可避免地会产生很多困惑和烦恼，也必然会受到各种杂音和噪音的影响及形形色色的诱惑。“基础”课教师在为大学生答疑解惑时，只有严守政治纪律，坚持用马克思主义的立场观点方法分析问题，用中国共产党和中国特色社会主义的理论、历史和现实说服引导学生，而不是用教条式的马克思主义或附加在马克思主义名下的错误观点指导学生，更不是把各种错误观点和不良情绪传导给学生，才能在大学生的心灵播下真善美的种子，才能引导大学生树立正确的世界观、人生观、价值观。

“基础”课教师严守政治纪律，要落实在教学科研工作之中。严守政治纪律不是一种抽象的要求，而是要具体落实在日常教学、科研等各项工作的全过程和各环节，做到学术探索无禁区、课堂讲授有纪律、公开言论守规矩。一是学术研究要坚守政治立场。深入研究马克思主义理论，是“基础”课教师给学生讲清楚马克思主义原理的基本前提，也是“基础”课教师最基本的工作内容。“基础”课教师进行学术研究，必须坚持马克思主义的研究立场和研究方法，以高质量的研究成果坚持和捍卫马克思主义；要敢于从多角度、多层面，对否定、攻击和批判马克思主义的各种声音进行坚决反驳；要坚持学术自由和学术规范相统一，处理好政治立场的坚定性和科学探索的创新性之间的关系，既要创新学术活力、张扬学术思维，又不为了追求所谓的学术性而丧失政治性；要正确区分学术问题和政治问题，“不能把探索性的学术问题等同于严肃的政治问题，也不能把严肃的政治问题等同于探索性的学术问题”[1]。二是课堂讲授要严守政治底线。帮助学生了解和掌握马克思主义的科学原理和精神实质，引导学生确立马克思主义科学信仰，是“基础”课教师的重要职责。但是，课堂讲授一定要坚守底线，绝不能为了吸引学生眼球、提高抬头率而歪曲讲解甚至否定马克思主义基本原理；不能调侃、抹黑甚至诋毁党和国家的形象，不能把课堂当成个人情绪随意宣泄的舞台，挑刺、发牢骚、说怪话，传播各种不良情绪；更不能在课堂上传播西方资本主义的价值观念。三是公开言论要严守政治规矩。“基础”课教师对重大的政治和理论问题公开发表观点和看法时，要自觉维护党的权威和形象，绝不允许口无遮拦、妄议党和国家的大政方针，也绝不允许散布各种攻击诽谤党的领导、抹黑社会主义的言论。

课题组深知，教学活动本身是一项“缺憾的艺术”，我们应该以不断的教学探索和创新来追求以问题为中心的“基础”课教学模式的日益完善。

二、中国近现代史纲要教学的几点经验

在高校思政课程的教学实践中，要凸显效果，做到入脑入心，必须在发掘和提高教师授课能力的同时，完善学生的知识和技能。为了实现这一目标，学生和教师需要达成某种程度的共识，教师需要提供有效的学习内容，学生则应该利用学习内容选择合适的学习策略。简言之，建立共识成为价值共同创造的重要因素。然而，就具体的课程内容而言，建立共识的方法可能千差万别，这使达成共识变得困难。在既往的研究中，学者们提出了一些在思政课教学中教师和学习者之间建立共识的策

① 《习近平谈治国理政（第二卷）》，北京：外文出版社2017年版，第159页。

略。笔者主要从事“中国近现代史纲要”（以下简称纲要）课程的教学。历史研究的基本学理，与思政课堂的教学实践，既有共通之处，也有显著差异。根据笔者自身经验，以师生协同参与为研究对象，采用一些分析方法来阐明协同设计的过程，以实现师生观念的共同创造。在本节中，笔者以该课程实际内容为中心，从理学、法学、工学等不同学科背景的学生的共同认知结构出发，进行了若干教学实践，力求在教师和学生之间搭建关于知识、技能和情感等方面的共识，总结出如下几点经验。

（一）以史切入，凸显背景

就中国近现代史纲要的课程教学而言，《中华民族的抗日战争》一章是重点和难点之一。播放历史影片，是思政课堂较为常见的引入环节。笔者向学生播放电视剧《毛泽东》中的一个小片段。该片段讲的是1945 年抗日战争胜利后，国共两党齐聚重庆谈判。在此期间，国共双方代表及各大报社记者举办了一次酒会，一位参会者让大家猜灯谜，谜面是“日本战败投降的原因”，谜底是打一个人名。代表们给出了四个谜底：“屈原”“苏武”“蒋干”和“共工”。其中，“屈原”指的是 1945 年 8 月美军向日本广岛和长崎投放了两颗原子弹，日本被迫屈服投降；“苏武”指的是 1945 年 8 月 15 日苏联对日宣战，日本 75 万关东军土崩瓦解，被迫无条件投降；“蒋干”指的是在蒋介石领导下，国民党在正面战场发动一系列会战，给予日军重大杀伤；“共工”指的是在中国抗日民族统一战线和世界反法西斯力量的共同努力下，日本走投无路，最终接受《波茨坦公告》。

笔者为了核实这一故事的真实性，曾翻阅了很多党史文献，但没有找到这个片段的确凿出处，笔者猜测这次猜谜语的事情也许是虚构的。不过，它的四个谜底却很有代表性，因为这四种看法久已有之。笔者通过播放这一饶有兴味的电影片段并加以讲解，迅速激发起学生的学习欲望，让学生与教师产生一种兴趣上的共鸣，为本堂课的顺利进行做好铺垫。

日本侵华是具有延续性的历史事件，笔者在课堂教学中，致力于为学生介绍这一事件的前因后果。事实上，中国被日本列为侵略对象，是由来已久的事情。古代日本便萌生了扩张思想。德川幕府时期，一些日本思想家主张跳出岛国的弹丸之地，将邻近国家和地区作为扩张目标。佐藤信渊在《混同秘策》中，提出征服满洲、占据中国，再侵略东南亚的策略。[①] 到了明治维新时期，这一策略为日本当权者所看重，进而发展成为日后的“大陆政策”。

笔者先为学生讲授国际形势。1907 年，日本军方首次划定假想敌人，中国、沙俄、美国和英国等国家位列其中。从地缘战略的角度看，陆军将在对中国和苏联的战争中发挥主要作用，而海军将在对美国和英国的战争中发挥重要作用。[②] 1940 年 9 月，日本与纳粹德国和意大利签署了三方条约。该联盟为日本提供了其所需的安全保障，使其能够将构建“大东亚帝国”的野心延伸到印度支那乃至更远的地方。这一野心使日本与美国发生冲突，这场冲突随着 1941 年年底的珍珠港事件而全面爆发。直到 1941 年，日本军方的基本规划是，只在一个方向上与一个敌人作战，而不是同时与两个或三个敌人作战。在与美国发生战争时，该计划要求日本海军在敌对行动开始时摧毁敌人的远东舰队，与陆军合作占领菲律宾，然后在敌军主力舰队驶往远东海域时拦截并摧毁该舰队。日本军方的如意算盘是，美国的主要舰队迟早会来到西太平洋对抗

① 〔日〕佐藤信渊：《宇内混同秘策》，《日本思想大系（45）》，东京：岩波书店 1970 年版，第 430 页。

② 丁锦松：《徘徊在大陆国家与海洋国家之间——试论日本〈帝国国防方针〉的产生与修订（1907—1923）》，苏州科技大学硕士学位论文，2013 年。

日本，在这种情况下，它会在途中被日本潜艇和陆基空军拦截，然后被日本主要舰队在一次集中攻击中彻底摧毁。简言之，中华民族的抗日战争，是世界反法西斯战争的重要组成部分。

然后在转入国内形势的讲解。当时蒋介石奉行“攘外必先安内”的策略。九一八事变后，东北军在蒋介石指示之下，不予抵抗，东北全境遂告沦陷。[①] 1934 年，国民党集中军队，对江西中央苏区进行了第五次围剿，红军反围剿失败，被迫进行长征，前往陕甘宁边区，共产党正处于生死存亡之际。蒋介石不顾日本侵华加剧，仍然坚持安内为先，直到国内和国际的压力迫使他放弃剿共，与中共结成抗日联盟。1937 年 7 月 7 日，日军借口士兵丢失，要求进入宛平县城搜查，被国民党军队拒绝。日军当即炮轰卢沟桥，中华民族的全面抗战揭开序幕。现在随着日本部分档案的解密，我们大致了解了具体情况。对日本而言，其军部的假想敌人最初是苏联，但部分军官认为进展太慢，主张发动一场攻势迫使中国迅速屈服。对中国而言，国民政府似乎还在困惑犹豫。7 月 8 日，蒋介石写下：“倭寇在芦沟桥挑衅：一、彼将乘我准备未完之时，使我屈服乎；二、与宋哲元为难乎，使华北独立化乎；三、决心应战，此其时乎；四、此时倭无与我开战之利。”[②] 说明蒋很困惑：日本究竟出于什么目的炮轰卢沟桥，认为日本此时开战并不有利，犹豫是不是应该进行全面抗战。当时驻守北平的是 29 军，其军长宋哲元不愿意跟日本硬碰硬，甚至私下与日方和谈。但是，此时已经是箭在弦上不得不发，国内要求全面抗战的呼声风起云涌。中共领导人毛泽东、朱德等通电全国，并呈报蒋介石，要求全面抗日。此外，川系、桂系、晋系、滇系等地方军阀也呼吁抗日。面对各方势力的一致要求，蒋介石于7 月 21 日发表了庐山

---

① 李松林：《试论“攘外必先安内”方针的形成》，载《史学月刊》，1989 年第 1 期，第 64—69 页。

② 《蒋介石日记》，斯坦福大学胡佛研究所藏，1937 年 7 月 8 日，档号：39—13。

讲话，宣布全面抗战，抗日民族统一战线正式建立。总之，七七事变这件事是偶然，中华民族全面抗战这件事是必然。教师引导学生学习中国近代史，应该总结归纳各个偶然事件之后的必然性，并就此达成共识。

在抗日战争的发展中，中国共产党由弱小走向强大，逐渐成为抗日战争的中流砥柱。笔者在详细讲解中国共产党领导开辟敌后战场、组织百团大战、强化根据地建设、粉碎蒋介石反共高潮等历史事实后，将“中流砥柱”这一主题加以凸显。当然，这种提法其实并不新。1941 年 5 月，毛泽东同志在《揭破远东慕尼黑的阴谋》中就已经指出：“共产党领导的武力和民众已成了抗日战争中的中流砥柱。”[①] 1945 年中共七大上，毛泽东同志作了《论联合政府》的报告，指出：“没有中国共产党人做中国人民的中流砥柱，中国的独立和解放是不可能的。”[②] 结合课堂学过的共产党对于抗战的巨大贡献，师生均认为这一评价是实至名归的。

很多纲要教师都明白，不应该扼杀课堂中不同形式的讨论话语。但是，我们同样不能放任那些超越意识形态红线的言论出现在课堂上。近年来，受历史虚无主义思潮的影响，加之某些网络媒体的不负责任的转载，出现了一些否认我党在抗战中贡献的错误言论。通过上述课堂教学，师生之间可以达成共识：抗日战争的胜利，是中国抗日民族统一战线和世界反法西斯联盟共同努力的结果。中国共产党在抗战中发挥了中流砥柱的作用，做出了不可磨灭的贡献。

（二）纵向对比，贯通古今

在讲授“中国封建社会的衰落”时，中国共产党的政权和文化建设

---

① 毛泽东：《揭破远东慕尼黑的阴谋》，中央档案馆编：《中共中央文件选集 第 13 册（1941—1942）》，北京：中共中央党校出版社 1991 年版，第 762—763 页。

② 毛泽东：《论联合政府》，中共中央文献研究室、中国延安干部学院编：《延安时期党的重要领导人著作选编（上）》，北京：中央文献出版社年 2014 年版，第 307—308 页。

问题，一直是讲授中绕不开的话题。就思政课的教学目标而言，笔者通过探讨政权文化建设，让师生之间对共产党执政的合法性和政策的正义性有所认同。

从革命目标层面说，近现代中国革命的基本任务，已然不同于封建社会的农民起义。众所周知，太平天国运动是 19 世纪中期发生的反对清朝的大规模民众起义的一部分。金田起义始于中国南方，农民阶级纷纷加入反对清朝统治的行列。在洪秀全、杨秀清等人的领导下，这些民众组成了一个特殊的政教合一政权，颁布了《天朝田亩制度》，此时起义指导思想仍然带有浓郁的封建色彩。洪仁玕到来后，太平天国颁布了《资政新篇》，主张建立资本主义的制度形式。1911 年，辛亥革命爆发，随着各省宣布独立，清朝在各省失去了大部分影响力。在此期间，革命党人在南京建立了临时政府，迫使清朝皇帝退位，建立中华民国。在这里，笔者设计了一个课堂测试：为什么今天我们强调改革也是一场革命？在询问学生相关看法后，笔者进行引申：在近代中国，主要矛盾是帝国主义同中华民族的矛盾，封建主义同人民大众的矛盾；而党的十九大报告指出，新时代我国社会主要矛盾是人民日益增长的美好生活需要和不平衡不充分的发展之间的矛盾。凡是克服主要矛盾的重大举措，无论是改革还是革命，都迎合了时代发展的基调，服务于国家建设的需要。所以从这个意义上讲，今天的改革也是一场革命。如此循循诱导，可以帮助学生树立接班人和主人翁的意识。

从体制架构层面说，古代中国不乏“治世”“盛世”“中兴”之类的黄金时代，比如西汉的“文景之治”、东汉的“光武中兴”、唐朝的“贞观之治”和“开元盛世”、明朝的“仁宣之治”、清朝的“康乾盛世”等。一般来说，一个封建王朝勃兴之际，统治者往往会励精图治、恢复生产、除恶扬善、整顿吏治，所以社会风貌整体上比较清明。然而，随着统治阶级的地位日渐稳固，既得利益集团往往会滋生腐败，走向人民的对立面，加剧阶级矛盾，最终引发经济和社会危机。正如1945年，黄炎培在延安向毛泽东谈到的那样，历代国家和政府都存在“其兴也勃，其亡也忽”的兴亡周期律问题。新中国怎么避免这个问题？毛泽东回答说：“只有让人民起来监督政府，政府才不敢松懈；只有人人起来负责，才不会人亡政息”[①]。此处笔者设计了一个选择题：为了让人民监督政府，我们新中国建立了什么制度？四个选项分别是全国人民代表大会、中国人民政治协商会议、中共中央纪律检查委员会、国家监察委员会。待学生作答后，笔者公布答案为全国人民代表大会，并对学生作出解释：“人人起来负责”，这是全国人大的职能。我们知道，政府官员任命、国家大政方针，都是全国人大代表来投票表决的。成年大学生也是选民，也参与过投票选举人大代表，这一点他们感同身受。

从民生建设层面说，农民问题是中国封建社会的核心问题。有人说，中国农民阶级是最隐忍的。他们逆来顺受，只要有口饭吃就行。也有人说，中国的农民阶级是最富反抗精神的。从公元前219年陈胜、吴广揭竿而起，中国历史上爆发了成百上千次农民起义，大部分封建王朝都是农民阶级推翻的。说到这个问题，我们要看看农民在封建国家机器中承担了什么义务。农民耕种国家和地主的土地，需要缴纳地租，我们称为“田赋”；农民要承担国防和基建任务，我们称为“兵役”和“徭役”。在历史上，封建统治者往往采取“轻徭薄赋”的办法安抚农民阶级。比如汉高祖时期的田赋标准是“十五税一”，农民收获15斤粮食交给国家1斤；汉文帝时期的田赋标准是“三十税一”，农民收获30斤粮食交给国家1斤。但是这种政策难以持久，封建王朝末期，随着土地兼并和贫富分化的加剧，轻徭薄赋无从开展，农民阶级将会奋起反抗。那

① 黄炎培：《八十年来》，北京：文史资料出版社1982年版，第149页。

么，我们党是如何克服这个问题的呢？从土地革命开始，中国共产党就在苏区开展“打土豪、分田地”运动，真正实现了“耕者有其田”。笔者通过延伸讲授，进一步向学生强调解决土地问题对农民是何等重要。从新中国成立初期到 2006 年取消农业税，在这半个多世纪里，农民是要向国家“交公粮”的，在很多地方，交公粮比例接近每年收成的 1/3，远远超过汉代“轻徭薄赋”时期的“十五税一”“三十税一”，但农民始终拥护党和国家的政策，原因在于我们经过新中国成立初期的土地改革，消灭了地主阶级，实行土地国有制，把土地交给农民耕种，有效抑制了土地兼并和农民破产问题。2020 年“两会”上，王学坤代表提出建立农民退休制度，其实也涉及一个收回宅基地和耕地换取养老待遇的问题。经过这种讲授，师生之间就会达成默契，对共产党在三农问题等民生建设的领域所付出的努力加以肯定。特别是农村来的学生，这种感觉会更强烈。

从文化宣教层面说，中国传统社会的一个重要特征是中央集权的君主专制制度。在这一制度的基础上，以忠君兴族为纽带的封建宗法制的影响较为顽固。众所周知，中国封建社会的臣民要遵守“三纲五常”。其中，“三纲”指的是君为臣纲、父为子纲、夫为妻纲；“五常”指的是仁、义、礼、智、信。这尽管在某种程度上维系了社会结构的稳定性和延续性，却也容易产生阶层固化，成为社会发展的桎梏。那么，这个问题在根据地是如何解决的呢？1911 年辛亥革命之后，君主专制就被消灭了。至于宗法制，在民间还有一定的影响，有学者在闽南等乡村地区进行田野调查，发现了宗族乡族制度的大量残留。共产党在革命时期就致力于革除积弊、解放思想。自延安整风运动之后，从文化建构的层面看，宗法制已经逐渐消失了。我们党在革命时期大力宣传马列主义，极大地摧毁了君主专制和“三纲五常”的社会影响力。尤其是南方的学生，可能会对这一变化印象深刻。

在进行上述讲授后，笔者会跟进一个测试：如果你是古代人，穿越到今天，你觉得共产党哪些经验是值得借鉴的？选项分别是：废除封建君主专制，摒弃宗法制；人民当家作主，人民监督政府；消灭地主阶级，保障农民土地。答案是全选，分别对应上文所讲的三个内容。笔者会“开玩笑”说：我也很希望古代人能穿越到今天，学一学共产党的建设经验。可惜实现不了。所以中国封建王朝只能在一个个周期性的政治经济危机中，一步步走向没落。总之，这种跟进式测试对于巩固学生记忆和达成师生认同颇有裨益。

（三）贴近生活，寻求共鸣

中国近现代史纲要的“中编”“翻天覆地的八十年”，是一个较为宏大的教学部分。这个部分的导论如何讲好？笔者进行了一些思考。众所周知，所有重大事件都有其发生的原因，都有其酝酿的过程，中国历史当然也不例外。中国近现代史上的巨变发生在我们身边，发生在我们的家乡和家庭，也发生在我们的日常生活中。我们都是历史的见证者。在课堂学习中，笔者致力于通过家族史、地区史的微观视角，让学生自己总结归纳。为了达成这一目标，笔者给学生布置了课堂前作业，结合自己家族和家乡的案例，谈一谈历史巨变。

有同学结合家族的历史回答：“我的爷爷出生于新中国成立之前。在新中国成立之前，中国的社会性质还是半封建半殖民地的，当时的土地被地主阶级所控制，而我爷爷家里是农民，他们家庭十分的贫穷，而更糟糕的是，他的父亲在他大约几岁的时候就因病去世了，父亲的去世，使这个原本不富裕的家庭雪上加霜。1951 年土改，我爷爷一家通过土改获得了土地及住房。17 岁的时候，我爷爷决定去当兵。1961 年，我爷爷参加了炮击金门作战，因作战有功，获得荣誉勋章。之后，他选择转业，来到 7－21 铀矿，当了一名工人。这个矿为我国的‘两弹一星’事业做出了卓越贡献，当时会集了全国的人才。在这里，我的姑妈、爸爸、叔叔降生，而他们在一群五湖四海的人之间成长。而在矿中，我的爷爷勤劳奋进，踏实苦干，后来成了副厂长。而我的父亲、姑姑，选择在那个小镇谋生，我的二姑，去了邻近的县城当公务员。20 世纪 90 年代，爷爷决定去厦门的一家混凝土公司。通过学习，从刚开始的行业小白，最终成了一个厦门混凝土行业有名的人。而我的姑妈在我们这个市从事汽车售卖，如今混得风生水起。而我的姑妈和父亲，如今通过节俭工资，已经在我市买了房子。这就是我的家族史。一般的家庭切身经历了两个时代变革就足以珍贵，而我的家族经历了三个。我的家族史，反映了中国现代史的变迁。”通过这一讲述过程，学生自身也能更加深刻地理解：为什么只有共产党才能救中国，为什么只有共产党才能发展中国。

回顾历史的作用之一是“忆苦思甜”，增加对共产党和新中国的热爱之情。比如，一位同学从爷爷口中了解到口述历史：当时村里没有学校，爷爷不得不去城市里很远的地方上学，每周带上足够的食物，走很远的路去上学，留在学校住宿。宿舍很破旧，窗户冬天经常漏风，爷爷不得不用纸板挡住脑袋。当时生活不仅想家，而且很艰苦，学校老师也不多，最终大多数人选择了辍学回家务农，尽可能改善生活。每个家庭基本上都没有足够的粮票，没有足够的食物来换取食物。当时，每个家庭都有很多孩子，吃米饭和粥已经是一种奢侈。通常没有食物可吃。找草根、找树皮填饱肚子很难。20 岁时，其爷爷奶奶经人介绍结婚，生了三个孩子，就是其父亲和两个叔叔。父亲那一代人，虽然生活还很穷，但温饱问题已经有了保障，家里也有能力让孩子上学读书，过上更好的生活。笔者因势利导，让其对比现在的幸福生活，这位“零零后”学生动情地说，现在我们生活发生了翻天覆地的变化，中国的综合国力日渐强大，人们不再发愁吃不饱穿不暖，其幸福感和归属感也不断增强，在享受物质利益的基础上，进一步满足自己精神世界的需要。这些变化，都应该归功于共产党和新中国。笔者进一步总结：我们要有使命感，要发扬爱国主义，就要从自己的爱国主义做起。爱国不一定要上阵，解困也不一定要为官。如果我们能为国家多做贡献，多帮助身边的人，热爱这个国家的花草虫鱼，热爱这个国家的锦绣山河，用我们最大的能力撑起这个国家，把它建设得越来越强，才能够弘扬和传承爱国主义。

有些时候，学生的家乡史和家族史故事正好与笔者之前研究方向有所重叠，笔者也会进行一些插入式的点评。比如，一位同学谈到，其家族祖辈生活在海南省，其父亲曾是一名南海军人。笔者本人是从中国社会科学院中国边疆研究所博士后出站的，主要研究边疆和海疆历史。国家认同民族观念这些因素，在涉边涉海的研究中，是很常见的。笔者马上借机举例，进行主义爱国教育：我国南海诸岛中有一处西沙群岛，它位于海南岛南侧，越南东侧。明清之际，它就是中国渔民的生产范围，旧方志地图均将其列入中国辖境。但是19世纪末，法国占领了越南之后，也开始对西沙群岛心怀觊觎。1909年，清朝水师提督李准率领官兵登上西沙群岛，鸣炮二十一响，勒石刻碑，宣示中国的主权。[①] 而法国人同样关注清朝这一举动，他们认为，虽然法国可以干预，但是任何干预，都有可能会导致一轮中国的“民族主义浪潮”，其坏处远远大于好处，最后对中国宣示主权没有表示任何异议。[②] 可以看出，在很多场合，国家认同和民族主义构成了推动我国反侵略的动力。这个案例可以帮助师生达成共识——爱国一词，并非虚而不实的口号，它在捍卫我国领土主权等方面，确实发挥了积极效用。

---

① 《李准巡海记》，载《国闻周报》，1933年第22期。

② Monique Chemillier-Gendreau, *La souveraineté sur les archipels Paracels et Spratleys*, Paris: L'Harmattan, 1996, pp. 211 –212.

笔者非常赞同布洛赫在《历史学家的技巧》中的论述：从本质上看，历史比知识更倾向于理解，它属于真正的科学——也就是成功地以其自身的方式，在现象之间建立起某种解释关系的科学。历史绝不是漫无边际而毫无瓜葛的事例列举，它为我们合理分类、逐步认识某些现象提供了可能。它试图深入事件的表面之下，在摒弃传说和修辞的诱惑之后，还必须排除今天更危险的毒素、老式的博学和伪装成常识的经验主义。只有从自身生活中感受体悟，才能真正理解历史变化。笔者在教学实践中坚持贯彻这一观念，让历史巨变真正地叩响每个学生心间跳跃的音符。

（四）结语

正如习近平同志强调的那样："历史是一面镜子，鉴古知今，学史明智。重视历史、研究历史、借鉴历史是中华民族5000多年文明史的一个优良传统。当代中国是历史中国的延续和发展。新时代坚持和发展中国特色社会主义，更加需要系统研究中国历史和文化，更加需要深刻把握人类发展历史规律，在对历史的深入思考中汲取智慧、走向未来。"① 因此，我们应该通观历史脉络，寻求其逻辑。任何事情都有道理，都有过程和结果，不能只看一件事，要超越事件的罗列堆砌，进而总结可资借鉴的经验教训。

在"中国近现代史纲要"的教学过程中，笔者深刻地感受到鉴古知今、学史明智的道理。在课堂之上，面对来自理学、法学、工学等不同学科背景的学生，如何将课程实际内容传播给他们，在教师和学生之间形成关于知识、技能和情感等方面的共识，仍然有待于在实践中进一步探讨。

---

① 《习近平致中国社会科学院中国历史研究院成立的贺信》，http：//www.xinhuanet.com/politics/leaders/2019-01/03/c_1123942672.htm（访问时间：2019年01月03日）。

另外，笔者还有一些相关的设想，比如与中国社会科学院中国历史研究院洽谈，利用其建设中国历史博物馆的有利条件，组织北京交通大学中国近现代史纲要的师生定期参观。同时，也可以尝试与北京红色文化教育基地，如圆明园、卢沟桥、中国人民抗日战争博物馆等进行协商，争取定期实现资源共享，利用课余和法定节假日，组织学生参加红色文化教育基地的宣讲活动。总之，我们应该贯彻落实习总书记重要指示精神，围绕强化思政课堂教育、深化树德育人效果等方面下功夫，在传道授业解惑的基础上，达成师生思维情感共识，让我们的高校思政课真正做到入耳入心。

三、网络直播教学对“毛中特”课影响

2020 年年初，新冠肺炎疫情从武汉暴发，波及全国，最终在全世界流行。为了防范控制疫情传播，北京交通大学马克思主义学院 2020—2021 年度第一学期的“毛泽东思想与中国特色社会主义理论体系概论”（以下简称为“毛中特”）课采取网络直播授课的方式进行。网络直播教学对于“毛中特”课是一次较大的挑战，但同时也是授课方式的一次重大突破，有利也有弊。围绕这一主题，对这一学期授课的学生进行问卷调查，反馈网络直播授课效果，阐明利弊，吸取经验教训，取长补短，为日后改进授课提供助益。

（一）调查问卷总体情况

笔者本学期一共教授三个班，共 422 人参与问卷调查，全部有效。问卷一共 25 个问题，其中基础问题 2 个，其余均与主题相关，具体情况如下。

问题 1：你的性别是

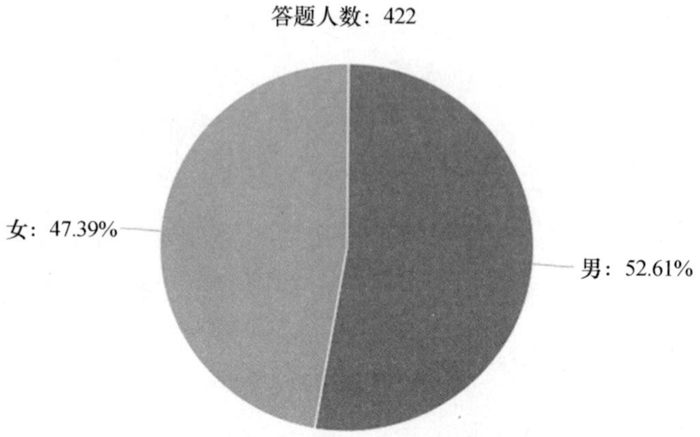

选项	回复情况
男	222
女	200

问题 2：你属于“毛中特”课哪个班？

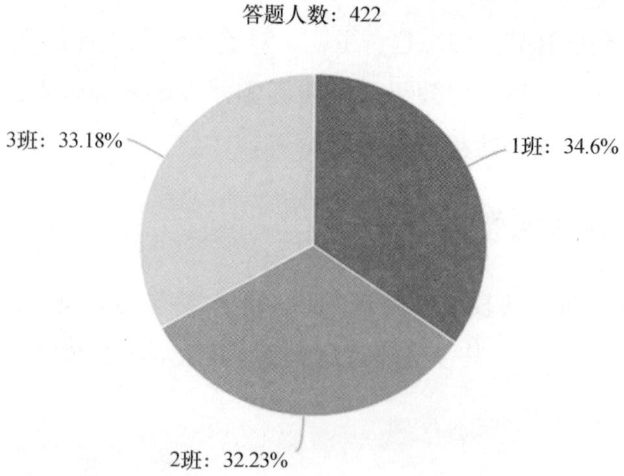

选项	回复情况
1 班	146
2 班	136
3 班	140

问题 3：与传统授课方式相比，你是否喜欢网络直播授课？

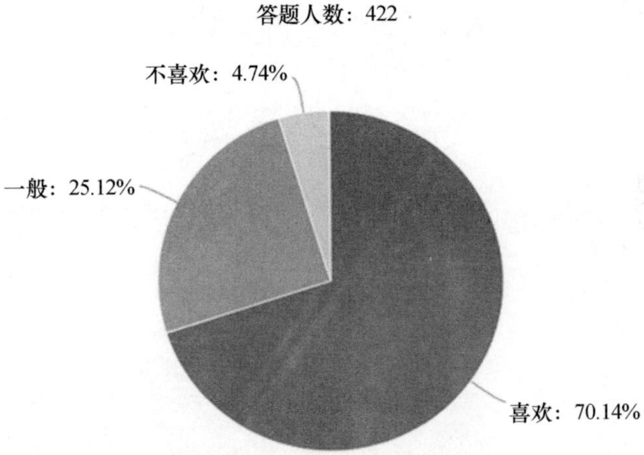

选项	回复情况
喜欢	296
一般	106
不喜欢	20

此题反映学生对网络直播教学的总体印象，从反馈结果来看，大部分学生较为喜欢网络直播教学，70. 14% 的学生表明喜欢网络直播授课，25. 12% 的学生表示一般，不到 5% 的学生明确表示不喜欢网络直播授课。总体来看，网络直播授课之所以能得到学生的支持，一是因为形式新颖，区别于传统的授课方式，学生感到新鲜有趣；二是网络直播授课符合大学生的生活习惯，因为使用电脑、手机上网已经成为学生日常生

活的一部分，能够调动运用许多网络资源，契合学生的兴趣点；三是网络直播授课相对管理较为松散，学习形式灵活，在学习的过程由于没有面对面的压迫，学生感到轻松自在。而不喜欢或感觉一般的理由主要有网络教学缺少情感互动，缺乏自律性的学生学习效率低下，考核无法做到及时有效，作业布置较多且困难等。总之，网络直播教学有利有弊，学生对其态度也有多重呈现。

问题4：比较几种网络直播平台，你更喜欢哪个？

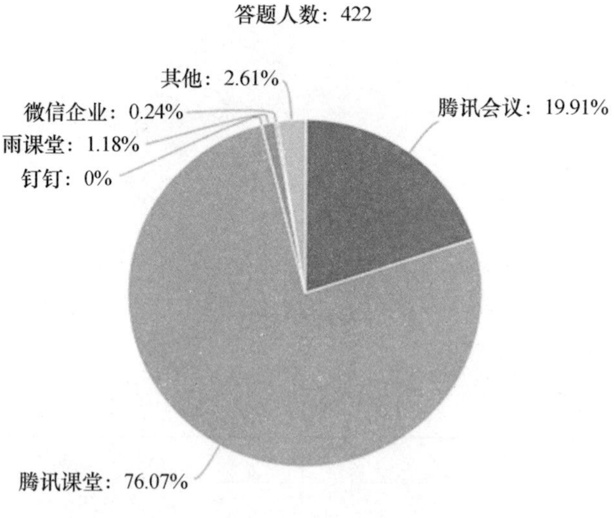

选项	回复情况
腾讯会议	84
腾讯课堂	321
钉钉	0
雨课堂	5
微信企业	1
其他	11

此题是围绕网络直播平台进行的调查。由于当前存在多种多样的网

络授课平台，其功能和作用各不相同，选择哪种网络直播平台进行“毛中特”课的讲授至关重要。经过多次筛选比较，结合“毛中特”课时事性较强等学科特点，最终选择腾讯课堂作为主要授课平台，同时辅之以微信群、腾讯会议和雨课堂。从调查结果来看，76.07%的学生更喜欢腾讯课堂，近20%的学生喜欢腾讯会议。腾讯课堂的主要功能，比如可以播放PPT和视频、可以语音讨论和文字讨论、可以课堂考试进行知识点检验等功能更适合“毛中特”课理论性强、时事性强、与现实结合紧密等特点。总体来看，学生对于腾讯课堂的授课效果持肯定态度。选择教学平台会影响授课效果。

问题5：如果恢复正常上课（面授）后，你是否愿意偶尔增加网络直播授课？

答题人数：422

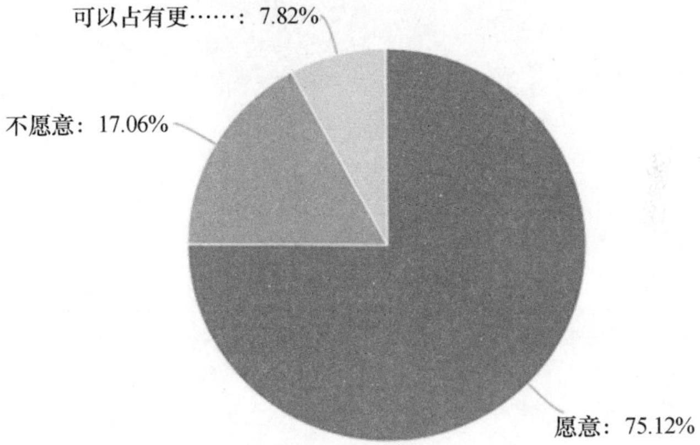

选项	回复情况
愿意	317
不愿意	72
可以占有更多课时	33

此题调查学生在恢复正常授课（面授）后，是否仍愿意增加一定课时的网络直播课程，有 75. 12% 的同学表示愿意，甚至有 7. 82% 的学生表示网络直播授课可以占有更多的课时，当然也有 17. 06% 的同学明确表示不愿意网络直播授课。可见，网络直播授课由于具备一定的优势，得到大部分学生的肯定，但也有其无法克服的缺陷，在情感交流、日常考核方面逊色于传统课堂授课方式。在恢复正常教学秩序后，是否继续选择增加一定课时的网络直播授课要结合学科特点和具体课程内容来进行。

问题 6：与其他课程相比较，你觉得“毛中特”课适合网络直播吗？

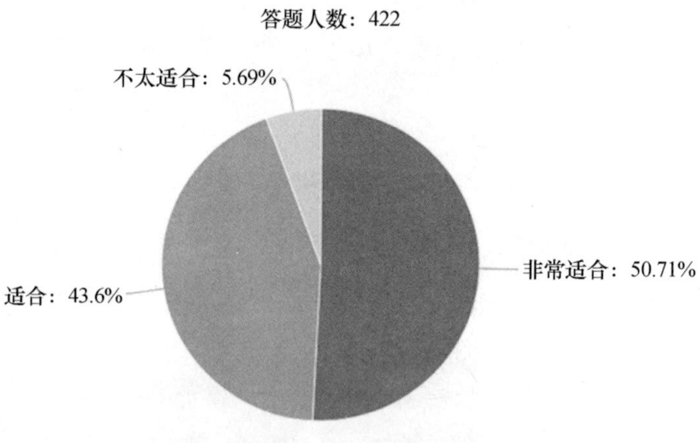

选项	回复情况
非常适合	214
适合	184
不太适合	24

此题调查与其他课程横向比较，“毛中特”课是否适合进行网络直播。从最终数据来看，50. 71% 认为非常适合，43. 6% 认为适合，也有近 5. 69% 认为不适合。“毛中特”课作为思政课，与其他的理工、艺术，甚至文科类的课程都有所不同，有自身独特的特点，更多是进行理论宣

讲，不需要进行实验、运算、手把手教学等。从学生反馈来看，大部分学生认为“毛中特”课还是比较适合进行网络授课的，认为网络授课能够达到预期的授课效果。

问题7：与以往的思政课学习相比较，你觉得网络直播的授课效果好吗？

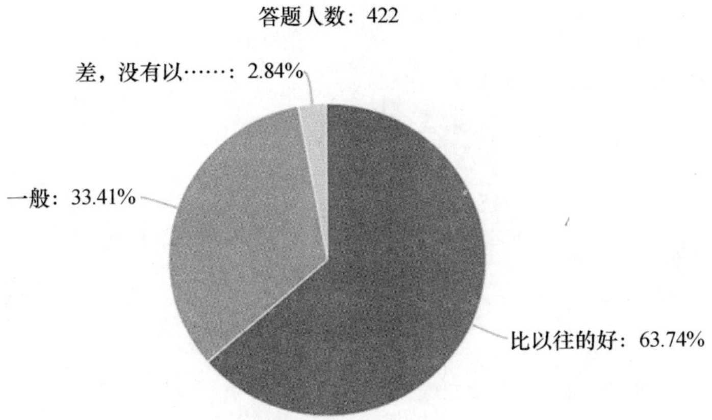

选项	回复情况
比以往的好	269
一般	141
差，没有以往的好	12

此题调查与其他思政课纵向比较，“毛中特”课是否适合网络教学。“毛中特”课是学生的最后一门思政课，可以与已经学习过的思政课进行纵向比较，更能彰显网络直播对于“毛中特”课的授课效果。从反馈结果来看，63.74%的学生认为比以往的授课效果好，33.41%的认为效果一般，2.84%的认为效果较差，没有以往的授课效果好。由此看来，尽管大部分学生认可网络直播对“毛中特”课的授课效果，但网络直播授课由于有其自身难以克服的缺点，在授课效果上与传统课堂授课的思政课确实存在一定的差距，故有三分之一的学生认为授课效果一般，这

与教师的授课方式、学生的自律性、课程内容和网络直播特点都有直接的关系。可见，网络直播授课方式与思政课的结合任重而道远，要采用更为有效的方式实现二者的有机结合，以取得更好的授课效果。

问题8：你是否参加了网络直播的课堂互动？参加得多吗？

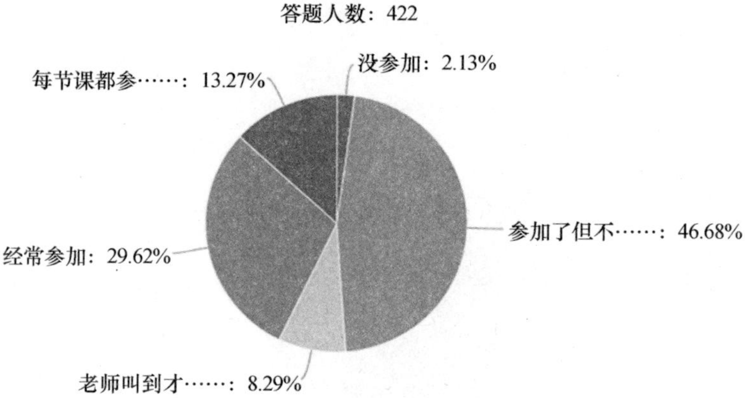

选项	回复情况
没参加	9
参加了但不多	197
老师叫到才参加	35
经常参加	125
每节课都参加	56

此题主要调查学生在网络直播授课过程中参与课堂互动的情况。由于网络直播教学参与课堂互动较为简单，因此，学生的参与度相对课堂授课要好一些，尤其给那些性格较为内向，课堂授课不愿意多发言的同学许多机会。从反馈结果来看，每节课都参加的占13.27%，经常参加的占29.62%，被动参加即老师叫到才参加的占8.29%，参加过但不多的占46.68%，从来没参加的占2.13%。虽然从数据上来看，积极参与课堂讨论的并没有占到绝大多数，但跟课堂讨论比较起来看，每节课都

参加讨论的有56人，平均每个班级就有近20人参与，人数远远高于课堂授课，因为课堂授课有时间和空间的限制，但网络直播授课没有限制，随时随地都能在讨论区参与老师课堂授课内容的讨论。这是网络直播授课的一个重大优势。

问题9：本学期“毛中特”课进行了几次网络直播讨论，与传统课堂讨论相比较，你是否更喜欢直播讨论？

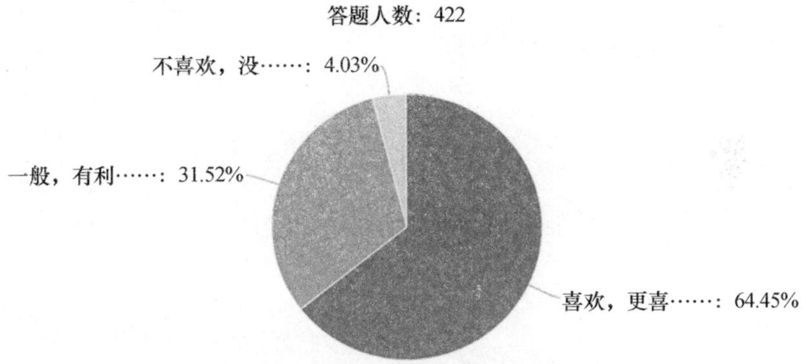

选项	回复情况
喜欢，更喜欢直播在线讨论	272
一般，有利有弊	133
不喜欢，没有课堂讨论的充分	17

由于“毛中特”课的授课内容中有许多充满争议的问题，因此，在本学期的网络直播授课中进行了4课时的讨论课。学生以小组为单位围绕某一争议话题进行讨论，最终上交讨论记录。学生都是在微信群中进行在线讨论，从讨论状况来看，由于没有时间限制，因此讨论得比较充分。就学生讨论后的感受来看，他们认为与传统课堂相比，更喜欢直播在线讨论的占64.45%；认为一般，在线讨论有利有弊的占31.52%；不喜欢，没有课堂讨论充分的占4.03%。总体来看，在线讨论还是受到学生

的肯定的，因为其有自身的优势，没有时间和空间的限制，可以进行自由充分的讨论，大家能够做到畅所欲言，表达内心最为真实的想法，效果较好。但在线讨论也有不足，讨论更多是通过文字进行，缺乏语气辅助，情感表达不够充分，交流观点会滞后，缺乏面对面交流的即时感。

问题10：老师直播授课过程中，你的学习状态是

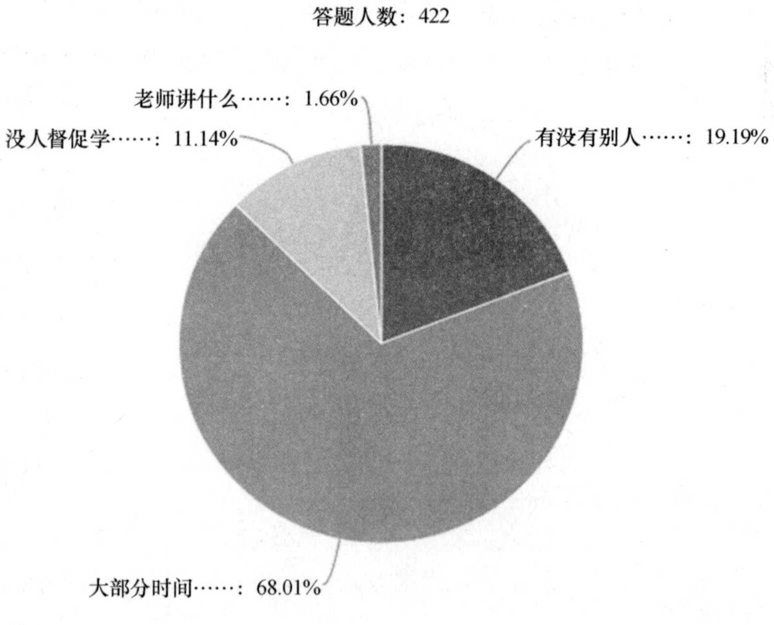

选项	回复情况
有没有别人督促都能紧跟老师的思路	81
大部分时间能够跟上老师的进度	287
没人督促学习效果一般	47
老师讲什么不重要	7

此题调查学生在网络直播授课中的学习状态。网络直播教学的一个较大的弊端就是学生学习缺乏监督，无法集中精力投入学习中去，而且学生大多在家中学习，注意力容易被舒适的环境分散。“毛中特”课的

理论性比较强，本身就难以吸引学生的注意力，学习起来会感到有些枯燥。这加大了网络教学吸引学生注意力的难度，从学生对学习态度的反馈效果来看，19.19%的学生在没有老师督促的情况下仍然能够紧跟老师的学习思路；68.01%的学生大部分时间能够跟上老师的授课进度；但也有11.14%的学生表示没有老师监督学习效果一般；1.66%的学生根本没听老师在讲什么。从结果看来，大部分学生较为自律，能够始终或大部分时间跟上老师的授课进度，但也有部分同学无法集中精力学习。在日后的授课中，如果应用到网络授课，要首先解决好学生的学习态度问题。

问题11：网络直播学习遇到的主要问题是（多选）

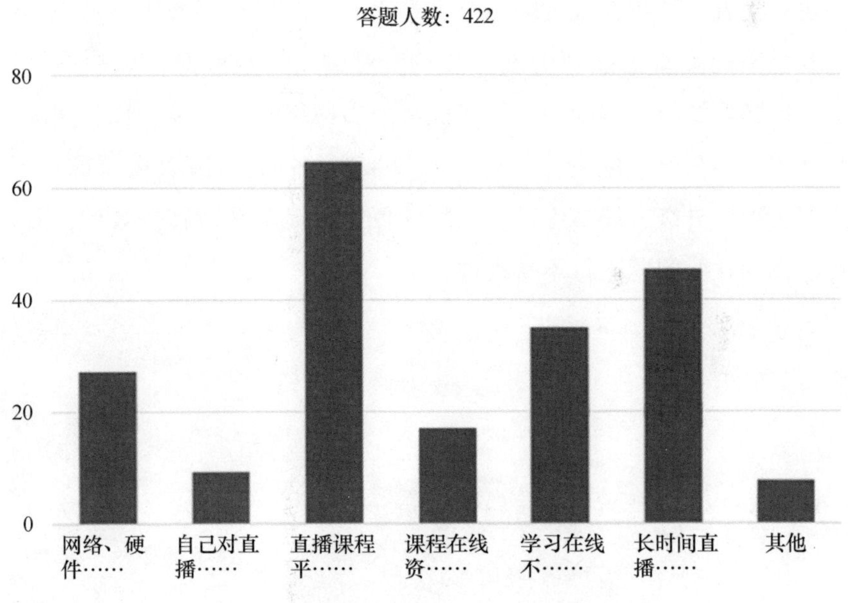

选项	回复情况
网络、硬件条件不足	115
自己对直播软件操作不熟悉	40
直播课程平台卡顿、拥堵	274

（续表）

选项	回复情况
课程在线资源不足	73
学习状态不够理想	149
长时间直播上课造成疲惫	192
其他	33

此题为多选题。由于网络授课是新生事物，老师学生都是第一次进行，在直播授课的过程中遇到许多问题，从学生的回答情况来看，出现频次较多的问题依次是：第一，直播课程平台卡顿、拥堵；第二，长时间直播上课造成疲惫；第三，学习状态不够理想；第四，网络、硬件条件不足；第五，课程在线资源不足；第六，对直播软件操作不熟悉。这些回答反映网络直播授课的许多弊端，对网络要求较高，如果网络过慢，直接影响学习；本学期每门课程都采用网络直播教学，长时间对着电脑屏幕，容易产生疲劳，使得学习效果变差；为完成直播授课学习，要进行软硬件升级，给学生带来额外的负担。提升网络直播效果，必须针对存在的这些问题进行不断改进。

问题 12：本学期授课中，你比较喜欢哪个环节？

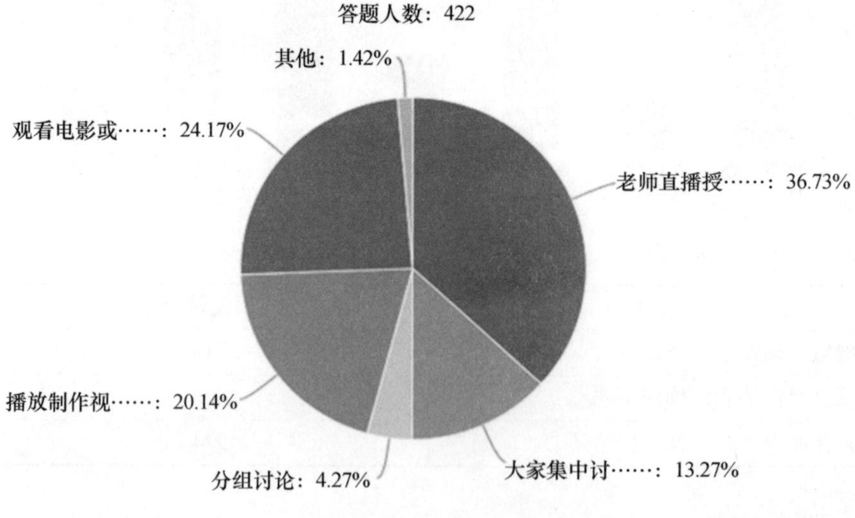

选项	回复情况
老师直播授课	155
大家集中讨论	56
分组讨论	18
播放制作视频	85
观看电影或视频	102
其他	6

此题是调查学生对于“毛中特”授课内容的态度。本学期的“毛中特”课，除老师利用网络进行直播授课外，还安排了许多其他授课环节，如讨论课、播放学生自制的视频、观看与课程内容有关的电影、纪录片或视频等。学生对各环节感兴趣的程度不同，最受到大家喜欢的是老师直播授课，占36.73%；然后是观看电影或视频，占24.17%；接下来是播放学生自制的视频，占20.14%；喜欢大家集中讨论的占13.27%；喜欢分组讨论的只占4.27%。总的来看，学生对于教师网络直播讲课还是比较喜欢并愿意接受的，授课方式和内容得到学生的认可，对其他环节也给予肯定，整个授课的设计和安排体现了网络直播授课的特点，充分利用多种资源和形式提升授课效果。

问题13：在老师直播授课的过程中，哪个环节更能吸引你的注意力？

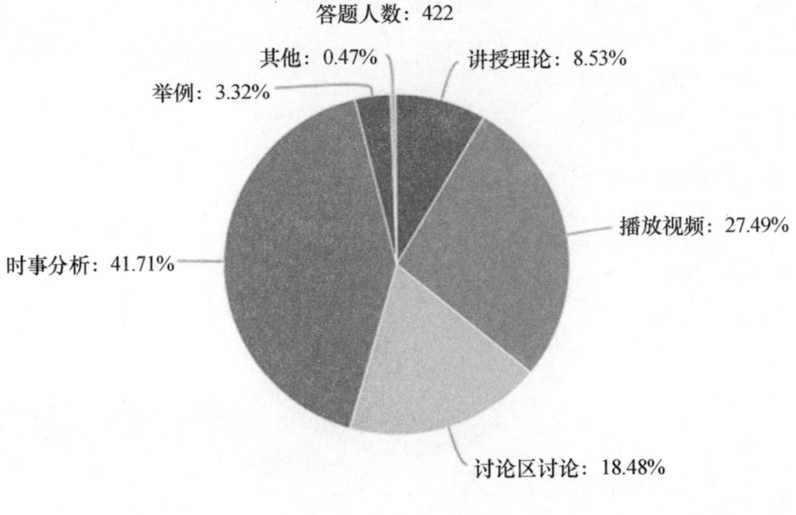

选项	回复情况
讲授理论	36
播放视频	116
讨论区讨论	78
时事分析	176
举例	14
其他	2

此题调查老师在直播授课中，学生对于各个环节的态度，即老师讲授的哪些内容最能吸引你的注意力。从反馈结果来看，排在第一的是时事分析，占41.71%；第二位是播放视频，占27.49%；第三位是讨论区讨论，占18.48%；第四位的是讲授理论，占8.53%；第五位是举例占3.32%。这能够充分反映“毛中特”课的学科特点，由于与时事联系十分紧密，因此，在课堂上经常要结合理论内容进行时事分析，学生对这部分内容也最为感兴趣。平时注意收集与授课内容相关短小精悍的短视频，在相关教学中为学生播放，能够起到画龙点睛的作用。由于学科特点，经常组织学生在讨论区进行讨论，大多数学生都能够积极参与其中，气氛热烈。

问题14：在老师直播授课过程中，你一般都在干什么？(请如实作答)

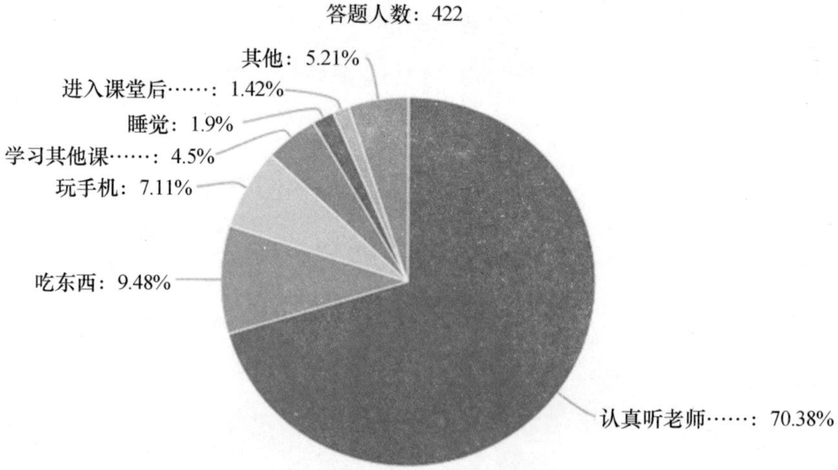

选项	回复情况
认真听老师讲课	297
吃东西	40
玩手机	30
学习其他课程	19
睡觉	8
进入课堂后出去玩	6
其他	22

此题考查学生在网络授课中的学习状态。可以预见，作为网络直播授课，学生的专注度一定低于课堂教学，很多一边听课，一边在从事其他事情，但也有部分学生会认真听讲。从反馈结果来看，认真听讲占全部的70.38%，其他有吃东西的、玩手机的、学习其他课程的、继续睡觉的，还有出去玩的等。如何增加“毛中特”课网络教学的魅力，吸引更多的学生专注于学习，是改革网络直播教学，增强课程魅力，改善教学内容的重点。

问题15：你希望“毛中特”课网络直播授课是？（多选）

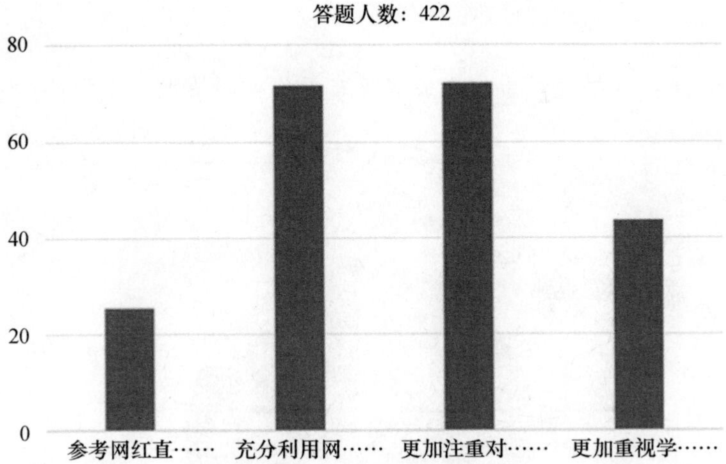

选项	回复情况
参考网红直播形成自己的风格	108
充分利用网络资源作为教学补充	303
更加注重对学生关注的热点问题的了解和回应	306
更加重视学生在课堂上参与讨论	185

围绕网络直播授课学生专注度较差的问题，咨询学生更喜欢哪种网络直播授课方式，以改善网络直播授课效果。此题为多选题，排在第一位的回答是学生希望老师“更加注重对学生关注的热点问题的了解和回应”；第二是“充分利用网络资源作为教学补充”；第三是“更加重视学生在课堂上参与讨论”；第四是“参考网络直播形成自己的风格”。从学生的回答可以反映出，学生更在意理论学习是否能够解决现实的问题，希望老师能从理论的高度回答题目关心的热点问题，也反映学生日常较为关心时事和社会热点问题。因为是网络教学，学生更加希望能够利用网络上的一些资源作为教学的补充，由学生来进行自我学习，给他们足够的自学空间。学生也比较喜欢进行讨论，利用网络进行讨论比较便利，学生们各种各样的思想进行碰撞能够迸发很多火花，吸引很多学生参与。从本学期的网络授课经验来看，学生们比较喜欢课堂集中讨论，气氛热烈，寓教于乐，学生的参与度也比较高。

问题 16：直播授课中你完成老师布置作业的情况怎么样？

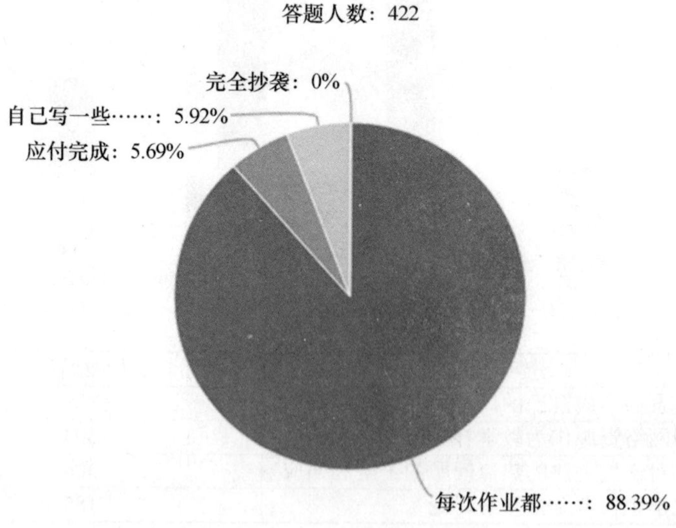

选项	回复情况
每次作业都认真完成	373
应付完成	24
自己写一些再抄一些	25
完全抄袭	0

此题调查学生完成作业的情况。网络教学的一大弊端就是无法对学生进行精准考核，日常的作业成为考核学生的重要手段。本学期的“毛中特”教学为学生布置了若干次作业，包括毛泽东诗词朗诵视频制作、新中国成立七十年成就展视频制作、《横空出世》观后感、《习近平七年知青岁月》读书笔记等，从作业结果来看，总体表现不错，大部分学生都能认真完成，尤其两次视频制作，许多小组完成度很高，视频制作十分用心。从学生反馈他们对作业的态度来看，88.39%的学生表示每次作业都能够认真完成，但也有5.69%的学生表示应付完成，5.92%的学生表示自己写一些再抄一些，没有学生完全抄袭。这足以说明以作业来考核学生能够一定程度反映出真实的学习状态。

问题17：直播授课中，你希望老师在哪方面改进？（多选）

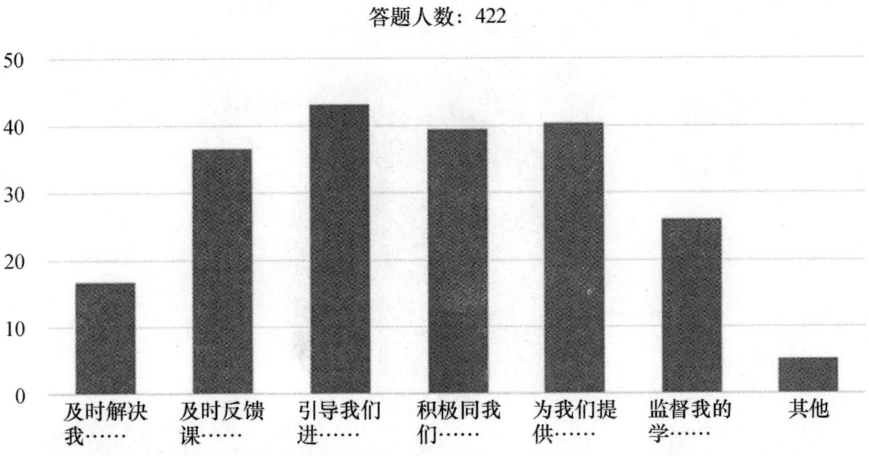

选项	回复情况
及时解决我提出的问题	71
及时反馈课程作业情况	155
引导我们进行积极思考	183
积极同我们展开互动	167
为我们提供更多的知识	171
监督我的学习进度	110
其他	22

此题为多选题，从学生的角度看待本学期“毛中特”课有哪些不足之处，哪些地方需要改进。从反馈结果来看，学生最希望能够改进的是：一是老师能够进一步引导学生进行积极思考；二是能为学生提供更多的知识；三是积极与学生进行互动；四是及时反馈课程作业批改情况；五是监督学生的学习；六是及时解决学生提出的问题。本学期“毛中特”课在引导学生思考、提供更多知识、积极展开互动、解决提出的问题方面都做得较好，比较有欠缺的地方是反馈课程作业批改情况和监督学生的学习，吸取本次经验教训，以后再有网络直播教学，在这些方面加以改进。

问题18：通过一学期“毛中特”课的直播学习，你觉得自己在哪方面改进最大？

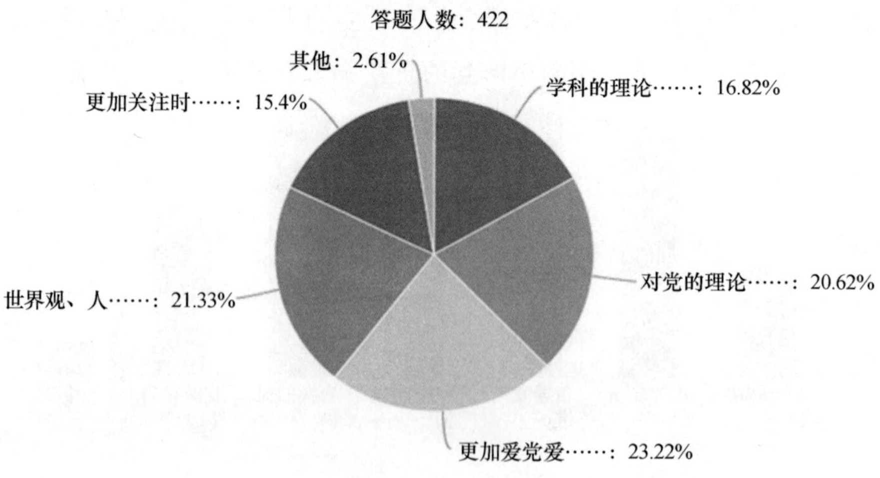

选项	回复情况
学科的理论知识增加了	71
对党的理论政策更加理解	87
更加爱党爱国爱社会主义	98
世界观、人生观、价值观变得更正了	90
更加关注时事	65
其他	11

此题调查了本学期“毛中特”课网络直播的教学效果，学生的答案比较令人欣慰，从答案来看，五个确定答案的比例相近，说明学生在诸多方面都有进步。具体来看，第一，改变最大的是学生更加爱党爱国爱社会主义，占23.22%，这是“毛中特”最重要的教学目标之一，说明尽管是网络直播授课，但完成了教学任务，达到了教学目标；第二是“世界观、人生观、价值观变得更正了”，端正学生的“三观”同样也是“毛中特”课的重要教学目标，许多学生因本课三观变得更正了，值得欣慰；第三是“对党的理论政策更加理解”，第四是“学科的理论知识增加了”，培养社会主义建设者和接班人是“毛中特”课的教学目标，掌握并深刻理解党的理论知识和政策是其中非常重要的一环；第五是“更加关注时事”，“毛中特”课的学科特点就是时事性比较强，与时事关系密切，在课堂上经常分析解释时事，引发学生对时事的关注。

问题 19：你认为“毛中特”课线上教学的优势是什么？(多选)

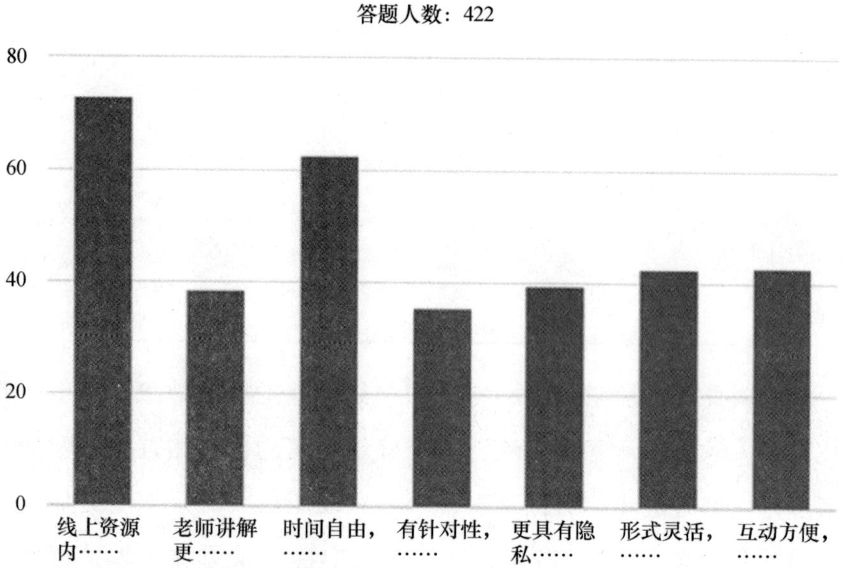

选项	回复情况
线上资源内容更加丰富、形式更加多样	308
老师讲解更加深入细致	162
时间自由，方便自己根据学习计划适当调整进度	264
有针对性，可以重点学习自己感兴趣的和没有掌握的内容	150
更具有隐私性，不担心别人的评价	167
形式灵活，更贴近学生	179
互动方便，易于加强交流	181

此题为多选题，从学生的视角看待“毛中特”课网络直播授课的优势。反馈结果如下：一是“线上资源内容更加丰富、形式更加多样”；二是“时间自由，方便自己根据学习计划适当调整进度”；三是“互动

方便，易于加强交流”；四是“形式灵活，更贴近学生”；五是“更具有隐私性，不担心别人的评价”；六是“老师讲解更加深入细致”；七是“有针对性，可以重点学习自己感兴趣的和没有掌握的内容”。在线直播进行“毛中特”授课的优势较为明显，包括资料丰富、形式灵活、时间自由、易于交流、贴近学生、隐私保护等，因此，在授课中取长补短，能够提升授课效果。

问题20：你认为“毛中特”课线上教学的不足在哪？（多选）

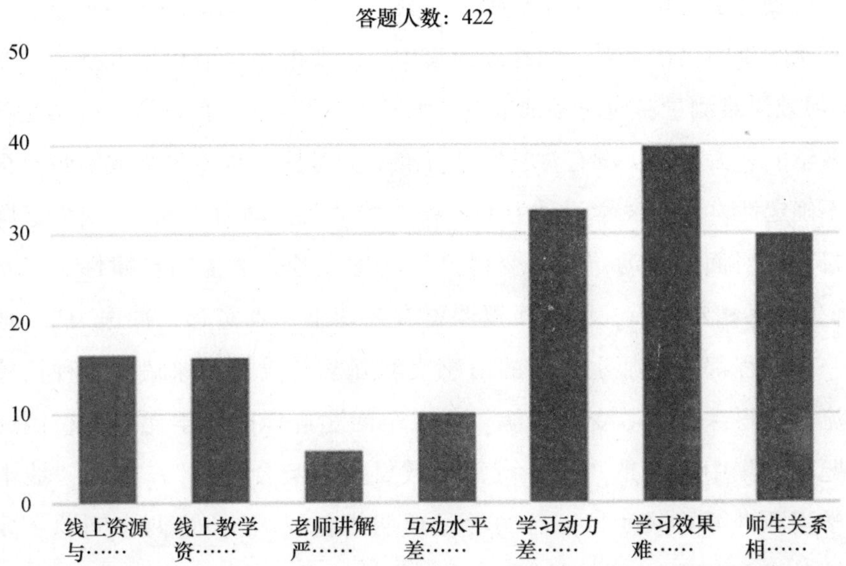

选项	回复情况
线上资源与教材内容契合性差	70
线上教学资源讲解的深度与自己学习的预期相差较大	69
老师讲解严肃理性有余，情感激发不足	25
互动水平差，线下教学互动更及时高效	43

（续表）

选项	回复情况
学习动力差，线下教学安排动力更强	138
学习效果难测量，应对考试考核的水平不高	168
师生关系相对隔膜，面对面授课更有亲切感、真实感、冲击力	127

此题为多选题，从学生的视角反映“毛中特”课网络直播教学的劣势。从学生的反馈来看，问题较为集中，主要的不足有以下几点。一是“学习效果难测量，应对考试考核的水平不高”，难以有效考核确实是线上教学的一大不足，没有对学生进行准确的考核，致使最终成绩带有极大不确定性。二是“学习动力差，线下教学安排动力更强”，缺少老师监督和面对面的互动，学习变得比较随意，考验学生的自律性。三是“师生关系相对隔膜，面对面授课更有亲切感、真实感、冲击力”，任何一门课程都需要师生之间的情感交流互动，线上授课缺少这种情感交流，使得课程学习变得寡淡。这三个问题选择的同学比最多，因此问题较为集中。四是“线上资源与教材内容契合性差”；五是“线上教学资源讲解的深度与自己的学习预期相差较大”。这两个问题主要是针对线上资源的，讲课过程中为学生推荐了一些线上资源进行自学，从结果来看，学生线上资源自学的效果较差。六是“互动水平较差，线下教学互动更及时高效”，选择这个的人比较少，线上教学有利于互动；七是“老师的讲解严肃理性有余，情感激发不足”，选此选项的最少，在平时授课中，教师比较注意课堂的趣味性，努力激发学生的学习热情。

问题21：如果“毛中特”课采取线上线下相结合，你认为应该提倡怎样的学习方式？（多选）

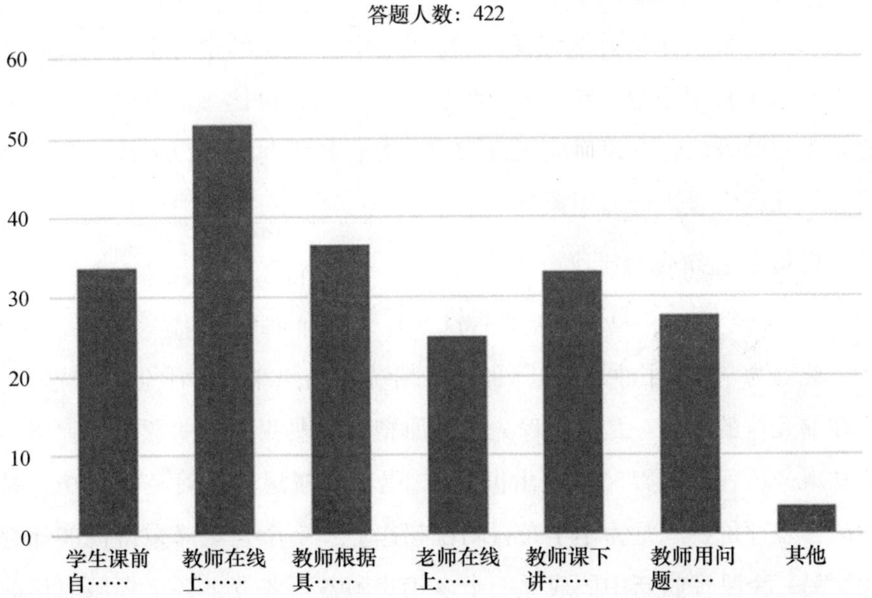

选项	回复情况
学生课前自主在线学习	143
教师在线上讲解、答疑和组织讨论	219
教师根据具体问题的实际情况组织线下学习讨论	155
老师以线上答疑为主，课堂教学为辅	106
教师课下讲解分析，学生利用线上资源深化理解	140
教师用问题、故事引导学生进行学习	117
其他	15

此题为多选题，主要调查学生对线上线下混合学习的要求。从反馈结果来看：第一是“教师在线上讲解、答疑和组织讨论”；第二是“教

师根据具体问题的实际情况组织线上学习讨论”；第三是“学生课前自主在线学习”；第四是“教师课下讲解分析，学生利用线上资源深化理解”；第五是“教师用问题、故事引导学生进行学习”；第六是“老师以线上答疑为主，课堂教学为辅”。在“毛中特”课的学习上，学生还是更加倾向于教师作为主导，引导学生进行学习，也比较喜欢线上讨论和自主学习的方式，在以后应用线上线下混合教学时，可以考虑学生的意见，对课程设置进行适当调整。

问题22：请说出至少一个印象十分深刻的“毛中特”课上的理论(知识点、事例、历史事件、播放的视频等)

此题为学生自由回答的题目，根据统计结果来看，学生印象深刻，排在前几位的有：一是以邓稼先等为原型，反映我国第一颗原子弹爆炸成功艰辛历程的电影《横空出世》；二是毛泽东思想及对毛泽东功过是非的客观评价；三是为学生布置的视频作业，一个是毛泽东诗词朗诵视频，另一个是反映新中国成立七十多年我国各行各业，各个领域取得的成就的视频；四是组织学生以小组为单位进行的《习近平的七年知青岁月》读书会，学生互相分享读书心得并在课堂上进行总结；五是利用课间时间为学生播放的爱国动画片《那年那兔那些事儿》；六是课堂上进行的时事或热门社会问题分析，尤其是对关于疫情的分析，对其中反映的中国特色社会主义制度的优越性尤为关注，还有中美关系，等等；七是中国特色社会主义理论体系，特别其中关于习近平新时代中国特色社会主义思想的内容，比如中国梦、社会主义核心价值观、“绿水青山就是金山银山”等；八是新中国成立以来，特别是改革开放四十多年来，尤其是党的十八大以来，我国经济社会发展取得的一系列重大成就，如“两弹一星”、经济快速发展、扶贫攻坚等；九是我国发展过程中所经历的一些重大事件，如抗美援朝、“银河号”事件、中国驻南联盟使馆被炸等；十是在课堂上对一些错误思潮和错误人物、事件的批判，拨乱反正，如对历史虚无主义的批判、对某些“公知”的介绍和批判、批判以刘晓波为代表的反动势力等；十一是在课堂上播放一些与课程内容相关的生动有趣的视频，如《我们走在大路上》、《厉害了我的国》、反映大凉山扶贫的“悬崖村”的视频、环境保护的相关视频等。

问题 23：你对本学期网络直播进行的“毛中特”课的评价是？

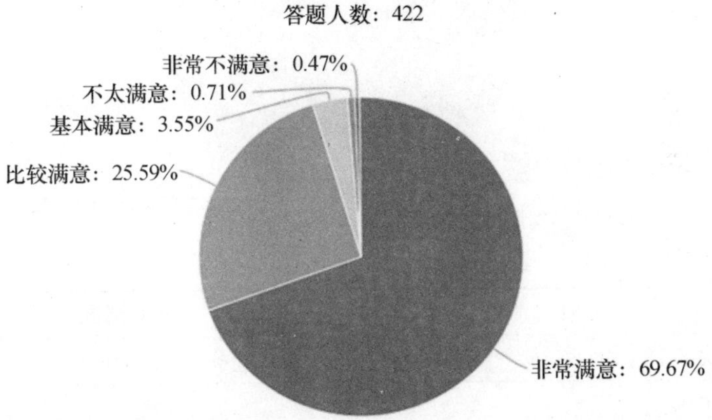

选项	回复情况
非常满意	294
比较满意	108
基本满意	15
不太满意	3
非常不满意	2

此题是对本学期“毛中特”课授课总体状况进行评价。“非常满意”的占 69. 7%，“比较满意”的占 25. 59%，基本满意的占 3. 55%，“不太满意”的占 0. 71%，“非常不满意”的占 0. 47%。总体来看，大多数学生对本学期的学习还是比较满意的。

问题24：你是否喜欢本学期“毛中特”老师的授课方式和风格？

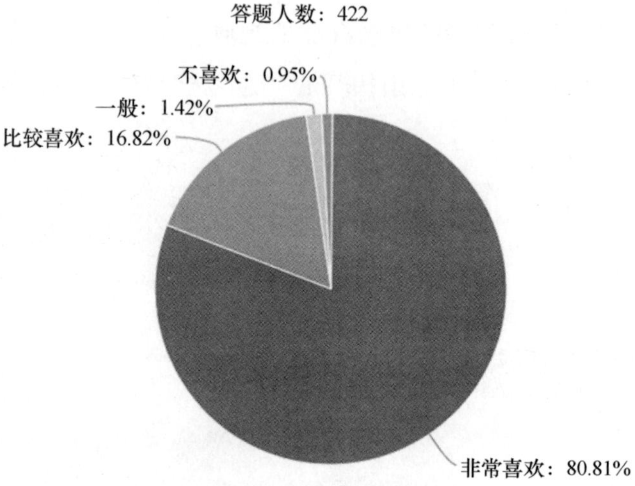

选项	回复情况
非常喜欢	341
比较喜欢	71
一般	6
不喜欢	4

此题调查学生对授课老师的评价。“非常喜欢的”占80.81%，“比较喜欢”的占16.82%，“一般”的占1.42%，“不喜欢”的占0.95%。总体而言，老师的努力得到了学生的肯定，但还有许多不足，在日后的教学过程中要不断加以改进。

问题25：为提升教学效果，请给“毛中特”老师的网络直播教学提出改进的意见和建议

此题为开放题，调查学生对“毛中特”课直播授课的总体感受，大多数学生表示授课很好，没有意见，也有很多同学提了一些中肯的意见，概括一下重点集中在以下几个方面：一是增加时事讨论，将理论与

实际相结合；二是增加互动，在课上多点名，强化师生之间的交流；三是强调理论讲授，强化知识的系统性，制作思维导图，定期进行考核，巩固知识掌握；四是加强学习监管，多签到、多提问，经常抽查。我们应接受同学们的建议，在以后的教学中，在这些方面加以改进。

（二）“毛中特”课网络直播教学的利与弊

“毛中特”课作为思想政治理论课与其他课程有所不同，理论性比较强，更多的是以老师讲授为主，因此，通过网络直播进行教学活动就面临许多挑战。它的时政性又比较强，通过网络直播也具备一定的优势。通过调查问卷学生的反馈，可以探索“毛中特”课网络直播的利与弊。

1. “毛中特”课网络直播教学的有利之处

利用网络直播进行“毛中特”课的教学活动对老师和学生都是第一次，大家既感到新鲜有趣，又充满焦虑忐忑。经过一学期的学习，网络直播进行授课有许多有利之处。

（1）授课空间不受限制、机动灵活

由于不受空间的限制，通过网络直播授课变得十分灵活，不需要有固定的时间和教室，学生上课也可以任意选择地点，在家里或在其他任何地方，只要有网络和上网设备就可以完成课程学习。由于疫情暴发恰逢寒假期间，学生大多数都在家，通过网络授课，即使在家也可以随时随地上课，不用人群聚集，不担心聚集带来感染病毒的风险。只要老师规定好统一的上课时间，就可以通过网络进行授课，能够很好地完成疫情期间的教学任务，并且能够有效防疫，这是网络直播的最大优势。

（2）借助授课平台便于讨论互动

“毛中特”课由于自身的学科特点，需要经常组织学生围绕有争议的话题进行讨论，而充分的讨论对于更为深刻的理解问题具有很重要的作用。网络授课的重大便利就是借助于授课平台，学生可以在讨论区畅所欲言，发表自己的观点，没有时间的限制，没有人数的限制，没有内容的限制，在老师的引导之下，可以进行自由的讨论，每个人都可以参与进来，尤其给那些性格内向，在传统课堂不愿意或不敢发言的同学更多的机会。大家可以畅所欲言，表达内心最真实的想法，对问题能够展开较为深入的讨论，这样对问题的认识更加深刻，讨论比较充分，取得良好的教学效果。

(3) 利用丰富的网络资源

网络直播授课的又一大便利就是可以充分利用网上的许多教学资源来进行授课。这些年为了更好地推进思政课发展，网上有许多做得很好的网络教学资源，如超星、中国大学 MOOC（慕课）等。在“毛中特”进行直播授课中，可以充分利用这些资源，推进教学发展。有的慕课做得很好，对于学生更好地理解课程内容十分有帮助。网上还有许多视频资料和纪录片，都与“毛中特”课的教学内容十分契合，如《辉煌中国》《我们走在大路上》《那年那兔那些事儿》等，既与课程有关又生动有趣，能够很好地强化学生对教学中理论内容的理解。学校自建的课程平台也被充分利用，上传了许多与课程内容相关的电子书、视频、影音资料、授课 PPT 等，便于学生自学使用。总之，网络直播授课可以利用丰富的网络教学资源辅助教学，对提升教学效果大有裨益。

(4) 学习形式灵活、互动方便

网络直播教学的学习形式比较灵活，除了不受地点的限制之外，也不受时间的限制，如果有什么意外情况师生可以重新约定时间进行上课，也可以根据学习计划适当调整学习进度，保证授课内容的完整。具体如何进行上课也较为灵活，可以将讲授、讨论、播放视频、作业展示等多样的授课方式相结合，还可以施行老师引导，学生进行自学，最终通过考核来反馈教学效果，等等。同时，网络直播授课中，师生之间的交流互动比较方便，学生可以在讨论区随时提出问题，老师也可以相应地作出解答，打破了沟通上的障碍，学生也不会因为胆小等原因不敢提问，老师也可以随时提问，学生在讨论区或者打开语音进行回答，交流起来比较方便，便于课程的学习，也能够取得较好的学习效果。

(5) 教学形式贴近学生生活

通过网络直播进行授课区别于传统授课方式，形式新颖，学生感到新鲜有趣。“零零后”的新一代大学生，是伴随网络成长起来的一代，他们熟悉网络、了解网络、离不开网络，每天使用网络已经成为他们日常生活的一部分，运用网络直播来学习，很快就成为他们驾轻就熟的事。网络还有保护隐私的功能，他们可以采用最舒服的方式进行课程学习而不用担心评价，可以随时表达自己的观点而不担心限制，还可以就感兴趣的问题随时查找网络资料跟大家交流，进行深入了解和学习。这符合他们的行为方式和学习习惯，有助于提升学习效果。

2. “毛中特”课网络直播教学的弊端所在

利用网络直播开展“毛中特”课的教学，有许多有利的要素，但也有许多弊端，对学生的学习和老师的教学都产生了较大影响。

(1) 学生学习不受监督，考验学生学习的自律性

网络直播教学的一个较大的弊端就是学生自己在家里利用网络，利用电脑、手机进行学习，不能跟传统课堂授课一样有老师的监督。由于无人监督，一些自律性不强的学生就无法集中精力投入学习中去。同时，直播授课中，学生大多在家中学习，家中的环境舒适，分散注意力的事情较多，学生的学习容易被打断，也容易被舒适的环境分散。“毛中特”课的理论性比较强，本身就难以吸引学生的注意力，学习起来会感到有些枯燥，加之缺乏有效的监督，舒适环境分散了精力，就考验学

生的自律性，也加大了网络教学吸引学生注意力的难度。这是一个很大的弊端，如何更好地监督网络直播中学生的学习，提升学习效果，是网络教学中需要关注的问题。

（2）对师生的网络及软硬件要求较高

网络直播授课基于快速的网络和相应的软硬件支撑，如果网速过慢会严重影响网络直播的效果，许多地处偏远山区的学生可能会因为没有网络或网速过慢而无法参加直播学习。疫情期间有山区孩子要爬到离家很远的山顶才有信号，每天到山顶学习，这是网络直播授课的弊端。除了网络的问题之外，直播授课对硬件要求也较高，要有智能手机或电脑才能上课，对于没有这些硬件设施的学生来说，上网课增加了学习的难度。软件问题也不容小觑，采用哪个平台进行授课一样很关键，有的平台因为上课人多经常会出现卡顿、崩溃的问题，影响上课效果。疫情期间许多软件公司都在努力改善软件，提升线上直播授课效果。这些问题如果无法得到解决，就没有办法完成课程的学习，这是直播授课的弊端之一。

（3）难以进行有效考核，结果可能出现偏差

由于无法对学生进行有效监督，所以对学生平时表现的考核就薄弱很多，降低了对学生考核的有效性。对于哪些学生认真学习，哪些学生浑水摸鱼无法精确判断，只能通过记录日常发言，还有作业的情况进行反馈，但是，一些作业属于小组集体创造，无法对其中谁贡献多谁贡献少进行区分，造成很多同学没有参与而“搭顺风车”，而特别努力完成作业的同学也无法显现。而且，作业也无法反映每个学生的真实学习状况，只能反映一个侧面，如视频作业，会做视频的就很有优势，但并不代表他平时学习认真；观后感写得好的同学或许文学水平高，表达能力强，也未必认真听讲。期末考试也无法全校统一进行，不具备这样的时间、空间和平台，且无法避免抄袭，难以保证公平。因此，无论是平时

成绩和期末考试在考核中都会偏颇，无法真正检验学生的学习效果。

(4) 师生关系隔阂，缺乏面对面的情感交流

面对面授课的一个重要优势就是师生之间有直接的交流，彼此熟悉了解，会产生亲切感。任何一门课程师生之间的情感交流也是非常重要的，老师的个人魅力对于吸引学生关注课堂、认真学习具有积极作用。“毛中特”课作为思想政治理论课，专注于学生的思想变化，以党的理论知识来武装学生头脑，努力使大学生更加认可国家的各项政策措施，更加热爱党、国家、社会主义，因此，教师的个人魅力、师生之间的情感交流对于科学的引导学生树立对待党、国家、社会主义的正确态度至关重要，但网络直播授课中，老师学生在网络的两端，中间产生隔阂，缺少面对面的情感交流，老师也无法更多展示个人魅力，一定程度上会影响授课效果。

(5) 长时间网络学习容易疲惫

在疫情期间，所有的课程均采取网络直播授课的形式，大二下学期学生的课程又比较集中，全天都进行网络直播授课学习，特别容易疲劳，学生难以专注进行网络直播学习，精力难以长时间集中，学习效果较差。且长时间对着屏幕学习授课，对老师和学生的视力、颈肩等都造成损害，于健康不利。

综上所述，由于疫情的原因，为了保证课程教学的顺利开展，通过网络开展教学活动成为必然。得益于我国信息技术的高速发展，网络速度的提升和软硬件设备的普及使得全国各地学生共上一堂课成为可能。通过一学期的实践，通过网络直播的形式进行“毛中特”课授课学习有利也有弊，实践之后有收获也有遗憾。网络直播授课是疫情之下的无奈选择，但同时也给予“毛中特”课教学重大启发，在日后的教学活动中可以采取线上线下混合的教学模式，扬长避短，发挥网络直播授课和传统课堂授课各自的优势，更好地提升“毛中特”课的教学效果。

四、参与式教学在高校思想政治理论课中的应用——以“毛泽东思想和中国特色社会主义理论体系概论”课为例

思想政治理论课课堂是高校思想建设的重要阵地。长期以来，不断提升高校思想政治理论课的教学效果是各个高校、各位思政课老师奋力追求的目标。2019 年 3 月，习近平总书记在思想政治理论课教师座谈会上强调，“思想政治理论课是落实立德树人根本任务的关键课程”①，对办好这一关键课程做出了具体部署和科学指导。对于广大高校思想政治理论课教师而言，如何全面贯彻党的教育方针，落实立德树人的根本任务，使思想政治理论课成为大学生真心喜爱、终身受益的优秀课程，在现阶段尤为重要。“参与式教学”可以有效发挥学生的主体性地位，通过采用丰富的教学方法，不断鼓舞学生参与到教学过程中来，是深化教师与学生之间的沟通与交流，提高思想政治理论课教学效果的有效途径。

（一）思想政治理论课实施参与式教学的必要性

参与式教学模式，是“在民主、平等的教学氛围中，老师和学生充分发挥主体能动性、积极地交往和互动，达到认识共振、思维同步、情感共鸣，创造性地完成教学任务和教学目标的教育实践活动。”② 实践证明，参与式教学作为一种提升高校思想政治理论课实效性的有效方法，对于实现思想政治理论课的教学目标、提高思想政治理论课教学实效

---

① 习近平：《用新时代中国特色社会主义思想铸魂育人 贯彻党的教育方针 落实立德树人根本任务》，载《人民日报》，2019 年 03 月 19 日，第 1 版。

② 陈世柏：《高校两课实施参与式教学的探索》，载《社会纵横》，2006 年第 1 期，第 140 页。

性、满足新时代大学生群体的新需要和新期待是十分必要的。

1. 实现教学目标的内在要求

高校思想政治理论课，是塑造学生心灵的系统工程。它承担着启迪学生思想和掌握马克思主义基本理论、引导学生学习和掌握辩证唯物主义与历史唯物主义的基本立场、观点和方法，树立科学世界观和方法论的重要任务。以“毛泽东思想和中国特色社会主义理论体系概论”课程（以下简称“概论”课）为例，作为一门政治性、科学性、理论性、时代性都很强的课程，其核心是要引导大学生正确认识当今世界错综复杂的形势，把握国际局势的发展变化和人类社会的发展趋势，引导学生正确认识国情和社会建设的客观规律，增强在中国共产党领导下全面建成小康社会，加快推进社会主义现代化的自觉性和坚定性。与一般的知识性传授不同，高校思想政治理论课是知识传授、能力培养和价值观教育的三维统一。实践证明，教师只管单纯地教，学生只管被动地学的方法，是典型的注入式教学方法，在这种“注入—接受”式的教学关系中，学生的独立性和主体性缺失，学生的求异思维方式得不到培养和锻炼，学生分析问题、解决问题的能力无法得到提升，良好的教学效果更是无法得到保障。参与式教学模式对于提高学生的学习兴趣，培养学生的探究精神，锻炼学生思考问题、认识问题、解决问题的能力，尤其是在学生人格塑造、身心健康、素质方面有着十分重要的作用，可以更好地实现思想政治理论课的预设目标。

2. 提高教学实效性的现实需要

教学方法是教学效果的保障，教学效果是教学方法的彰显。“学习金字塔”理论告诉我们，不同的学习方式会带来截然不同的学习效果。被动学习带来的直接影响是极低的学习效率；相反，主动学习能让学生更好地记忆、理解、掌握新的知识内容。该理论在比较了各种不同学习方法后得出的结论是：所有的被动学习方式效果都比较差，而其中效果最差的当属我们常规课堂上的听讲学习方式。而效果比较好的学习方式无一例外都是比较主动的学习方式，质言之，学生们参与得越多，收获便越多。具体来说，讨论、实践和教授给他人等主动学习和参与式学习比听讲、阅读、视听和看演示等被动学习效率要高。基于“学习金字塔”理论，我们在思想政治理论课的教学过程中，需要调整并改变以往“满堂灌”的教学手段，避免教师自我陶醉式或自恋式的教学行为，代之以引导学生自觉地参与，主动地体验，积极地交流，加强合作探究，以自身教学观念的更新实现教学效果的提升。参与式教学克服了传统思想政治教育过程中的单向性、空泛性、无趣性等弊端，以其全体性、全面性、开放性、合作性和生成性等特点，以学生为中心，充分关注学生已有的知识经验，成为提高学生学习兴趣、调动学生主观能动性的有效教学方法。

3. “00 后”大学生群体的新需要和新期待

习近平总书记强调，思想政治工作必须不断“满足学生成长发展需求和期待”①。新时代的“00 后”大学生思想意识、价值观念、行为方式呈现个性化、多元化、多变化。作为网络时代的“原住民”，他们乐于并善于展示自我，追求平等自由，具有较强的质疑意识和批判精神；他们反对墨守成规，勇于思考和探索。“00 后”群体熟悉网络世界的表达渠道和表达方式，乐于在网络世界中争取话语权，其碎片化、多维度、易变化等需求特点给高校思想政治理论课的有效实施带来新的挑战。参与式教学树立“以学生为本”的教学理念，强调每个学生，无论是优生还是差生，都应该是积极参与的主体，都不应该被忽略；在教学

---

① 习近平：《用新时代中国特色社会主义思想铸魂育人 贯彻党的教育方针 落实立德树人根本任务》，载《人民日报》，2019 年 03 月 19 日，第 1 版。

环节方面，参与式教学强调师生的全方位参与，关注学生在学习过程中的体验、表现、获得和分享，满足学生学有所获、学有所值、学有所用的学习期待。从“00后”的认识特点出发，努力为学生创设一个平等民主、自由和谐的课堂，一个能够彰显个性、展示自我的舞台，通过调动所有学生的参与积极性，充分发挥每个人的聪明才智，激发求异思维，从而创新性地解决问题。参与式教学强调教学方法、教学内容、教学媒体、教学评价的开放性，强调师生之间的合作伙伴关系。师生参与教学的过程就是其平等合作的过程，教师与学生一起发现问题、提出问题、分析问题和解决问题。在合作过程中，基于相互尊重、平等交流和双向互动的基础上，形成多元的智慧和思想的交流，满足学生在理论认知、情感认同等路径上的获得感。

（二）思想政治理论课参与式教学的实施策略

参与式教学属于合作式或者协作式的教学方法范畴，重在教师主导性与学生主体性的有机统一。在思想政治理论课的教学过程中，其实现形式是多种多样的，主要包括：问题讨论式、论辩参与式、学生主讲式、小组交流式和实践参与式等。

1. 问题讨论式

问题讨论式是指以讨论为基本教学手段的教学方法，它是在教师的精心组织和引导下，学生就某些问题在教师指导下进行有意识、有目的的相互学习相互启发的思维探索活动，以期让学生积极参与课堂讨论，从而实现教与学的互动，使学生变被动为主动探寻知识的一种教学方法。明代学者陈献章《与友人论学书》云：“学贵有疑，小疑则小进，大疑则大进。”作为一种有效的参与式教学方法，其鲜明的创造性、主动性、开放性、民主性等特点，非常有助于提升学生在教学过程中的主体意识，提高学生的参与程序，活跃课堂气氛[①]。在实施问题讨论式教学时，可以根据教学内容精心设计讨论主题，用问题唤起学生的注意力，用疑问启迪学生的智慧，以强化其探求知识的强烈欲望。例如，在讲到我国政治建设的相关内容时，关于民主问题，笔者设置了如下一些问题：什么是民主？中国有没有民主？有人说民主是个好东西，有人说民主是个坏东西，民主到底是什么东西？中国的民主与西方的民主有什么区别？中国特色的社会主义民主制度包括哪些内容，有哪些特点和优势？选举能否与民主画等号？我国的民主是直接选举还是间接选举？我们经常看美国大选，美国是直接选举还是间接选举？为什么我们的选举与美国不同？中国能否实现直接选举，是否具备条件，是否符合我们的国情？选举民主是不是最公平、公正的民主？为什么说协商民主是中国特有的民主形式？对于这些问题，如果教师简单采取传统的灌输式方法进行教学，其结果是教师代替学生思考，学生无法思考或放弃思考，将思想的权力交还给教师。久而久之，学生思想的火花和创造性的灵感得不到释放，对社会问题的独特理解和认识没有机会表达，学生的学习欲望不断降低甚至对学习内容产生抵触。问题讨论式在确立主题的基础上，教师指导学生进行问题式讨论，在讨论中，生生之间，师生之间进行充分的对话交流。通过这种参与式的互动交流，利用学生对问题的疑惑和求知欲使学生获得丰富的学习体验，让学生对中国特色社会主义民主制度有了基本的认识，同时也引发了他们对教学重点、难点和疑点问题进行深入思考。

2. 论辩参与式

论辩是用于培养批判性思维的教育手段，它的意义不在于完全驳倒

---

① 胡涵锦：《高校思想政治理论课教师队伍建设与发展》，上海：上海交通大学出版社2013年版，第157页。

对方，更重要的是论据、论点和推导结论的逻辑链条，考验学生的分析能力、阅读和信息提取能力、逻辑推理能力、公开演讲能力、团队协作能力、心理抗压能力等，而这些正是大学生未来发展的重要思维品质。论辩的关键是明理和说服。高校思想政治理论课教学，在某种意义上也是对大学生进行明理和说服的过程。在“概论”课教学中，笔者紧紧围绕教学重点和难点，针对学生普遍关注的社会热点问题，比较复杂、具有争议性的问题，以及呈现出的矛盾现象或假象的问题，将论辩式参与教学应用于课堂教学过程之中，既有效解决了教学的重点、难点和疑点问题，同时也训练了学生全面理性思考问题、分析问题、解决问题的能力。学生在论辩过程中，通过对问题的分析思考，以及双方彼此之间的明理和说服，在促使对方理解、接受并践行自己的思想主张的过程中，达到了明辨是非、澄清片面认识和错误认识的目的。辩论既可以采用传统的两方对抗式的辩论，也可以设计情景，利用情景演绎的方式，使更多的同学参与进来。比如，在讲新民主主义革命的启示时，笔者设置的辩论题目为“为了建设富强民主的国家当代有志青年要到哪里去？到西方国家去 vs 到西部农村去”；在讲毛泽东思想的内容时，设置的辩论题目为“他是真正的人民公仆 vs 他是人民大救星”；在讲授外交关系的问题时，设置的辩题为“解决当今世界和平与发展问题的根本途径是什么？国际社会援助和干预 vs 依靠本国人民的力量”；在讲到中国共产党的领导时，设置的辩题为“人类自由解放需要什么样的政党来领导？代表最大多数人利益的政党 vs 吸纳最有创造力人才的政党”。实践证明，大学生思想活跃，勇于探索，善于思考，乐于争论。在思想政治理论课中适时运用论辩参与式教学，既能搞活课堂气氛、调动学生的参与积极性，又可以使学生在不同观点的碰撞中相互启迪，消化所学知识，厘清错误认识。

3. 学生主讲式

在传统的教学过程中，教师和学生的角色定位是“主动的传授者”与“被动的接受者”的关系。“教师讲学生听，教师问学生答，教师写学生抄”是课堂学习的常态，这种教学方式严重阻碍了学生学习的主动性和创新性。叶圣陶先生讲，“教是为了不教。”学生主讲的参与式教学模式，突破了传统“你教我学”教学方法的局限，是帮助学生实现自我教育、自我激励和自我完善的一条很好途径①。教师从“知识的传授者”转变为“智慧的启迪者”，学生从“课堂的被管理者”转变为“学习的主导者”。通过师生角色的互换，让课堂成为学生展示与创新的舞台。教师在教学过程中选择适当的教学内容鼓励学生走向讲台，营造了开放自由、平等参与的课堂氛围。学生用自己的认知和见解去阐述思想政治理论课中的一些知识点、热点和能点问题：一方面，学生在准备讲授的过程中需要对所讲内容进行全面深刻的了解和把握，在查阅资料，钻研授课的过程中获得了深刻的学习体验，调动了学生学习的积极性和兴趣；另一方面，学生需要重组、建构自己所学的知识并表达出来，这就需要全身心地参与到整个教学过程中，学生自主学习能力提高的同时，其发散性思维和创新精神也得到锻炼，所学知识更是得到巩固。当代大学生有着强烈的自我意识，独特的见解，较强的自主学习能力，学生主讲式教学尊重学生的想法，遵循学生主动学习的规律，满足了学生勇于表达的欲望，将学生的自主学习能力挖掘并释放出来，让学生在学习中得到愉悦的体验，使学习活动不再是枯燥的任务，而是快乐的参与。

4. 小组交流分享式

学生主讲式让学生在学习活动中尽可能地发挥主动性，使学生获得

---

① 黎卫金：《注重互动式启发引导 活跃思政课课堂氛围》，载《赤子》，2016 年第 19 期，第 259 页。

通过自学完成自我提高的能力，真正成为学习的主人。但是由于思想政治理论课是大班授课，人数规模在 120 人左右，如果仅仅采取学生主讲式，无法保证每位学生都能参与其中。如何把课堂真正还给学生，给予每位学生展现自我的机会，这就需要教师在教学过程中引入小组合作学习的理念，采用小组交流分享的方式让每位同学参与其中。马克思说："只有在集体中，个人才能获得全面发展其才能的手段。"教育家苏霍姆林斯基也说过："集体是教育的工具。"小组合作的教学方式是指教师将学生以固定的人数分组，将学习任务发放至各组，由小组成员独立或集体完成，最后以小组汇报的形式完成的参与式教学。比如，笔者在讲到毛泽东思想的内容时，布置了小组作业：通过"学唱一首歌，吟诵一首诗词，阅读一篇文章，赏析一件文物，讲述一个故事"等素材，探寻历史，了解毛泽东思想的形成和发展过程，掌握毛泽东思想的主要内容和活的灵魂。具体流程为：首先，各位同学在教师指导下确立自己的任务选题，进行资料的收集、内容的完稿；其次，组员在小组内进行演讲分享，选出本组的优秀作品。最后，全组同学经过再讨论、再打磨的主题提升，在本组优秀作品的基础上确立小组主题，作为最终的小组成果在班组进行展示。这样的互动式学习最大限度地保证了全员参与。从开始的成员个体 PPT 的制作到最后小组集体的汇报展示，从组员之间的多次沟通交流到最后小组成果的课堂实战演讲，一方面，组员之间多次的交流合作，使学生的倾听能力、分析与解决问题的能力不断提升；另一方面，作为小组任务，各位同学在积极参与中总结经验，扬长避短，协同努力，迸发出源源不断的创新动力，团队精神和竞争精神得到很好地体现。

5. 实践参与式

参与式教学不仅局限于课堂之内，而且也应当延伸至课堂之外。社会实践是更加丰富多彩、贴近生活、发挥学生主动性的参与式教学方法，它是课堂理论教学的有效补充和延伸，也是深化课堂教学的重要环节。社会实践是学生的深度参与式学习方式，鼓励学生积极参与社会实践，利用业余时间和寒暑假时期下基层、走村寨、进农家、访百姓，通过志愿活动、公益活动、社会调查等多种形式，了解国情、关注民生、奉献社会，将理论与实践、书本知识与社会现实有机结合起来，构筑起课堂与社会、理论与实践之间的对接与互动。具体来说，可以安排学生以小组为单位，设置形式多样的实践主题。比如："助力脱贫攻坚我先行"——结合乡村振兴战略和精准扶贫战略，发挥学生的专业优势和智力优势，为脱贫攻坚献计出力；"辉煌七十年·我心中的中国"——结合新中国成立七十周年的契机，走进各地档案馆、博物馆、纪念馆等，通过实地参观、考察，了解中华民族从站起来、富起来到强起来的伟大飞跃；"人物访谈·传承红色基因"——通过寻访校友、学者、军人、干部等，近距离接触模范、聆听故事、感受精神，传承红色基因，内化为自己的精神力量，争做一名有理想、有追求、有担当、有作为、有品质、有修养的大学生。读万卷书不如行万里路，这些实践活动的开展，有助于学生在实践参与中把所学理论知识运用于分析实际问题，在社会实践中探索解决问题的答案，既锻炼了学生理论联系实际的能力，又有利于学生创新思维和实践技能的提升，同时也培养了学生关注现实和社会的责任心和担当精神。

（三）思想政治理论课实施参与式教学的要求

与一般的灌输性教学相比，参与式教学突出学生的主体性，注重过程、体验和获得感，它不仅是一种教学指导思想，更是一种实现教育学目标的根本方法。将参与式教学应用于思想政治理论课之中，教师应重点把握好以下三个方面。

1. 坚持以学生为主体

习近平总书记指出，“思想政治工作从根本上说是做人的工作，必须围绕学生、关照学生、服务学生，不断提高学生思想水平、政治觉悟、道德品质、文化素养，让学生成为德才兼备、全面发展的人才。”① 这就要求高校思想政治理论课教学必须树立以学生为主体的理念。在以学生为主体的教育理念下，学习环境和学习活动都是围绕学生为中心，赋予学生权利，激励学生承担学习责任和增强自我意识，鼓励学生积极思考、善于质疑、乐于参考。随着我国改革开放的不断深入和社会变迁带来的深刻变化，大学生的成长环境、知识汲取方式都较以往发生了根本性变化，他们获取的知识信息呈现出海量化与碎片化并存，去中心化与多中心化共生的特点，这使其思想的独立性、选择性和差异性不断增强，表现为思维更活跃、独立性更强烈，参与热情和表现欲望更高涨，希望自己的能力在课程学习中得到肯定和确证。思想政治理论课要因事而化、因时而进、因势而新，必须坚持以学生为主体的原则，研究教材，研究学生的知识储备、认识基础、情感体验，根据学生的思想需要来安排教学内容，围绕学生的学情特点选择教学方法，关注学生的实际生活，寻找与学生对话的契合点。参与式教学从教学目标、教学内容、教学过程、教学方式等方面都体现了学生主体自主、开放和创新的特征。只有聚焦学生这一主体，让学生自始至终是自觉主动的学习行为者而不是被动的思想追随者，学习效果是主动的生成而不是被动的传递，才能推动学生对思想政治理论课教学内容的主动认知和情感认同，提升思政课程教学的亲和力，增强教学的针对性，满足学生成长发展的需要和期待，使思想政治理论课成为大学生真心喜爱、真正受益的课程。

---

① 习近平：《把思想政治工作贯穿教育教学全过程》，http://www.xinhuanet.com/politics/2016-12/08/c_1120082577.htm? from=timeline&isappinstalled=0（访问时间：2020 年 10 月 8 日）。

2. 注重以教师为主导

“真正的教育是用一棵树去摇动另一棵树，用一朵云去推动另一朵云，用一个灵魂去唤醒另一个灵魂。”教师之所以为“师”，在于教师有德、有智、有法。如果把课堂比作舞台，教师既是导演，又担任角色，既“导”又“演”。教师角色的任务就是引导学生进入角色，引导学生入戏。教师和学生“演”的是“一出戏”，而不是“两张皮”。当前的思想政治理论课课堂上呈现出两种现象，一种是师生都未“入戏”，教师只是为完成教学进度，照本宣科，索然无味，学生睡倒一片或玩手机；另一种是教师“入戏”而学生不“入戏”，教师充满激情，慷慨激昂，不顾学生的情绪和感受，课堂成为教师一人的“独角戏”①。作为一种教育实践活动，思想政治理论课肩负着引导大学生树立科学的世界观、人生观、价值观的价值目标。教师作为教学活动的领导者和组织者，在这一种目标的实现过程中起着至关重要的主导作用，在贯彻学生主体地位的过程中作用更加重要，标准也要求更高。教师一方面必须对教育目标、教学内容科学定位、熟练把握，同时还必须具备对课堂节奏的掌控能力、对信息化教学手段和方法的应用能力。质言之，学生的主体地位只有在教师的周密安排与精心设计的课堂参与中才能得到充分体现。

3. 创设参与环境

参与式教学是一种体现师生人格平等且相互尊重的全新教育理念，其目的是为了让师生之间相互参与、相互激励和相互促进。教师的“教”与学生的“学”共为主体，互相作用，以实现师生之间平等角色的合作。在传统的思想政治理论课教学过程中，师生关系常常呈现出一

---

① 史耀忠：《职业素养教育的探索与实践》，北京：北京理工大学出版社2018年版，第85页。

种“张力”状态：教师作为教育者，权威地位至高无上；学生作为被教育者，完全处于被动服从的地位，这种长幼有序的秩序架构割裂了师生之间的平等关系，影响师生之间的平等交流与沟通。长此以往，学生逐渐表现为思维倦怠，不愿思考，不愿质疑，不愿提问，甚至对思想政治理论课产生逆反心理。在参与式教学中，教师不仅仅是传统意义上的知识提供者，而且是学生学习的协助者和促进者；学生不再是被动的信息接收者，而是成为知识的创造者。在这种新型的师生关系中，教师不是以高高在上的经验所有者的身份，把学生的思想限制在教师预设答案的框架之下，而是重视学生的学习体验，尊重学生的观点和想法，在合作、对话、辩论中让每一位学生都能够积极参与和热情投入。在这种开放、平等、尊重、和谐的教学氛围中，使思想政治理论课真正走进学生的内心世界。

总之，将参与式教学应用于高校思想政治思想理论课教学中，对于实现思想政治理论课的教学目标、提高思想政治理论课教学实效性、满足新时代大学生群体的新需要和新期待是十分必要的。这种教学模式更加关注学生的学习过程，更有助于学生的知识建构和价值认同，是增强高校思想政治理论课实效性的有效途径和方法。